W0192626

# DIE HOHE SCHULE DES LEICHTEN MENÜS

# DIE HOHE SCHULE DES LEICHTEN MENÜS

VON

AGNES AMBERG

MIT FOTOS VON HANS HANSEN

Grafische Gestaltung: Sandra Kaiser
Cover-Motiv: Sandra Kaiser
Menükarten: Dieter Uthoff
Redaktion: Michael Dietrich
Lektorat: Gisela Merz-Busch

Impressum:
Herausgeber: Klaus Liedtke
Programmleitung: Dr. Manfred Leier
Verlagsleitung: Peter Schlickenrieder
Herstellung: Bernd Bartmann, Druckzentrale G + J
Satz: Alster-Lichtsatz, Hamburg
Litho: Type + Litho, Klaus Sekuth GmbH, Hamburg
Druck: Mohndruck, Gütersloh
© STERNBUCH im Verlag Gruner + Jahr AG & Co, Hamburg
2. Auflage 1994
ISBN 3-570-06631-2

# VORWORT VON AGNES AMBERG

Vor Ihnen liegt ein ungewöhnliches Kochbuch. Es entstand aus einer Serie, die ich für den STERN geschrieben habe. Kaum waren die ersten Folgen gedruckt, riefen mich Leser an, die die Serie als Kochbuch wollten. Bitteschön, hier ist es.

Außergewöhnlich ist das Buch, weil ich es so geschrieben habe, daß auch Anfänger problemlos danach kochen können, also ihr Erfolgserlebnis haben werden. Und trotzdem ist es auch was für gewiefte Hobbyköche.

Die dreißig Kapitel sind in die verschiedenen Kochprozesse aufgeteilt. Wir beginnen mit der einfachsten Methode, dem Sieden, erfahren dann, wie man beispielsweise ein Hechtfilet pochiert; wie eine Gemüse-Timbale zubereitet oder ein Sauerbraten geschmort wird, wie man grillt und köstliche Kuchen bäckt. Ich beschreibe, welche Gerichte sich fürs Wasserbad eignen, wie man einen Mikrowellenherd sinnvoll einsetzt und wie man einen Butterblätterteig herstellt, der besser schmeckt als der vom Supermarkt. Alles Dinge, von denen auch Profis profitieren, die ihr Wissen mal wieder auffrischen wollen. Für sie gibt es übrigens am Schluß jedes Kapitels noch ein Rezept für Fortgeschrittene.

Neu an diesem Kochbuch sind auch die Menüvorschläge, die auf den verschiedenen Kochprozessen basieren und die peu à peu anspruchsvoller werden. So wird die Theorie zur Praxis. Und damit nichts schiefgeht, lernen wir viel über die Produkte, die wir verwenden. Außerdem verrate ich Ihnen Tricks und Kniffe bei der Zubereitung, die schwierigen davon sind bebildert, also leicht nachzuvollziehen.

Kurzum: Sie lernen Schritt für Schritt das Kochen, wie die Teilnehmer an meinen Kochschulkursen in Zürich (bislang waren es über 20 000 Leute) – nur eben zu Hause. Aber das kann ja fast ein Vorteil sein.

Herzlichst

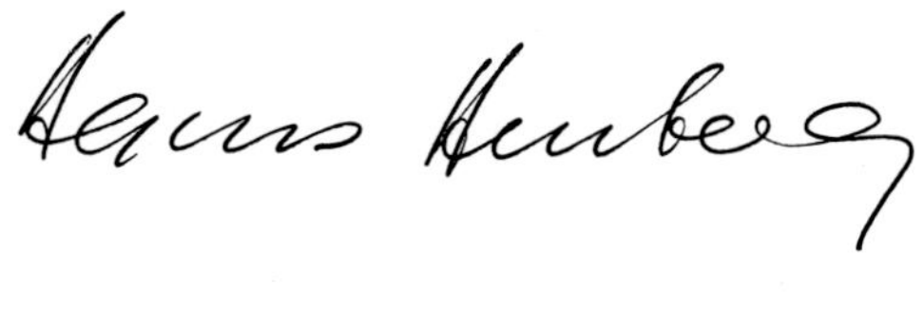

Ich klopfe an mein Glas und heiße Sie zu unserem STERN-Kochkurs willkommen. Sie wollen nicht mehr am Herd verzweifeln, wenn Sie Rezepte lesen? Oder dauernd in Büchern nachschlagen, während sich in Ihrer Küche das Chaos breitmacht? Dann sind Sie hier richtig. Keine Angst, in den vielen Jahren als Kochlehrerin erlebte ich Hunderte von Anfängern, die unfähig waren, ein Ei zu kochen oder eine Wurst zu wärmen. Am Ende der Kurse waren alle mehr oder weniger zu beachtlichen Küchenleistungen imstande.

## SICHER NICHT SCHWIERIG: SIEDEN

Sieden ist derart einfach, daß eigentlich nichts schiefgehen dürfte. Beachten müssen wir lediglich, daß das Wasser nicht sprudelnd kocht, sondern nur auf etwa 90 bis 95 Grad erhitzt, also knapp am Siedepunkt gehalten wird.

Sieden heißt, Lebensmittel in viel Flüssigkeit weich werden lassen – zum Beispiel Kartoffeln, bestimmte Gemüse (etwa Blumenkohl, Kohl, Brokkoli), Teigwaren, Reis.

Wenn wir dem Wasser Kochsalz zufügen, entsteht eine gesättigte Flüssigkeit. Gesalzenes Wasser laugt weniger aus. Das Salz geben wir erst nach dem Aufkochen dazu – Wasser ohne Salz wird schneller heiß.

Die Regel: sieben bis zehn Gramm Salz (zwei gestrichene Teelöffel oder ein gestrichener Eßlöffel) auf einen Liter Wasser. Wer mineralhaltige, kräftige Lebensmittel kocht, braucht weniger Salz. Verwenden Sie das gesündere Meersalz, sollten Sie etwas mehr dazugeben. Wenn das Gemüse Geschmack ans Wasser abgeben soll (zum Beispiel Kohl), so salzen Sie das Wasser nicht oder erst kurz vor dem Abgießen. Lebensmittel werden übrigens schneller gar, wenn Sie den Topf zudecken. Ausnahme: nicht bei grünen Gemüsen, da diese sonst ihre frische Farbe verlieren.

*Äpfel und Birnen – süß mit Zuckersirup angerichtet – sind leicht zu machen und somit ideal für das erste Dessert*

## TOMATEN MIT MOZZARELLA UND BASILIKUM

*ZUTATEN FÜR 4 PERSONEN:*

*4 gut ausgereifte, feste Fleischtomaten · 2 Beutel Mozzarella (à 150 g) · 1 Bund Basilikum · Salz · schwarzer Pfeffer, frisch gemahlen aus der Mühle · 4 EL kaltgepreßtes Olivenöl · 1/4 Zitrone*

Das Wasser zum Kochen bringen, die Tomaten kurz hineingeben. Kalt abschrecken und häuten.

Den Mozzarella abtropfen lassen, mit Küchenpapier trocknen. Die Basilikumblätter in feine Streifen schneiden.

Tomaten und Mozzarella mit einem scharfen Messer in Scheiben schneiden. Die Tomaten- und Mozzarellascheiben dachziegelartig auf einem Vorspeisenteller anrichten. Mit Salz und Pfeffer würzen.

Mit Olivenöl beträufeln. Wenig Zitronensaft darüber verteilen und reichlich mit Basilikumstreifen überstreuen.

P. S.: Kleinblättriges Basilikum lassen Sie ganz, großblättriges zerschneiden Sie, aber immer erst unmittelbar vor dem Anrichten, weil es sonst oxydiert. Schwarz wird es auch, wenn man mit Basilikum garnierte Gerichte warm stellt. Das gilt vor allem für Treibhaus-Basilikum. Freiland-Basilikum ist unempfindlicher und auch aromatischer. Klassisch ist die Kombination mit Tomaten.

## FLEISCHKÄSE AUS DEM OFEN

Den beim Metzger vorbestellten Fleischkäse in den auf 200 Grad vorgewärmten Ofen schieben. Und zwar auf der untersten Einschubleiste, damit er oben nicht zu früh braun wird. Wenn Sie statt des Blechs das Backofengitter benutzen, dann wird die von unten kommende Hitze nicht blockiert.

Dann schalten Sie die Temperatur auf 80 oder 90 Grad (auf jeden Fall unter 100 Grad) zurück und lassen den Fleischkäse etwa eine Stunde im Ofen.

*Abkürzungen in der Küchensprache:*
*g Gramm*
*1 TL Teelöffel (7-10 g)*
*1 EL Eßlöffel (etwa 20 g)*
*UD Umdrehungen (z. B. Zucker-/Pfeffer-/Salzmühle)*

# ALLER ANFANG IST LEICHT

*In der ersten Lektion gleich ein ganz heißes Thema: Sieden*

*Weshalb dieses Menü? Tomaten bringen zusammen mit Basilikum viel frisches Aroma, der Mozzarella-Käse ist mild. Die Farben der drei Zutaten sind die der italienischen Flagge. Gebackener Fleischkäse macht es uns in dieser ersten Lektion leicht: Er kommt vom Metzger. Kartoffelsalat ist ein preisgünstiges Gericht. Und die Früchte runden das Ganze köstlich ab*

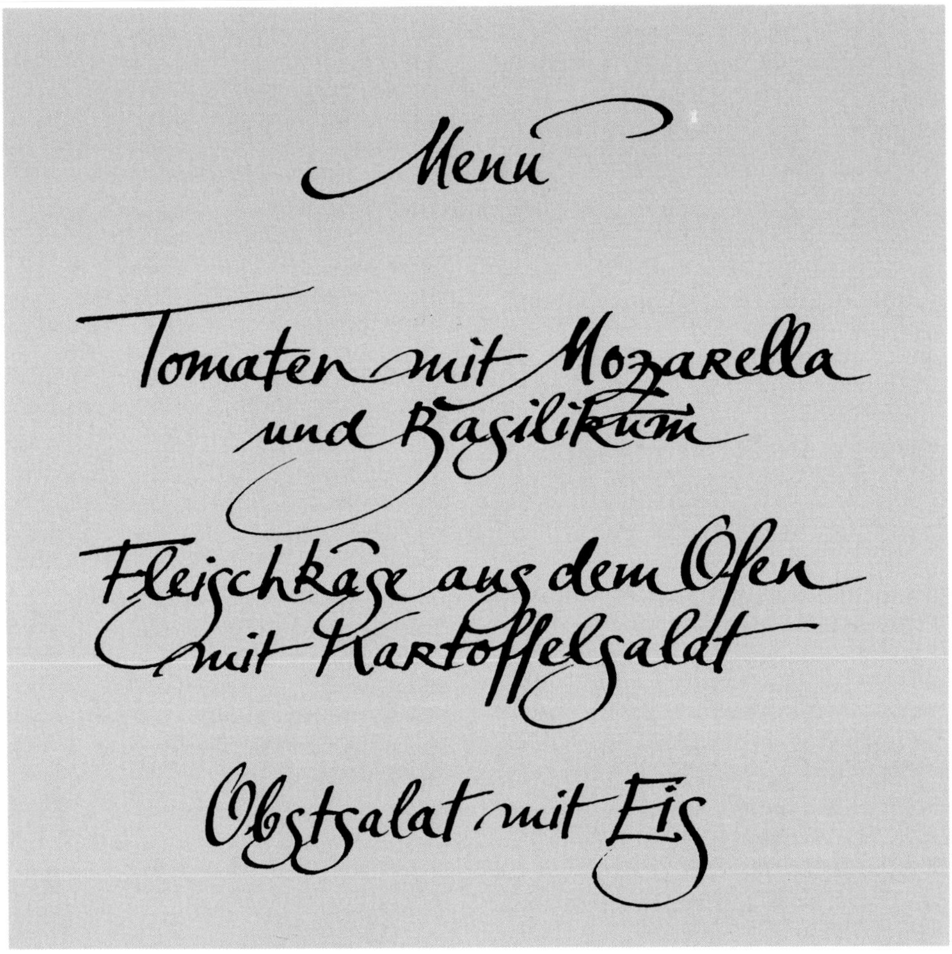


*Weg mit der Haut*

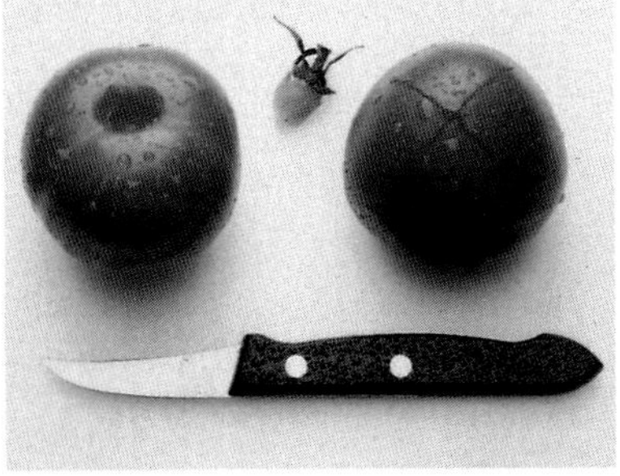

*Stielansatz kegelförmig herausschneiden und auf der Rückseite ein Kreuz einritzen. Kurz in heißes Wasser geben, kalt abspülen, dann häuten*

Fleischkäse aus dem Ofen nehmen. Auf ein Holzbrett mit Auffangrille geben, in Scheiben schneiden.

Tip:

Sollte der Fleischkäse aus roher Masse sein (in einer Aluform), schieben Sie ihn auf der untersten Rille ein und backen ihn bei 200 Grad. Bei 600 bis 800 Gramm dauert dies 20 bis 25 Minuten. Soll der Fleischkäse oben mehr bräunen, schieben Sie ihn eine Rille weiter oben ein. Wenn er fertig gebacken ist, löst er sich vom Rand, Fett tritt aus. Sie können auch die Probe mit der Stricknadel machen. Sauber heißt: okay. Nun bedecken Sie den Fleischkäse mit Folie und schalten den Ofen auf 80 Grad. Erst lassen Sie ihn drei bis vier Minuten bei offener Backofentür im Herd. Dann etwa 30 bis 60 Minuten bei geschlossener Tür. So kann sich der Saft gut verteilen.

## KARTOFFELSALAT

*ZUTATEN FÜR 4 PERSONEN:*

*500 g möglichst gleichmäßig große Kartoffeln, fest kochende Sorte · 1 EL Salz · 200 ccm Fleischbouillon · je 2 EL Obst- und Weinessig · 5 Umdrehungen schwarzer Pfeffer aus der Mühle · 1 TL Senf · 6 EL Erdnußöl · 1 Zwiebel, fein gewürfelt · 1 Bund Schnittlauch*

Die Kartoffeln waschen.

Salzwasser in einem Topf zum Kochen bringen. Dann erst die Kartoffeln hineingeben, damit sich die Poren schneller schließen. Je nach Größe etwa 20 bis 30 Minuten leise köcheln (sieden) lassen.

Abgiessen und warm schälen.

In Scheiben schneiden, mit der heißen Fleischbrühe übergießen und sorgfältig mischen, warm stellen.

Für die Sauce Essig, Salz und Pfeffer zusammen verrühren. Den Senf dazugeben und das Öl mit dem Schneebesen darunterrühren. Die Sauce soll sämig werden.

ZWIEBEL schälen und in kleine Würfel, den Schnittlauch in feine Röllchen schneiden. Mit der Sauce unter den warmen Salat heben.

P.S.: Als erste Zwiebel kommt im Frühling die junge, weiße Zwiebel mit grünem Laub auf den Markt. Am gebräuchlichsten ist die braune Speisezwiebel in verschiedenen Größen. Rote Zwiebeln mit ihrem süßlichen Geschmack verwendet man meist in Salaten. Die kleinen gelben und roten Zwiebeln werden für Saucen und zum Garnieren gebraucht, Perl- oder Silberzwiebeln hauptsächlich eingemacht. Unerläßlich in der anspruchsvollen Küche sind die länglichen, fein schmeckenden Schalotten, dem Schnittlauch verwandt.

Schnittlauch bekommt seinen scharfen Geschmack durch das Lauchöl. Der Geschmack wird um so kräftiger, je älter der Schnittlauch ist. Vitamin- und mineralreich, besonders Vitamin C.

TIP 1:
Kartoffelsalat schmeckt am besten, wenn Sie ihn aus den noch warmen Kartoffeln zubereiten. Wollen Sie die Kartoffeln erst später verwenden, so empfiehlt es sich, sie geschält aufzubewahren; denn die Schale hinterläßt einen muffigen Geschmack. Kartoffelscheiben übergießen Sie vor Salatzubereitung mit kochendheißer, entfetteter Fleischbrühe, die, an einen warmen Platz gestellt, von den Kartoffeln zum größten Teil aufgenommen wird. Gut schmeckt der Salat auch, wenn Sie kleine Speckwürfel, kroß gebraten, hinzugeben.

TIP 2:
Die Salatsauce basiert auf dem Mengenverhältnis 1:3. Ein Eßlöffel Essig auf drei Eßlöffel Öl (für ein bis zwei Personen). Erst den abgemessenen Essig in die Schüssel geben, dann Salz, frischgemahlenen Pfeffer und vielleicht etwas Senf. Gut verrühren. Die Säure löst das Salz auf. Erst dann fügen Sie das Öl zu und verrühren die Sauce nochmals gut.

## OBSTSALAT MIT EIS

Die Früchte nach Wahl, mit oder ohne Schale, mit einem scharfen Messer in feine Scheibchen teilen. Mit Zitronensaft beträufeln und 30 Minuten ziehen lassen. Dann auf Desserttellern anrichten, mit Zuckersirup überträufeln. Mandel-, Vanille- oder Schokolade-Eis dazu servieren.

## ZUCKERSIRUP

*FÜR 8 BIS 12 PORTIONEN,
KANN GUT AUFBEWAHRT WERDEN:*

*200 ccm guter Weißwein · 100 ccm Wasser · 1 TL Vanillezucker · 120 bis 150 g Zucker. Alles zusammen aufkochen und bei mäßiger Hitze zum »schweren Tropfen« (sirupartig) kochen.*

*FÜR FORTGESCHRITTENE*

## HAUSGEMACHTE MAYONNAISE

*Fürs Menü brauchen Sie:*
*1 Gemüsemesser, mit dünner, scharfer Klinge*
*1 kleines Küchenmesser*
*1 Fleischmesser*
*1 Schneebesen*
*1 Spachtel*
*1 Fleischgabel mit dünnen Zinken*
*1 Schaumkelle*

Mayonnaise ist die wichtigste der kalten Saucen und läßt sich auf viele Arten variieren. Den Fettanteil können Sie mit Hilfe von Joghurt oder Quark oder steifgeschlagenem Eiweiß reduzieren.

MAYONNAISE – WOZU?
Gemüsesalate lassen sich damit anmachen, dann Fleisch-, Fisch-, Thunfischsalat. Mayonnaise ist eine klassische Beilage zu Spargel und Grundlage für Cocktailsaucen, Remouladen, Senfsaucen oder Kapernsaucen.

*ZUTATEN FÜR
ETWA 300 G MAYONNAISE:
1 Ei · 1/2 TL Salz · frisch gemahlener schwarzer Pfeffer · 1/2 TL Senf · 200 ccm Erdnußöl · 1 EL Zitronensaft*

ALLE ZUTATEN in den Mixer geben. Einschalten. Die Mayonnaise bindet sekundenschnell. Säure, egal ob Zitronensaft oder Essig, kommt in jedem Fall erst am Schluß zur Sauce.

VON HAND gerührte Mayonnaise verlangt etwas Fingerspitzengefühl. Wichtig dabei ist die gleiche Zimmertemperatur aller Zutaten und das Mischen in richtiger Reihenfolge. Man nimmt dabei nur das Eigelb, Salz, Pfeffer, Senf und rührt diese Zutaten emulgierend zusammen. Das Öl erst tropfenweise und dann in größeren Mengen dazurühren.

*So wird Mayonnaise leichter:*
*– Zur fertig zubereiteten Sauce Joghurt oder Speisequark rühren.*
*– Mit Eischnee lockern.*
*– Geschlagene Sahne macht die Sauce nur optisch leichter*

SÄURE zuletzt dazugeben. Sie verdünnt die Mayonnaise, würzt und macht sie leichter verdaulich.

Sieden heißt nichts anderes als kochen, Siedfleisch wäre somit Kochfleisch. Und schon hat sich ein Fehler eingeschlichen. Siedfleisch nämlich darf niemals gekocht werden. Das Fleisch würde dabei zäh und faserig. Deshalb müssen wir darauf achten, daß die Flüssigkeit nicht sprudelt, sondern sich nur leicht hin- und herbewegt, köchelt, also knapp unter dem Siedepunkt gehalten wird.

Bevor Sie Siedfleisch aufsetzen, sollten Sie erst mal überlegen, welches Resultat Sie gern hätten: gutes Fleisch? Gute Brühe? Oder beides?

Eine ausgezeichnete Fleischbrühe, doch eher ausgelaugtes Fleisch bekommen Sie, wenn Sie das Fleisch in kaltes Wasser legen, es zum Kochen bringen und sanft köcheln lassen. Das sich erwärmende Wasser bewirkt, daß sich die Fleischporen nur langsam schließen, daß das Eiweiß nur langsam gerinnt. Bis es geronnen ist, treten Fleischsaft und Mineralstoffe aus; der Fleischgeschmack geht ins Wasser über.

Wenn Sie das Hauptgewicht auf saftiges Fleisch legen, kochen Sie mit Knochen und Suppengemüse eine Brühe auf und geben das Fleisch erst dann dazu. Die Fleischporen schließen sich sofort, das Fleisch laugt nicht aus. Dafür wird die Suppenbrühe weniger gehaltvoll.

In meinem Restaurant halte ich es mit einem Kompromiß: Ich koche eine bereits hausgemachte Fleischbrühe auf, würze sie leicht und gebe das Fleisch dazu. Die Flüssigkeit ist in diesem Fall bereits gesättigt, das Fleisch bleibt saftig und geschmacklich optimal. Die Suppe wird noch kräftiger.

## WAS SIE BRAUCHEN

Fleisch: Verlangen Sie bei Ihrem Metzger ein schön mit Fett marmoriertes Stück Rindfleisch von der Brust, Querrippe oder Hochrippe.

Knochen: Sie geben der Brühe ein kräftiges Aroma. Bevor sie in den Suppentopf kommen, müssen sie blanchiert, das heißt etwa fünf Minuten in kochendes Wasser gelegt werden. Das nimmt ihnen trübende Eiweißstoffe und auch störende Schmutzteile.

Suppengemüse: Es sollte aus fünf bis sieben Petersilienstengeln bestehen, einem Stengel Bleichsellerie mit Kraut, dem Kraut einer Sellerieknolle, einem gewaschenen, längs halbierten Lauch, einer gewaschenen, längs halbierten Möhre. Diese Zutaten werden mit einer Küchenschnur zusammengebunden und mit den blanchierten Knochen ins kalte Wasser gegeben.

# GANZ HEISS AUF SANFT

*oder wie man auf kleiner Flamme große Resultate erzielt*

Gemüse: An zusätzlichem Gemüse (berechnet auf drei bis vier Liter Wasser) kann noch mitgekocht werden: Lauch, Möhren, Sellerie (Bleichsellerie oder Knollensellerie), Wirsing und verschiedene Kohlarten. Bei Sellerie und Wirsing rechnet man pro Person etwa mit einem achtel Stück, bei Möhren etwa zwei pro Person, Lauch, vorwiegend Gelbes, eine Stange pro Person.

Spargelschalen: Nach dem Schälen im warmen Backofen getrocknet und in einer Dose aufbewahrt, tragen die Schalen ebenfalls zu einem guten Geschmack der Bouillon bei.

*Zwiebel-Muster*

*Für eine kräftige Farbe in der Brühe sorgt die angeröstete Zwiebel. Damit Lorbeerblatt und Nelke sich zum Rausnehmen leicht wiederfinden lassen, werden sie aufgesteckt*

Angeröstete Zwiebel: Die Zwiebel wird, samt Schale, halbiert. Braune Zwiebelschale gibt der Brühe eine schöne Farbe. Mit der Schnittfläche nach unten kommen die Zwiebelhälften in eine heiße Teflonpfanne, wo sie gleichmäßig hellbraun werden sollten. Oder: Eine heiße Herdplatte mit Alufolie bedecken und die Zwiebeln darauf legen.

Besteckte Zwiebel: Damit Lorbeerblatt und Nelke leicht aus der Brühe (oder auch aus Eintöpfen) herausgefischt werden können, steckt man sie an einer Zwiebel fest. Ein kleines Lorbeerblatt genügt für unsere Brühe.

*Alles Gute für die Brühe: Knochen, Kräuter und Gemüse*

*Warum dieses Menü? Feldsalat bringt Zellulose, Ballaststoffe, Siedfleisch den nötigen Eiweißanteil, Äpfel enthalten Vitamine, und alle drei Gerichte sind somit sehr gesund. Siedfleisch ist einfach zuzubereiten, es kann kaum mißlingen. Und es schmeckt herrlich – ein Erfolgserlebnis!*

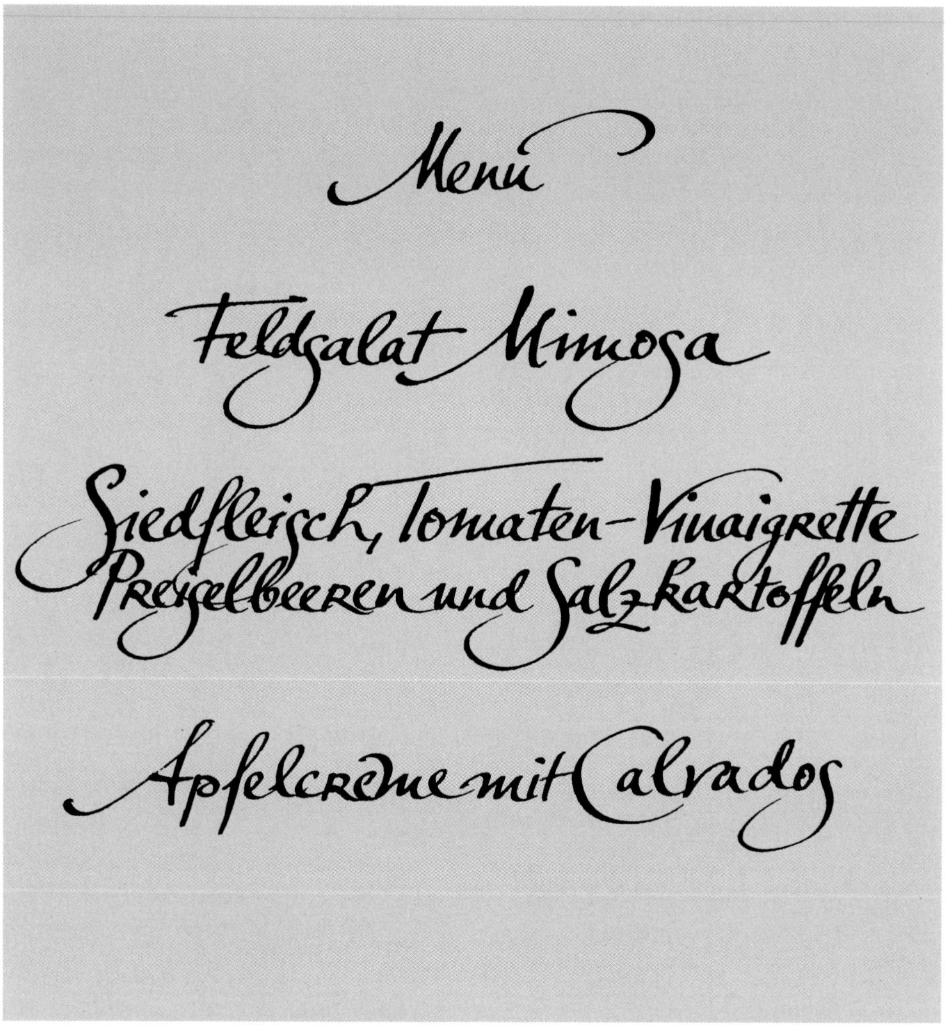


Salz: Gesalzen wird erst, wenn die Flüssigkeit kocht. Besser am Anfang nur wenig Salz verwenden, denn die Suppe kocht ein, wird also würziger.

Zeit: Pro Kilo Fleisch rechnet man mit ein bis anderthalb Stunden, je nach der Form des Fleischstücks. Je länger Sie das Fleisch sieden lassen, um so zarter wird es. Für das Gemüse berechnen Sie 30 Minuten.

Je größer die Menge ist, die Sie zubereiten, um so schmackhafter wird der Suppentopf. Schließlich kann man restliche Brühe einfrieren und vielfach wiederverwenden.

## FELDSALAT MIMOSA

*ZUTATEN FÜR 4 PERSONEN:*

*2 Eier (Zimmertemperatur) · 160-200 g Feldsalat*

*SAUCE:*
*1 gestr. TL Salz · 2 EL Essig (z. B. Balsam-Essig) · 5 UD schwarzer Pfeffer aus der Mühle · 6 EL Olivenöl (oder Erdnuß- und Walnußöl)*

Die Eier neun bis zehn Minuten kochen. Sie bringen erst das Wasser zum Sieden, nehmen dann den Topf vom Herd und lassen die Eier mit einem Löffel ins Wasser gleiten. Topf wieder auf die Herdplatte stellen. Nach dem Kochen die Eier mit kaltem Wasser abschrecken; so lassen sie sich leichter schälen.

Den Feldsalat putzen und gründlich waschen.

Im Salatsieb oder der Salatschleuder gut abtropfen lassen.

Für die Sauce Salz in Essig lösen, Pfeffer dazugeben. Das Öl unter ständigem Rühren mit dem Schneebesen dazugeben, bis die Sauce leicht emulgiert. Bei Walnußöl ein Drittel Nußöl und zwei Drittel Erdnußöl verwenden, da der Nußgeschmack sonst zu intensiv wird.

Den Salat mit der Sauce locker – am besten von Hand – mischen.

Auf Salatteller verteilen.

Die Eier – Eigelb und Eiweiß getrennt – fein hacken und über den Salat streuen. Sofort servieren, damit er nicht zusammenfällt.

Tip 1:
Feldsalat, am besten jung und vom Freiland, muß Röschen für Röschen gewaschen werden, erst im stehenden, dann unter fließendem Wasser.

Damit der Salat auf dem Teller locker wirkt, teilen wir die großen Büschel.
Anreichern läßt sich der Feldsalat mit Brotcroûtons – kleinen Weißbrotwürfeln, die in Butter gebraten werden – und gebratenen Speckwürfeln oder -streifen.

Tip 2:
Fertige Salatsaucen? Sie schmekken oft gleich und kommen meist nicht ohne Konservierungsmittel aus. Ich verstehe nicht, weshalb man sich die Gelegenheit entgehen läßt, mit den verschiedenen Essig- und Ölsorten und den anderen Zutaten zu arbeiten. Hier sind das:

Aceto Balsamico. Der kostbare italienische Essig aus Modena lagert lange in alten Eichenfässern, die ihm das gehaltvolle, weiche Aroma geben.

Olivenöl, am besten aus erster und kalter Pressung.

Schwarzer Pfeffer stammt von ungeschälten, unreifen Beeren, weißer von vollreifen. Der Unterschied: Schwarzer schmeckt aromatischer, weißer ist schärfer.

Tip 3:
Eier sollten nicht direkt aus dem Kühlschrank kommen; sie platzen sonst. Außerdem brauchen sie länger, bis sie fertig sind. Sie können die Eier vor dem Kochen auch mit einer Nadel anstechen oder dem Kochwasser einige Tropfen Essig beigeben.

Eier, die zu lange gekocht wurden, nehmen eine unappetitliche grau-grüne Farbe an.

Auf ihre Frische prüft man rohe Eier folgendermaßen: in kaltes Wasser legen, die frischen bleiben auf dem Grund liegen, alte schwimmen auf der Wasseroberfläche. Und: Frisches Eiweiß hält gut zusammen und zerfließt nicht beim Öffnen des Eis.

*Drei-Minuten-Ei:*
*Das Eigelb ist flüssig, das Eiweiß fast fest.*
*Sieben-Minuten-Ei:*
*Das Eigelb ist halbfest, das Weiß fest.*
*Neun- bis Zehn-Minuten-Ei:*
*Eigelb und Eiweiß sind fest*

## SIEDFLEISCH, TOMATEN-VINAIGRETTE, PREISELBEEREN UND SALZKARTOFFELN

*ZUTATEN FÜR 8-10 PERSONEN:*

*5 Suppenknochen, in kleine Stücke gehackt · 5 schwarze Pfefferkörner, im Mörser zerdrückt · 1 mit Lorbeerblatt und Nelke besteckte Zwiebel · 1 Kräuterbund: Petersilienstiele, Schnittlauch, evtl. Estragon, 1 Möhre, 1 Lauch, 1 Stück Sellerie · 200 g weiße Rüben oder Kohlrabi · 2 Lauchstengel, nur Weißes · 2 Stangen vom Staudensellerie · 400 g Möhren, geschält, halbiert oder geviertelt · 1/4 Kohlkopf · 2-2,5 kg Rindfleisch zum Sieden, möglichst mit Fett durchzogen (Brustfleisch, Querrippe, Hochrippe) · Salz · 10 Markknochen · Preiselbeeren*

Die Suppenknochen zum Blanchieren in kochendes Wasser legen. Fünf Minuten ziehen lassen, dann abschütten.

Vier Liter Wasser in einem entsprechend großen Suppentopf aufsetzen (so viel, daß das Fleisch nachher mit der Flüssigkeit bedeckt ist).

Knochen, Pfefferkörner, Zwiebel und Kräuterbund dazugeben. Alles aufkochen.

Das Fleisch salzen und in die Brühe legen.

Drei Stunden bei mäßiger Hitze vor dem Siedepunkt ziehen lassen.

Die Gemüse grob zerteilen und beiseite legen.

40 Minuten vor dem Essen etwas Bouillon abschöpfen. Die Markknochen hineingeben und ziehen lassen.

Gleichzeitig die Gemüse zum Fleisch in den großen Topf geben.

Das Fleisch quer zur Faser in Scheiben schneiden, mit etwas heißer, nachgewürzter Bouillon übergießen.

Das Gemüse und das Mark der Knochen zusammen mit den Preiselbeeren, der Tomaten-Vinaigrette und den Salzkartoffeln dazu servieren.

Tips:
Wenn Sie übriggebliebenes Fleisch in der Bouillon erkalten lassen, bleibt es saftiger. Restliches Fleisch läßt sich gut zu Fleischsalat verwenden.

Fleischbrühe wird leicht sauer; rasch abkühlen und entfetten. Danach kühl stellen.

Gekochtes Suppengemüse sieht nicht immer sehr schön aus. Will man zum Fleisch Gemüse servieren, kommt man nicht drum herum, frische Produkte der Saison extra zu kochen: junge Möhren und Lauch, feine Bohnen, Bleichsellerie, Wirsing. Ich rate, sie im Dampf über der Bouillon zu garen. Das Suppengemüse braucht man deswegen nicht wegzuwerfen. Man kann es pürieren, mit Kräutern abschmecken und bei anderer Gelegenheit als Gemüsesuppe auftischen.

## SALZKARTOFFELN

Salzkartoffeln sollte man aus mehligen Kartoffeln zubereiten (z. B. Désirée, Primura). Die Kartoffeln werden geschält und in Hälften oder Viertel geschnitten. Wasser zum Kochen bringen, salzen, dann die Kartoffelstücke dazugeben. Zugedeckt 15 bis 20 Minuten kochen lassen. Wasser abgießen und die Kartoffeln ohne Deckel kurz abdämpfen. In die Servierschüssel geben und mit Schnittlauch oder Petersilie bestreut auftragen.

Vinaigrette ist eine Mischung aus Essig, Salz, Pfeffer und Öl, die sich mit Senf, gehackten Schalotten, Kräutern, Kapern, Schnittlauch oder Tomatenwürfelchen beliebig anreichern läßt.

## TOMATEN-VINAIGRETTE

*ZUTATEN FÜR 4 PERSONEN ALS BEILAGE ZU SIEDFLEISCH, ROASTBEEF ODER KALTEM BRATENFLEISCH:*

*1 EL Balsam-Essig · Salz · schwarzer Pfeffer aus der Mühle · 3 EL kaltgepreßtes Öl · 2 Tomaten, geschält · Abgezupfte Blätter von 2 Stielen glatter Petersilie, 2 Stielen Kerbel und 1 Stiel Estragon*

Balsam-Essig, Salz und Pfeffer zusammen verrühren.

Das Öl nach und nach zugeben und die Sauce sämig rühren.

Die Tomaten halbieren, entkernen und in sehr kleine Würfel schneiden.

Die Kräuter fein gehackt dazugeben.

## APFELCRÈME MIT CALVADOS

*ZUTATEN FÜR 4 PERSONEN:*

*750 g säuerliche Äpfel (z. B. Boskop oder Glocken) · 300 ccm Apfelsaft · 50 g brauner Zucker · 1 EL Vanillezucker · Saft von 1/2 Zitrone (je nach Säure der Äpfel mehr oder weniger) · abgeriebene Schale von 1 Zitrone · 2 EL Calvados · 300 g Schlagsahne*

Die Äpfel waschen, vierteln, Blüten und Stiele abschneiden.

Apfelsaft mit Zucker, Vanillezucker und Zitronensaft aufkochen.

Äpfel mit der Schale und dem Kerngehäuse dazugeben.

Bei mittlerer Hitze, je nach Sorte, 20 bis 30 Minuten weichkochen.

Zitronenschale daruntermischen (nur Gelbes! Weiße Schalenhaut macht die Crème bitter).

Die gekochten Äpfel abschütten und im Mixer fein pürieren. Zusätzlich durch ein Sieb streichen, damit alle Schalen und Kerne zurückbleiben.

Auskühlen lassen, etwa eine Stunde kühl stellen.

Vor dem Anrichten den Calvados und die geschlagene Sahne locker daruntermischen.

Tip:
Wer die Crème nicht so kalorienreich haben möchte, nimmt nur die Hälfte Schlagsahne und lockert die Crème mit zwei steifgeschlagenen Eiweiß auf.

Kleine Mengen Sahne schlage ich von Hand. Ich finde, daß die Sahne so luftiger wird. Wichtig ist auch ein weites Gefäß. Die geschlagene Sahne braucht Platz. Sahne und Schüssel müssen gut gekühlt sein. Schlagen Sie so lange, bis die Sahne »stehenbleibt«, selbst wenn Sie die Schüssel umdrehen. Dasselbe gilt übrigens auch für geschlagenes Eiweiß. Gerinnt die Sahne, dann war sie zu warm oder wurde zu lange geschlagen.

*Auf Messers Schneide: Messer sind unentbehrliches Handwerkszeug in der Küche. Es empfiehlt sich grundsätzlich, von Anfang an mit gutem Gerät zu arbeiten. Zu einem vollständigen Sortiment gehören: Küchenschere, Allzweckmesser, Gemüsemesser, Tourniermesser für Feinschnitte, Tomatensäge, allgemeines Kochmesser, Fischmesser mit flexibler Klinge, Brotmesser, Fleischmesser, Fleischgabel und Wetzstahl*

# SUPPENBRÜHE IN DER EDELSTEN FORM: CONSOMMÉ DOUBLE

Ist die Suppenbrühe oder Bouillon entfettet, so nennt man sie Consommé. Entfetten: Sie lassen die Brühe kalt werden und entfernen mit einem Schöpflöffel die Fettschicht; oder Sie fahren – bei heißer Brühe – mit einem saugfähigen Küchenpapier darüber. Ist die Brühe entfettet und geklärt, heißt sie Consommé double. Zum Klären vermischen Sie grob gehacktes rohes Rindfleisch mit gequirltem Eiweiß und einigen Eiswürfeln. Diese Mischung geben Sie in die kalte, entfettete Rindsbrühe und rühren gut durch. Langsam erhitzen. Aus dem Klärfleisch und Eiweiß bildet sich am Topfboden eine Art Kuchen, der hochsteigt und dabei die trüben Stoffe der Brühe einschließt. Die Consommé ist fertig, wenn sich der graue „Kuchen" wieder um ein Drittel gesenkt hat. Sie schöpfen ihn sorgfältig ab und gießen die Consommé double durch ein Mulltuch.

Dieser Prozeß dauert ca. 40 bis 50 Minuten.

WAS SIE FALSCH MACHEN KÖNNEN:

Wenn die Brühe zu schnell kocht, hat das Eiweiß keine Zeit zu klären. Die Brühe bleibt trüb.

*FÜR FORTGESCHRITTENE*

## CONSOMMÉ DOUBLE

*4 PERSONEN:*

*300 g Rindsmuskelfleisch (vom Ochsenbein), grob gehackt · 2-3 Eiswürfel · 2 Eiweiß · 1 Möhre · 1/8 Sellerieknolle · 1 Stangenlauch · 1 Liter Fleischbouillon, entfettet, kalt · Salz und Pfeffer · Cognac, Sherry oder Portwein*

DAS HACKFLEISCH (Klärfleisch) mit leicht verquirltem Eiweiß, Eiswürfeln und dem in feine Würfelchen geschnittenen Gemüse mischen.

ALLES ZUR kalten Brühe geben. Langsam erhitzen und unter ständigem Rühren einmal aufkochen lassen. Wenn das Fleisch an die Oberfläche steigt, nicht mehr rühren.

HITZE zurückschalten. 20 Minuten ziehen lassen.

DIE BRÜHE ganz sorgfältig mit einem Schöpflöffel abschöpfen und vorsichtig, nach und nach, durch ein Tuch gießen. Die Suppe darf nicht mehr gerührt werden.

DIE GEKLÄRTE Consommé evtl. nachwürzen. Nach Belieben mit Cognac, Sherry oder Portwein abschmekken.

*Außer den Messern brauchen Sie:*
*1 Schneebesen*
*Mixer zum Pürieren*
*1 Litermaß*
*1 Holz- oder Kunststoffbrett, evtl. mit Saft-Rille*
*1 Schöpfkelle*
*1 Spitz-Sieb für die Bouillon*
*1 Salatsieb oder Salatschleuder*
*1 feine Reibe zum Abreiben der Zitronenschale*
*1 Zitronenpresse*

Sein Name: Georges Auguste Escoffier. Sein Beruf: Küchenchef. Seine Maxime: Alle Gerichte müssen einfach, geschmacklich vollendet und gediegen angerichtet sein. Der Schöpfer der modernen Kochkunst (1846-1935) schuf unter anderem die Velouté, die gebundene Suppe. Sie ist der erste Gang unseres Menüs.

Keine Angst, das Grundwissen dazu haben wir bereits aus der letzten Lektion. Was wir brauchen, ist in erster Linie eine gute Brühe, egal ob aus Fleisch, Gemüse, Geflügel, Fisch oder Wild. Nach dem Kochen verfeinern wir sie mit Milch, Sahne oder einem kleinen Stück Butter. Das Crèmesüppchen ist fertig.

Feiner geht's kaum. Es sei denn, wir legieren unsere Suppe noch zusätzlich, binden sie also mit Eigelb. Aber Vorsicht: Da Eigelb bei hohen Temperaturen leicht gerinnt, müssen wir aufpassen, daß die Temperatur niemals 80 Grad überschreitet. Wenn Sie ganz sichergehen wollen, nehmen Sie solange ein Thermometer, bis Sie die nötige Übung haben.

Ums Legieren geht es auch, wenn wir Vanillecrème oder -sauce zubereiten, eine Grundsauce der süßen Küche. In diesem Fall mischen wir Eier mit Zucker und geben die Masse anschließend zur Milch. Wie bei der Velouté ist auch hier das Aufkochen der heikle Punkt. Sollte die Crème trotz aller Vorsicht gerinnen, rettet uns der Schneidstab des Handrührgeräts.

Beim Sieden lernen Sie diesmal wieder Neues dazu. Heute ist Reis an der Reihe, der in sehr viel Wasser gekocht wird. Und klebt? Nein. So Schwieriges will ich Ihnen am Anfang des Kochlehrgangs nicht zumuten. Wir verwenden Langkornreis, parboiled. Der klebt und verkocht nicht.

*Vom Besen ganz gerührt: Vanillecrème ist die Grundlage für viele Desserts*

## GEFLÜGELVELOUTÉ MIT KERBEL

*ZUTATEN FÜR 4 PERSONEN:*

*1 kg Geflügelklein (mit Herzen und Mägen) · 150 g Sellerie · 1 Möhre · 2 Stangen Lauch · 1 besteckte Zwiebel (Lorbeer und Nelke) · 1 Bund Petersilie · 30 g Mehl · 2 Eigelb · Salz · 100 ccm Schlagsahne · 5 UD schwarzer Pfeffer aus der Mühle · 1 Bund Kerbel, feingehackt*

Geflügelklein mit dem vorbereiteten Suppengemüse, der Zwiebel und der Petersilie in zwei Liter kaltem Wasser aufsetzen (nicht salzen). Zum Kochen bringen, abschäumen, Hitze reduzieren und zwei Stunden leise kochen lassen. Abgießen, Brühe auf einen Liter einkochen, kalt werden lassen und entfetten (das auf der Oberfläche erstarrte Fett abschöpfen).

100 ccm kalte Brühe zum Mehl gießen und von der Mitte gut verrühren. Der Teig muß dünnflüssig sein. Mit dem Schneebesen zur restlichen Brühe rühren und 20 bis 30 Minuten köcheln lassen, damit die Stärke ausquellen kann. Sollten sich kleine Klümpchen bilden: durch ein Sieb gießen oder mit dem Schneidstab des Handrührers gut vermixen.

Eigelb und Sahne in einem separaten Gefäß verrühren.

200 ccm Brühe abschöpfen und unter Rühren zur Eilegierung gießen.

Diese Legierung wiederum unter Rühren zur heißen Suppe geben.

Auf knapp 80 Grad bringen und mit Salz und Pfeffer abschmekken. Mit feingehacktem Kerbel überstreuen.

Tip 1:

In der klassischen Küche wurde zum Binden von Suppen eine Mehlschwitze hergestellt, also Butter mit

## DIE CRÈME DE LA CRÈME

*Sie ist kräftig und verlockend locker: Die Vanillecrème, die wir heute zubereiten, wird mit Sahne und Eiern gebunden – so wie die Suppe, die es als Vorspeise gibt*

*Warum dieses Menü? Trotz der Sahne ist die Velouté relativ leicht und kalorienarm, da wir die Brühe entfetten. Der Reissalat ist die Kohlehydratmahlzeit. Wir machen ihn mit einer Quark-Sauce an. Optisch leichter, doch kalorienhaltiger wäre eine Sauce aus Essig und Öl. Die Vanillecrème gibt Ihnen nach der Suppe eine weitere Möglichkeit, das Legieren noch einmal zu üben*

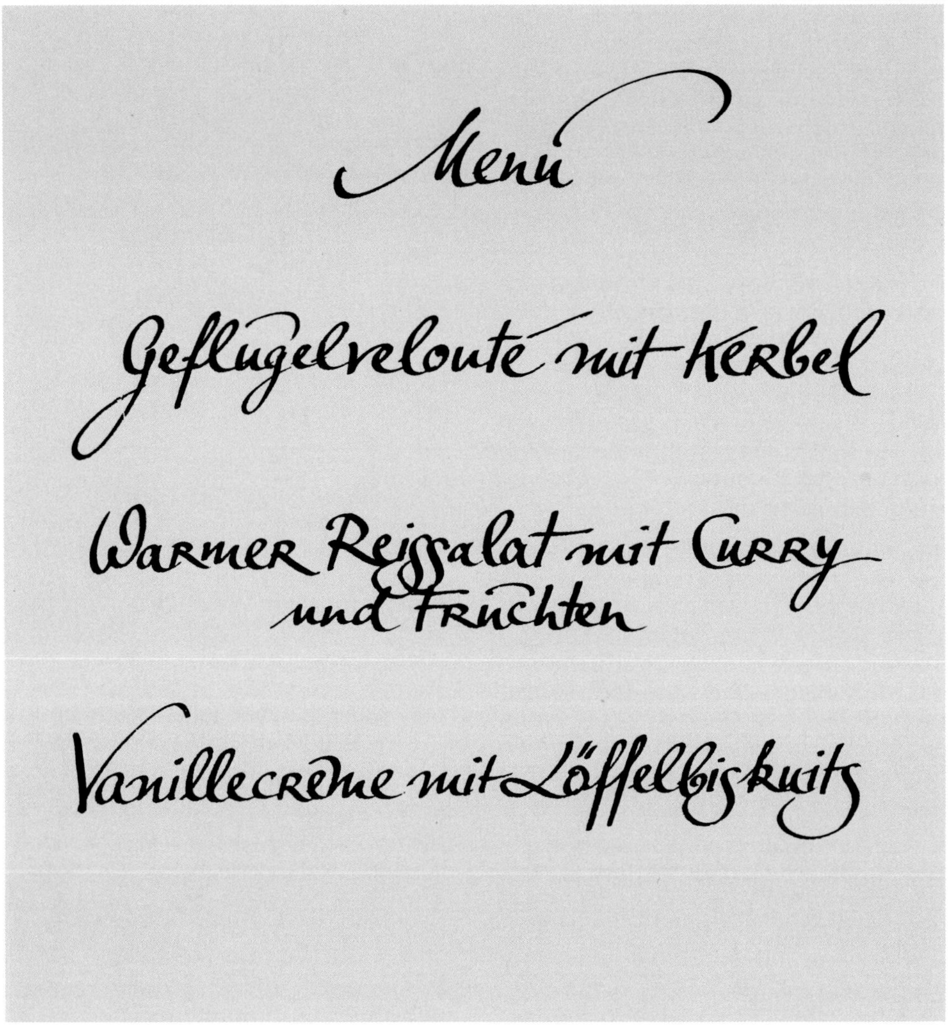


Mehl gedämpft. Heute versucht man auf Fette, die nicht unbedingt notwendig sind, zu verzichten.

Tip 2:

Für eine raffinierte Variante können Sie auch Hähnchenbrust in ganz dünne Streifen oder in kleine Würfel schneiden, roh in die Suppenschüssel legen und mit der Suppe übergießen.

Velouté aus Fischbrühe schmeckt gut mit Dill oder Kerbel. Velouté aus Fleischbrühe mit Estragon, Schnittlauch, Petersilie. Velouté aus Wild mit Thymian, Majoran.

## AUFS KORN GENOMMEN

Schon vor 5000 Jahren wurde Reis angebaut, noch heute das meistgegessene Lebensmittel der Welt. In Europa waren es die Spanier, die als erste auf den Reisgeschmack kamen. Ihr Nationalgericht »Paella« kombiniert Reis mit Huhn, Meeresfrüchten, Fisch, Lammfleisch und Kaninchen. Die Italiener schufen aus Reis den saftigen Risotto in vielen Variationen, Länder im Osten den »Pilaf«, einen Fleisch-Reis-Eintopf.

Sein neutraler Geschmack ließ Reis zu einer beliebten Beilage werden. In unserem Zürcher Restaurant verwenden wir »Basmati-Reis«, der im Gebiet der Himalaja-Ausläufer wächst und zu den besten Langkornreisarten gehört. Allerdings ist er teurer als die anderen Sorten.

Lang oder rund, das ist beim Reis eine grundsätzliche Frage. Langkornreis (Patna) mißt sechs bis acht Millimeter, ist im Kern glasig und hart. Rundkornreis, auch als »Milchreis« bekannt, ist vier bis fünf Millimeter dick und von ovaler Form. Im Kern ist er kalkig und weich.

Egal ob Rund- oder Langkornreis, jedes Reiskorn besteht aus einer äußeren harten, kieselsäurehaltigen Schale, gefolgt von mehreren Hautschichten (»Silberhaut«), in der die meisten Vitamine und Mineralstoffe, aber auch Eiweiß und Fett enthalten sind. Das Fett führt dazu, daß Reis normalerweise schnell ranzig wird. Deshalb wird er oft geschält angeboten. Je nach seiner Bearbeitung teilt man ihn ein in:

Brauner Reis. Es gibt ihn als Vollreis (ungeschält) und Naturreis (teilweise geschält). Da die Silberhaut noch vorhanden ist, hat er neben Vitaminen und Mineralsalzen auch einen hohen Fettgehalt. Brauner Reis hat bedeutend längere Kochzeiten als geschälter Reis.

Weißer Reis. Die Silberhaut ist abgeschliffen, die Oberfläche des Reiskorns glatt und poliert.

Parboiled Reis. Leicht gelblich, von stumpfer Oberfläche. Dieser Reis wird nach einer amerikanischen Methode bearbeitet: Mit Druck und Dampf werden die Vitamine und Mineralstoffe in das Innere gepreßt. Erst dann wird die fetthaltige Schicht abgeschliffen. Resultat: Die Vitamine bleiben erhalten, der Reis ist kochfest und läßt sich lange lagern.

## WARMER REISSALAT MIT CURRY UND FRÜCHTEN

*ZUTATEN FÜR 4 PERSONEN:*

*20 g Salz · 150 g Langkornreis, parboiled · 1 Apfel · 1 Banane · 1/4 frische, geschälte Gurke · 1/4 Sellerieknolle · 1/2 gegrilltes Hähnchen · 100 g Crevetten · 2 Ananasscheiben, in kleine Stücke geschnitten · 2 EL Madras-Curry · 20 g Pinienkerne*

*SAUCE*

*Saft von 1/2 Zitrone · 300 g Joghurt, natur · 100 g Sahnequark · 1 EL Senf · Salz · schwarzer Pfeffer aus der Mühle · 200 g Schlagsahne, halbsteif geschlagen*

ANDERTHALB Liter Wasser mit Salz aufkochen, den Reis einstreuen, 18 Minuten kochen lassen, abschütten, gut abtropfen und warmstellen.

APFEL, BANANE, Gurke (evtl. mit Schale) in Würfel schneiden und Sellerie in millimeterdünne Scheiben und dann in möglichst feine Streifen schneiden.

DAS HÄHNCHEN häuten und von den Knochen lösen. In Stücke oder in Streifen schneiden. Apfel, Gurke, Banane, Sellerie, Hähnchen, Crevetten und Ananas zum Reis geben, bei 50 Grad im Backofen warmstellen.

DAS CURRYPULVER in einer Teflonpfanne ohne Fett anrösten, also bei mäßiger Hitze solange erwärmen, bis der Curry aromatisch riecht. Die Pinienkerne in einer zweiten Pfanne ebenfalls ohne Fett hellbraun anrösten.

FÜR DIE Sauce in einer Schüssel Zitronensaft, Joghurt, Quark, Senf, Salz und Pfeffer gut verrühren. Den angerösteten Curry mit den Pinienkernen unter die Sauce ziehen. Die Sauce mit dem Reis und den Früchten mischen.

DIE GESCHLAGENE Sahne locker darunterziehen. Nach Geschmack eventuell nachwürzen. Lauwarm servieren.

TIP 1:

Warum kommt der Reissalat warm auf den Tisch? Allgemein gilt, daß Zutaten ihren Eigengeschmack

*Legieren leicht gemacht*

*Zum Binden der Suppe die Eier in einer Schüssel aufschlagen...*

*... und die Brühe nach und nach hineinrühren*

bei einer Temperatur von 30 bis 55 Grad am besten entwickeln. Eine Sünde sind Salate aus dem Kühlschrank.

TIP 2:
Warum wird dem Reissalat außer Früchten auch Gemüse beigegeben? Gemüse dann, wenn es einen süßlichen Geschmack hat wie etwa Gurken, gehäutete Paprika oder Tomatenwürfel. An Früchten eignet sich Stein- und Kernobst, Ananas oder Banane. Ungeeignet sind Früchte, die Farbe abgeben, wie zum Beispiel Beerenfrüchte.

TIP 3:
Curry ist nicht einfach ein Gewürz, sondern eine Gewürzmischung aus bis zu 30 verschiedenen Zutaten. Indische Hausfrauen stellen ihren Curry nach eigenem Rezept zusammen, je nachdem, wofür sie ihn brauchen: ob für Lamm, Geflügel, Gemüse oder Schweinefleisch, immer schmeckt er anders.

TIP 4:
Was Sie aus Reisresten machen können: Reisküchlein. Den Reis mit einem Ei, mit gewürfeltem Schinken oder Zunge vermischen und in Butter anbraten. Oder süß: Den Reis mit Rosinen, Zimt, abgeriebener Zitronenschale, etwas Zucker vermengen und als Reispudding servieren, beispielsweise mit Vanillesauce.

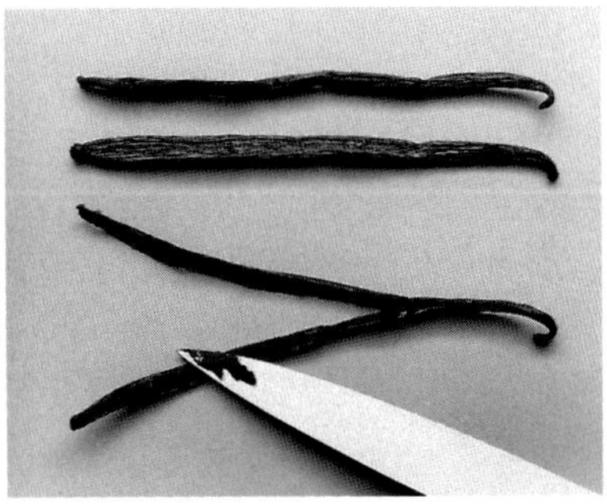

*Vanilleschoten: längs aufschneiden und das feine Mark herauskratzen*

*Zur Rose kochen: Die Crème ist fertig, wenn man auf die Oberfläche bläst und sich das Muster einer Rose bildet*

## SCHOTEN FÜR DIE BASIS

Vanille aus Schoten ergibt ein natürliches Aroma, die kleinen, schwarzen Punkte verraten die Echtheit. Was sich sonst unter »Vanille« auf dem Markt befindet, ist oft chemisch hergestelltes Vanillin. Mit Vanille sollte man nicht sparen. Ich rechne zwei Schoten auf einen halben Liter Crème.

Vanillecrème ist nicht nur die Basis für Pudding, sondern auch für Mousselines (gestürzte, lockere Crème). Für Früchtegratins kann sie als Überzugsmasse dienen.

Was den beliebten warm-kalten Effekt anbelangt: Servieren Sie Vanillesauce lauwarm zu Eis und eiskalt zu warmem Apfelstrudel oder warmen Früchten – der Vanillegeschmack ist so intensiv, daß ihm auch die Kälte nichts anhaben kann.

## VANILLECRÈME MIT LÖFFELBISKUITS

*ZUTATEN FÜR 4-6 PERSONEN:*

*2 Eier · 2 Eigelb · 60 g Zucker · 1 Prise Salz · 10 g Speisestärke · 1/2 l Milch · 2 Vanilleschoten · 200 ccm Schlagsahne, geschlagen · 12-18 Löffelbiskuits*

EIER UND Eigelb, Zucker und Salz (fördert den Eigengeschmack) im heißen Wasserbad schaumig rühren (das Wasser darf nicht sprudeln), bis die Masse hell wird, sich verdoppelt und der Zucker sich gelöst hat.

SPEISESTÄRKE mit wenig kalter Milch anrühren.

RESTLICHE Milch erhitzen.

VANILLESCHOTEN längs aufschneiden, das Mark ausschaben, mit der Schote zur Milch geben, etwas ziehen lassen.

VANILLESCHOTE aus der Milch nehmen, die Hälfte der Milch unter kräftigem Rühren langsam in die Eimasse einlaufen lassen. Angerührte Speisestärke in der restlichen Milch aufkochen.

BEIDES mischen, dann unter ständigem Rühren auf dem Wasserbad solange erhitzen, bis die Masse schaumig und dicklich ist (»zur Rose kochen« siehe Bild links). Sie darf auf keinen Fall kochen, sonst gerinnt das Eigelb.

SOFORT IN ein kaltes Gefäß umschütten und unter zeitweiligem Rühren abkühlen lassen, so verteilt sich auch das Vanillemark gut in der Crème.

VOR DEM Servieren die geschlagene Sahne locker darunterziehen.

MIT LÖFFELBISKUITS servieren.

Vanillecrème ermöglicht eine Vielzahl von Variationen. Wenn Sie auf einen halben Liter 100 ccm mehr Milch nehmen, wird die Crème zur Sauce.

Verwenden Sie mehr Eier und weniger Milch und lassen Sie die Masse in einer ausgespülten Form fest werden – voilà: der Pudding. Mit geriebenen Mandeln oder gerösteten, geriebenen Nüssen angereichert, wird aus der Vanille- eine Nußcrème. Krokant aus karamelisiertem Zucker mit Mandeln macht Vanille- zur Nougatcrème. Auch mit Likör und Schnaps läßt sie sich abwandeln, etwa mit Orangenlikör, Bénédictine, Maraschino, mit Rum und Kirsch.

TIP 1:
Eier trennen: Nicht zu hart anschlagen. Sie lassen sich sonst schwer trennen. Wenn Eigelb ins Eiweiß gerät, kann man es nicht steifschlagen.

TIP 2:
Restliches Eiweiß läßt sich tiefkühlen. Vergessen Sie nicht, die Zahl der Eier oder deren Gewicht auf das Gefäß zu schreiben. Aufgetaut können Sie das Eiweiß für Gebäck (z. B. Nußgebäck) verwenden. Auch für Crème als Sahne-Ersatz.

TIP 3:
So stellen Sie eigenen Vanillezucker her: Vanilleschoten gut auskratzen. Zucker in ein Glas mit Schraubdeckel füllen, die Schoten dazu legen. Gut verschließen. Innerhalb von zwölf Stunden hat der Zucker das Vanillearoma angenommen. Auf 100 g Zucker braucht man ein bis zwei Schoten.

## DER MAIS IST DA

Bei uns in der Schweiz galt Mais – obwohl in Form von Polenta eine Tessiner Spezialität – lange Jahre als Arme-Leute-Essen. Heute wird auch in gehobenen Gaststätten Mais angeboten. Von unnachahmlichem Geschmack ist gratinierte Polenta: Mais, der lange gekocht hat, wird ein Zentimeter dick auf einem Brett oder Blech ausgestrichen. Man sticht daraus Hufeisen oder Kreise von 4-5 cm Durchmesser aus, legt sie in eine gebutterte Gratinform, bestreut mit viel frischgeriebenem Parmesan und übergießt mit etwas Schlagsahne. Bei 200 Grad im Ofen 30 Minuten gratinieren. Schmeckt herrlich zu Schweinebraten oder Kaninchen.

FÜR FORTGESCHRITTENE

## SOUFFLIERTE MAISCRÊPES

*ZUTATEN FÜR 4 PERSONEN:*

*2 frische Eier · 1 Prise Salz · schwarzer Pfeffer aus der Mühle · 1 Prise Muskat, frisch gerieben · 2 EL Schlagsahne · 30 g Butter · 1 EL gekochte Maiskörner*

EIER, Salz, Pfeffer, Muskat und Schlagsahne im Mixer aufschlagen, bis eine ganz luftige, schaumige Masse entsteht.

DIE BUTTER in einer Teflonpfanne (ca. 24 cm Ø) zerfließen lassen. Die Eimasse hineingießen und den Deckel auflegen. Bei mäßiger Hitze 7 bis 8 Minuten zugedeckt langsam backen.

DIE MAISKÖRNER auf die ungebackene Oberfläche streuen, das soufflierte Omelette zur Hälfte überschlagen.

MIT EINEM Teigausstecher runde Omeletts ausstechen und auf Teller anrichten.

*Fürs Menü brauchen Sie:*
*1 Abtropfsieb*
*1 kleines Küchenmesser*
*1 Sparschäler*
*1 Teigschüsselchen*
*1 Schneebesen*
*1 Meßbecher*
*1 Wasserbad-Schüssel*
*1 Schüssel, am besten aus Metall, zum Schlagen der Crème*
*1 Mixer/Schneidstab des Handrührgeräts*
*1 Fleischmesser*
*1 Schöpfkelle*
*1 Teflonpfanne mit Deckel*

# FISCH GEWAGT IST HALB GEWONNEN

*Forellen nehmen es genau. Zehn, zwölf Minuten, dann sind sie gerade richtig. »Kochen auf den Punkt« ist das Thema der vierten Lektion*

Für mich als Schweizerin ist es immer wieder amüsant, einem nord-süddeutschen Dialog zu lauschen, der um das ewige Thema »Nudeln oder Kartoffeln« kreist. Wenn beispielsweise Herr Fischkopf behauptet, Nudeln seien höchstens etwas für Kleinkinder, und Herr Schwab entgegnet, der ständige Kartoffelkonsum dort oben sei so trostlos wie die Norddeutsche Tiefebene.

Wir in der Schweiz sind zur Neutralität verpflichtet, somit haben beide Produkte ihre Daseinsberechtigung. Doch nie nebeneinander auf einem Teller, denn beide sind Kohlenhydratlieferanten.

Gut, es gibt Leute, die mögen einfach keine Nudeln, wahrscheinlich weil sie sie in einer Kantine oder sonstwo kennengelernt haben, lieblos und dilettantisch zubereitet. Mancher Koch hält sich da zu sehr an den Begriff Teigwaren und serviert sie dementsprechend: teigig, verkocht zu einem pappigen, unappetitlichen Essen.

Dabei bräuchte es eigentlich so wenig – oder eher soviel: Wasser und nochmals Wasser. Zehnmal soviel Wasser wie Teigwaren muß man kalkulieren. Und dazu einen Topf, so groß wie nur irgend möglich. Dann sollten die Nudeln noch »al dente« sein, also Biß haben. »Auf den Punkt kochen« nennt man das. Wir machen daraus das Thema unserer vierten Lektion. Und üben es gleich zweimal: mit den Nudeln und mit den Forellen im Sud. Zu schwierig für Anfänger? Lassen Sie sich herausfordern.

### Nudeln müssen sprudeln

Vermutlich kannten die Italiener Teigwaren schon, bevor Marco Polo nach seiner Heimkehr aus China davon berichtete. Prinzipiell unterschieden wird zwischen industriell hergestellten, also trockenen Teigwaren und den hausgemachten, frischen. Grüne Teigwaren sind mit Spinat, rote mit Tomatenmark gefärbt.

Die Italiener machen ihre Pasta meist aus dem harten, glasigen Triticum-durum-Weizen oder aus dem feinkörnigen, bernsteinfarbenen Weizengrieß. In Form von: Spiralen, Girlanden, Ringen, Locken, Hüten, Ohren, Muscheln undundund. Der Phantasie sind keine Grenzen gesetzt in dieser Palette, die von der Lasagne, der breitesten Nudel, zu den Capellini, der dünnsten Art, reicht. Noch dünner, dann entsteht Engelshaar.

Die Menge der Teigwaren richtet sich nach ihrem Zweck: Für Vorspeise oder Zwischengericht rechnet man 50 Gramm pro Person. Für ein Hauptgericht mindestens 100 Gramm.

### Teigwaren-Todsünden

Wenn sie in zuwenig Wasser gekocht werden. Folge: Sie kleben. Oder sie kochen zulange. Dann werden sie pappig. Denn je länger Teigwaren kochen, um so mehr quillt die Stärke auf. Eine Rettung ist in diesen Fällen nicht möglich. Die Teigwaren können höchstens noch für Suppen verwendet werden.

## NUDELN »ALFREDO«

*ZUTATEN FÜR 4 PERSONEN ALS VORSPEISE:*

*20 g Salz · 1 EL Öl · etwa 200 g Nudeln · 50 g Parmesan, frisch gerieben · 50 g Greyerzer-Käse, frisch gerieben · 100 g Schlagsahne · 100 ccm Fleischbrühe, gewürzt · 30 g Butter*

Zwei Liter Wasser mit Salz in einem sehr breiten Topf aufkochen. Das Öl dazugeben. Die Teigwaren hineingeben, umrühren und nach Packungsanweisung »al dente« kochen: außen weich, zum Kern hin fester.

*Ganz schön leicht: Eine Forelle, im Sud gegart, bringt wenig Kalorien, aber viel Geschmack*

*Weshalb dieses Menü? Nudeln »Alfredo« sind eine sättigende Vorspeise. Deshalb lassen wir ein leichtes Hauptgericht folgen. Blaugekochte Forelle ist kalorienarm. Was Sie zur Forelle niemals servieren sollten: Salat, denn seine Sauce ist dem feinen Geschmack des Fisches abträglich. Dafür können Sie, um ein ganz leichtes Menü zu bekommen, die Nudeln durch einen Salat ersetzen. Oder den Salat als Zwischengericht reichen, nach den Nudeln und vor der Forelle*

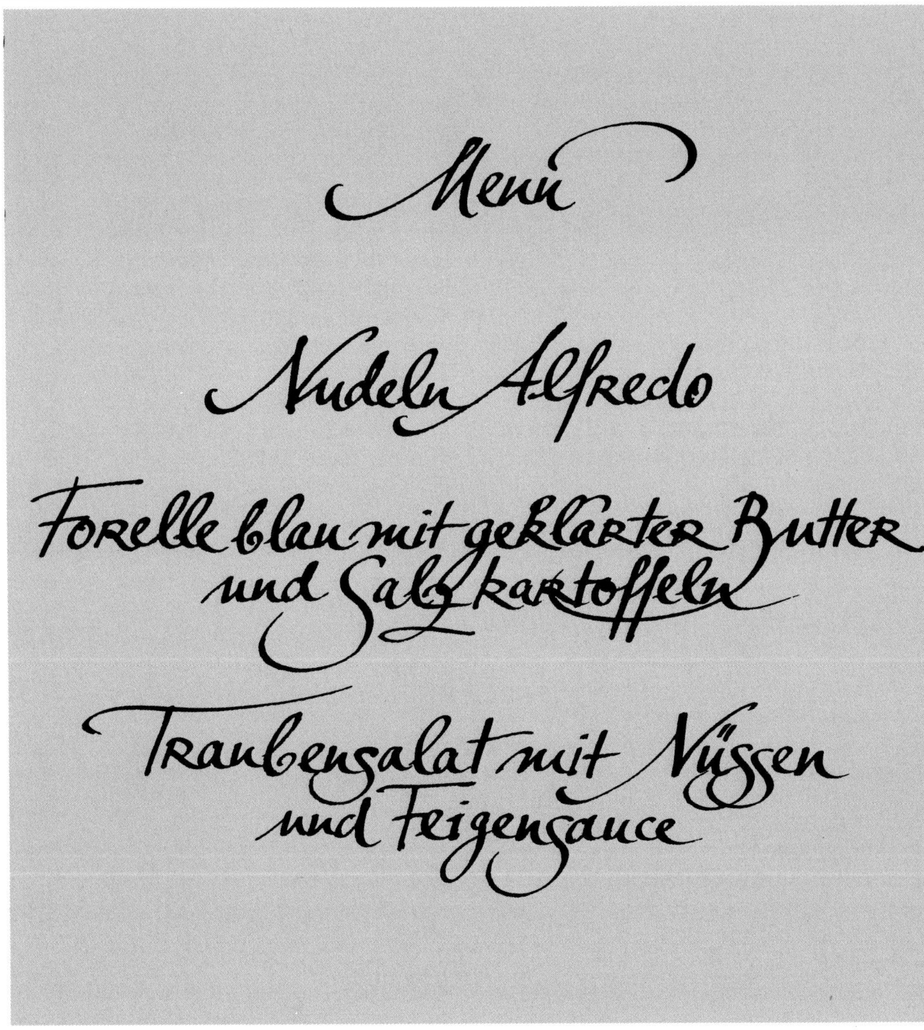


Unterdessen Parmesan und Greyerzer in Schälchen bereitstellen.

Sahne steifschlagen und kühl stellen. Die Bouillon aufkochen und heiß halten. Die Nudeln über einem Sieb abschütten und gut abtropfen lassen.

Käse, Schlagsahne und kochend heiße Bouillon bereitstellen.

Die Butter erhitzen. Die Nudeln darin wenden, bis sie heiß sind. In einer vorgewärmten, großen Schüssel anrichten.

Am Tisch die Nudeln mit Sahne und Käse locker mischen. Die kochendheiße Bouillon dazugießen und ebenfalls daruntermischen. Sofort in vorgewärmten Suppentellern anrichten.

Tip 1:
Mischen Sie die Nudeln »Alfredo« vor den Gästen am Tisch. Nicht ganz original ist das Rezept, wenn man Schinken, in feine Streifen geschnitten, unter die Nudeln mischt. Aber schmecken tut's ausgezeichnet.

Teigwaren frisch vom Nudelbrett (und auch angetrocknete) geben Sie am besten in einen flachen Topf mit großer Oberfläche, damit sie nicht aufeinander liegen. Aber nicht zuviel auf einmal, damit sie schwimmen können. Lassen Sie die Nudeln bei nicht zu großer Hitze ziehen, bis sie an die Oberfläche steigen. Das dauert zwei bis vier Minuten (bei angetrockneten Teigwaren länger). Auch hier gilt: Sie müssen probieren.

Alles Käse:
Parmesan. Der körnige Hartkäse aus Kuhmilch schmeckt am besten frisch gerieben. Was abgepackt ist, stammt oft von Abschnitten.

Pecorino. Ein Schafskäse. Er reift vier bis acht Monate, bevor er in den Handel kommt. Aussehen und Charakter: strohgelb, mittelgroß und halbfest.

Greyerzer: Der Schweizer Hartkäse in großen, runden Laiben ist dem Emmentaler ähnlich, hat aber nur erbsengroße Löcher.

SAUCEN
Saucen gehören bekanntlich ins Kapitel »Hohe Kunst des Kochens«. Lassen Sie sich davon nicht abhalten, es mit einigen einfachen schon jetzt zu versuchen.

TOMATENSAUCE
Ein Kilogramm sehr reife Tomaten vierteln. Drei Eßlöffel Olivenöl in einen Topf geben, eine gepreßte Knoblauchzehe, eine gehackte Zwiebel sowie zwei bis drei Blätter Basilikum zufügen. Kurz andünsten, dann die Tomaten dazugeben. Mit Salz, einer Prise Zucker und frischgemahlenem schwarzen Pfeffer würzen, aufkochen. Bei mäßiger Hitze etwa eine Stunde köcheln lassen. Im Mixer oder mit dem Schneidstab des Handrührers (Schneidemesser) pürieren. Nachwürzen und durch ein Sieb streichen. Diese Sauce können Sie für alle Teigwaren verwenden.

Einfach sind auch Saucen, die nicht gekocht werden müssen. Zum Beispiel:

PESTO ALLA GENOVESE
Diese Basilikumsauce wird normalerweise im Mörser zubereitet. Anfängern möchte ich davon abraten. Wenn die Zutaten nicht fein genug zerdrückt sind, kann sich das Öl nicht mit den Kräutern und dem Käse verbinden. Problemlos geht es mit dem Mixer. Sie geben hinein: 200 g Basilikumblätter, zwei gepreßte Knoblauchzehen, einen Eßlöffel Pinienkerne, drei Eßlöffel frischgeriebenen Pecorino (Schafskäse) oder Parmesan, Salz, Pfeffer und tröpfchenweise 100 ccm Olivenöl. Sie erhalten so eine würzige, feine Paste, die mit den frischgekochten, heißen Teigwaren gemischt wird.

TIP:
Knoblauch pressen Sie so: Die Zehe schälen, in die Presse legen und den Knoblauch über einem Teller ausdrücken. Man kann den Knoblauch auch mit einem breiten Messer zerquetschen und dann sehr fein hacken. Wer den Geschmack von Knoblauch weniger liebt, entfernt den inneren Teil, der die ätherischen Öle und Geruchsstoffe enthält: Zehe halbieren und den Keim herausnehmen. Der Geschmack wird so feiner. Eine andere Möglichkeit: Im Frühling den weniger intensiven jungen Knoblauch verwenden.

## DAS BLAUE WUNDER

Blaukochen ist eine Abwandlung des Pochierens und wird angewendet für Fische mit zarter Schleimschicht wie Forellen, Karpfen, Schleien, Aale. Wenn der Schleim mit Säure zusammenkommt (Essig, Zitronensaft oder Weißwein), »färbt« er sich blau. Ich empfehle, im Fischgeschäft lebendfrische Forellen aus dem Bassin zu kaufen (Bach- oder Regenbogenforellen).

## FORELLE BLAU MIT GEKLÄRTER BUTTER UND SALZKARTOFFELN

*ZUTATEN FÜR 4 PERSONEN:*

*4 Regenbogen- oder Bachforellen*

*3 l Sud, bestehend aus:*
*1/2 l trockenem Weißwein · 1/2 Zwiebel mit Schale, besteckt mit 1 kleinem Lorbeerblatt und mit 1 Gewürznelke · 1 Möhre · 1 Zitronenschnitz · Salz · 1 Zitrone zum Garnieren · 1 kleines Bund Petersilie*

DIE FRISCHEN Forellen am Bauch aufschneiden. Mit feuchtem Tuch (oder Küchenkrepp) anfassen und die Innereien herausziehen. Innen sorgfältig ausspülen (macht auf Wunsch der Händler). Kühl stellen.

DEN SUD in einem passenden Topf (am besten ovaler Fischtopf mit Einsatz) aufsetzen. Alle Zutaten mit zweieinhalb Liter Wasser da-

*Die Form verrät viel*

*Ganz frisch, krümmen sich Forellen beim Kochen nur leicht. Wenn sie wie ein »U« serviert werden (und obendrein noch recht dunkel sind), stammen die Fische meist aus der Truhe*

zugeben und ab Siedepunkt 30 Minuten köcheln lassen. Dann Salz zufügen (etwa 25 Gramm).

Den Forellenbauch mit etwas Salz bestreuen, und die Forellen nacheinander in den siedenden, aber nicht kochenden Sud gleiten lassen.

Die Fische laufen blau an, krümmen sich nach oben und reißen leicht ein. Je nach Größe zehn bis zwölf Minuten ziehen lassen. Die Forelle ist gar, wenn sich die Brustflossen leicht herausziehen lassen.

Aus dem Sud heben, mit Zitronenscheiben und Petersilie garnieren. Flüssige Butter und Salzkartoffeln dazu servieren.

Man kann die Forellen im Fischtopf präsentieren oder auf einer Platte, ausgelegt mit einer Stoffserviette, anrichten.

Tip:
Nicht zu viele Forellen auf einmal in den Topf geben. Sie behindern sich gegenseitig. Schon gekochte bei 60 Grad mit etwas Sud im Ofen warm halten.

Beurre blanc (geklärte Butter)
Sie erhitzen Butter in einem Pfännchen und heben den dabei aufsteigenden Schaum mit einem Löffel ab. Dann wird die Butter so abgegossen, daß der Satz im Pfännchen bleibt.

*Kernforschung mit Fingerspitzengefühl*

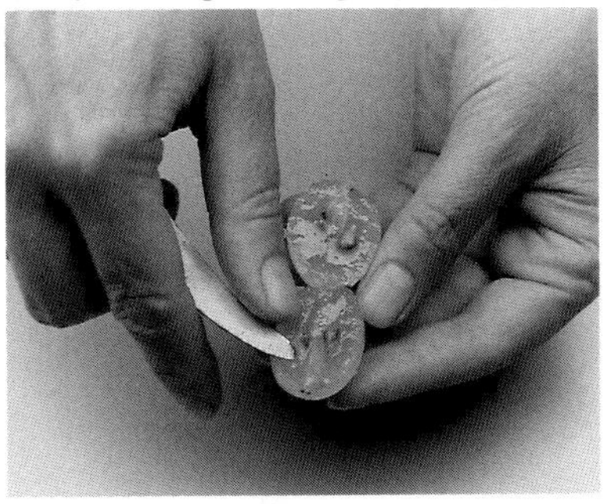

*Keine Lust auf harte Sachen im Salat? Dann hilft nur eins: Weinbeeren längs halbieren und die Kerne mit einem kleinen Messer herauspulen*

Salzkartoffeln
Die Kartoffeln werden geschält gekocht. Das heißt, die vitamin- und mineralsalzschützende Schale wird weggeschnitten (siehe auch Kapitel Sieden II). Aus diesem Grund sind die Kartoffeln beim Kochen »gefährdet«, sie geben Vitamine und Mineralsalze dem Kochwasser ab. Verwenden Sie also diesmal nur wenig Wasser, weil das nachher weggeschüttet wird. Die Kartoffeln nach dem Kochen (15 bis 20 Minuten) abgießen, drei bis vier Minuten bei mäßiger Hitze abdämpfen lassen. Salzkartoffeln sollten gut abgedämpft angerichtet werden. In Butter geschwenkt, glänzen sie schön, schmecken besser, haben aber auch mehr Kalorien.

## DA HABEN SIE DEN SALAT

Salate aus Früchten müssen stets frisch zubereitet werden. Der Zuckersirup, mit dem wir die Früchte anmachen, erlaubt ungezählte Varianten. Sie können Weißwein dazugeben, Likör, Champagner, Kirschwasser oder ihn mit Grenadine abschmecken. Genauso läßt sich auch mit den Früchten der Saison variieren und mit den Kombinationen: anderes Eis oder ein Sorbet? Oder eine andere Fruchtsauce? Fast alles ist erlaubt.

## TRAUBENSALAT MIT NÜSSEN UND FEIGENSAUCE

*ZUTATEN FÜR 4 PERSONEN:*

*SAUCE*
*100 ccm roter Traubensaft · 100 ccm roter Portwein · Saft von 1/2 Zitrone · 1/4 TL Zimtpulver · 100 g getrocknete Feigen*

*SALAT*
*400 g Weintrauben, weiße und blaue · 100 ccm Zuckersirup · 2 Streifen Zitronenschale · 1 EL Cognac · 4 frische Walnüsse*

Traubensaft, Portwein und Zitronensaft in eine Schüssel gießen. Das Zimtpulver in der Flüssigkeit verrühren. Die getrockneten Feigen nebeneinander in die Flüssigkeit legen. Bei Zimmertemperatur drei bis vier Stunden aufquellen lassen.

Alles zusammen in den Mixer geben und fein pürieren. Durch ein feines Drahtsieb streichen und die Sauce kühl stellen.

Die Trauben waschen, von den Stielen zupfen, große Beeren halbieren und die Kerne mit einem spitzen Messer auslösen.

Die Beeren mit dem vorbereiteten Zuckersirup (der mit Zitronenschale gekocht wurde) überziehen. Mindestens 30 Minuten im Kühlschrank durchziehen lassen, dann den Cognac dazugeben. Sorgfältig mischen.

Die Nüsse knacken, die Kerne auslösen, halbieren oder vierteln. Bei grünen Nüssen (Schälnüssen) eventuell nach Eintauchen in kochendes Wasser die Häutchen abziehen. Die Nüsse grob hacken.

Die Feigensauce als Spiegel auf Teller verteilen. Die marinierten Weintrauben darauf setzen und mit Nüssen überstreuen.

Tip:
Vanille-Eis dazu servieren.

Wissen Sie noch, wie der Zuckersirup gemacht wird? Zur Erinnerung: 100 ccm Weißwein, 50 ccm Wasser, 12 TL Vanillezucker und 75 g Zucker zusammen aufkochen und bei mäßiger Hitze sirupartig einkochen.

*FÜR FORTGESCHRITTENE*

# SPÄTZLE

Bei uns in der Schweiz nennt sich diese schwäbische Spezialität »Spätzli«. Und sie wird oft verwechselt mit den ähnlichen »Knöpfli«. Der Teig ist derselbe, anders die Form.

Bei Knöpfli läßt man den Teig portionenweise durch das spezielle Knöpflisieb ins schwach kochende Salzwasser fallen. Es soll leise sieden. Die Knöpfli sind fertig, wenn sie an die Oberfläche steigen.

Bei Spätzle benützen wir ein schmales, nach vorn dünn auslaufendes Holzbrett, das wir mit Wasser befeuchten. Wir geben 2-3 EL Teig darauf und ziehen ihn streifenweise mit einem befeuchteten, flach gehaltenen großen Messer oder einem dünnen Spachtel ins leicht kochende Salzwasser.

Sowohl Knöpfli wie Spätzle werden mit einer Schaumkelle aus dem Wasser gehoben, sobald sie oben schwimmen. Bei größeren Portionen geben wir sie zum Warmhalten in ein zweites warmes, gesalzenes, doch nicht kochendes Wasser. Wir lassen die Spätzle auf einem Sieb abtropfen und richten sie auf einer heißen Platte an. Oder wir wenden sie zusätzlich in heißer Butter.

Spätzle und Knöpfli lassen sich mit Käse bestreuen und mit heißer, leicht angebräunter Butter schmelzen.

Für Käsespätzle füllt man die Schüssel schichtweise mit gehobeltem Käse (Appenzeller) und Spätzle, gibt Butterflocken darüber und gratiniert. Weiter lassen sich Spätzle mit gerösteten Zwiebeln oder gerösteten Bröseln bestreuen. Man kann sie leicht anbraten, mit Schinken und Ei, Speck oder Kräutern anreichern.

Was Sie falsch machen könnten: Spätzle kleben, wenn Sie zu viele auf einmal ins Salzwasser geben. Oder wenn das Salzwasser nicht genügend heiß ist. Pappig werden sie, wenn wir sie zu lange kochen. Sie dürfen nur kurze Zeit, kurz vor dem Siedepunkt, an der Oberfläche ziehen.

*GRUNDREZEPT*
*ZUTATEN FÜR 6-8 PORTIONEN:*

*300 g Mehl · 3 frische Eier · 1 TL Salz*

Das Mehl in eine Schüssel sieben. In der Mitte mit einem Holzlöffel eine Vertiefung anbringen.

150 ccm Wasser, Eier und Salz in einer Schüssel verrühren.

Die gemischte Flüssigkeit in die Mehlmitte einlaufen lassen, von der Mitte aus zusammenrühren. Den Teig schlagen, bis er glatt ist und Blasen wirft. In Zimmertemperatur 30 Minuten aufquellen lassen.

Wasser und Salz in einem großen, weiten Topf, zu drei Viertel gefüllt, zum Kochen bringen.

Die Hitze zurückschalten und das Wasser vor dem Siedepunkt halten.

Das Spätzle-Brett abspülen und etwas Teig daraufgeben.

Über den Topf halten und mit einem Messer Streifen abschneiden und ins Wasser gleiten lassen. Das Messer immer mal wieder ins Wasser tauchen, damit der Teig nicht klebt.

Sobald die Wasserfläche mit den Spätzle bedeckt ist, unterbrechen und die Spätzle zuerst sinken und dann aufsteigen lassen. Mit einem Schaumlöffel aus dem Wasser heben, abtropfen lassen und die Spätzle anrichten oder weiterverarbeiten.

*Fürs Menü brauchen Sie:*
*1 Käsereibe*
*diverse Schüsseln*
*1 Schneebesen*
*1 Abtropfsieb*
*1 ovaler Fischtopf mit Einsatz*
*1 Sparschäler*
*2 Küchenmesser (klein und groß)*
*1 Zitronenpresse*
*1 Mixer/Schneidstab des Handrührgeräts*
*1 feines Drahtsieb*
*1 Zestenmesser zum Abreiben der Zitronenschale*
*1 Nußknacker*
*1 Holzkelle*
*1 Schaumkelle*
*evtl. Eisportionierer*

# WIE DER WEIN IN DIE BIRNE STEIGT

*Nach dem Sieden geht's jetzt ums Pochieren – um das sanfte Garen von Fisch in aromatischem Sud und von Früchten fürs Dessert*

Wer Fisch nicht mag, muß schlechten gegessen haben. Besser keinen Fisch als Fisch, bei dem nicht alles stimmt. Zweierlei ist meist schuld, wenn es nicht so schmeckt, wie es sollte. Entweder wir haben nicht absolut frische Ware. Oder wir haben unseren Fisch falsch zubereitet. Vom Frische-Test ist noch die Rede. Von den verschiedenen Arten der Zubereitung wählen wir heute das Pochieren. Pochieren heißt Garziehen in heißer Flüssigkeit, die unter dem Siedepunkt gehalten wird (75 bis 90 Grad). Das kann ganz einfach in heißem Wasser geschehen oder in einer mit Aromastoffen (Gewürze, Kräuter, Weißwein, Gemüse) angereicherten Flüssigkeit. Um einen solchen Sud geht es hier. In seiner klassischen Form besteht er aus:

Wasser, Weißwein, Champignons, Schalotten, Petersilienstielen, Lauch, Sellerie, Möhre, Lorbeer, Nelke.

Wichtig ist, daß keine der Zutaten vorschmeckt. Der Sud muß »rund« sein (aus diesem Grund verwenden wir nur wenig Sellerie). Und er darf für den Fisch nie zu heiß sein. Deshalb nehmen wir den kochenden Sud vom Herd und kühlen ihn mit etwas kaltem Wasser ab, bevor wir den Fisch hineingleiten lassen. Hineingleiten! Verwenden Sie einen entsprechend großen und flachen Topf und geben Sie nicht zuviel Fisch gleichzeitig in den Sud.

Wie lange er braucht, um gar zu werden, hängt von Form und Schnitt der Filets ab und kann von einer bis zu vier Minuten dauern. Geübte testen mit dem Finger: Ein Stück Fisch auf die Schaumkelle legen und draufdrücken. Das richtig gegarte Fischstück muß sich ähnlich verhalten, wie wenn wir auf unseren Handballen drücken: Es muß erst nachgeben, dann wieder so weit zurückgehen, daß man von der Druckstelle nichts mehr sieht. Klar ist: Dickere Stücke brauchen länger. Und zu dünn sollten sie nicht sein, sonst werden sie beim Garen trocken und zerfallen leicht.

Noch ein Wort zu dem Wein, der in den Sud kommt. Sie können von billigem Wein nicht verlangen, daß er durch Kochen besser wird. Beim Einkochen verflüchtigt sich der Alkohol und zurück bleiben vor allem die Aromastoffe, schlechte im Fall von Billigwein. Ideal ist es, zum Kochen denselben Wein zu verwenden, den man später zum Essen trinkt. Es kann aber auch ein preisgünstigerer aus derselben Region sein. Beispiel: Für den Fischsud verwenden Sie einen einfachen, aber trockenen Müller-Thurgau; beim Essen trinken Sie dazu einen feineren aus der gleichen Gegend.

Den Beaujolais für unseren Nachtisch gibt es als gewöhnlichen Beaujolais, als Beaujolais-Villages und als Beaujolais mit großen Namen wie: Fleurie, Moulin-à-vent, St. Amour oder Brouilly. Er wird aus der Traubensorte Gamay gekeltert. Ich rate zu einem Beaujolais der mittleren Preisklasse.

### Gewürz und Arznei

Fenchel brachten Anfang der fünfziger Jahre Gastarbeiter in unsere Region. Den Chinesen und Indern ist er seit Jahrhunderten sowohl Gewürz als auch Arznei. Fenchel hat einen leichten Anisgeschmack, die rundlichen bis länglichen Knollen sind grün bis weiß. Er ist reich an Vitaminen und Mineralstoffen und paßt roh oder gekocht zu sehr vielen Gerichten.

*Eine starke Verbindung: Beaujolais, Williams-Christ-Birnen und Zitrusfrüchte*

*Warum dieses Menü? Ganz im Zeichen der modernen Ernährung beginnt die Mahlzeit mit einem Salat. Salat öffnet den Magen, heißt es. Fenchel mit Walnüssen ergibt eine gutschmeckende Kombination. Mit Fischfilet lernen Sie, eher als mit ganzen Fischen, im Gemüsesud zu pochieren und genau auf die Temperatur zu achten. Mit Mehlbutter machen wir die einfachste gebundene Sauce. Zum Pochieren kommen wir dann gleich noch einmal: beim Dessert mit den Birnen in Wein. Beaujolais verwenden wir hier, weil er genügend Säureanteil hat und durchs Kochen kräftiger wird. Die Birnen profitieren davon*

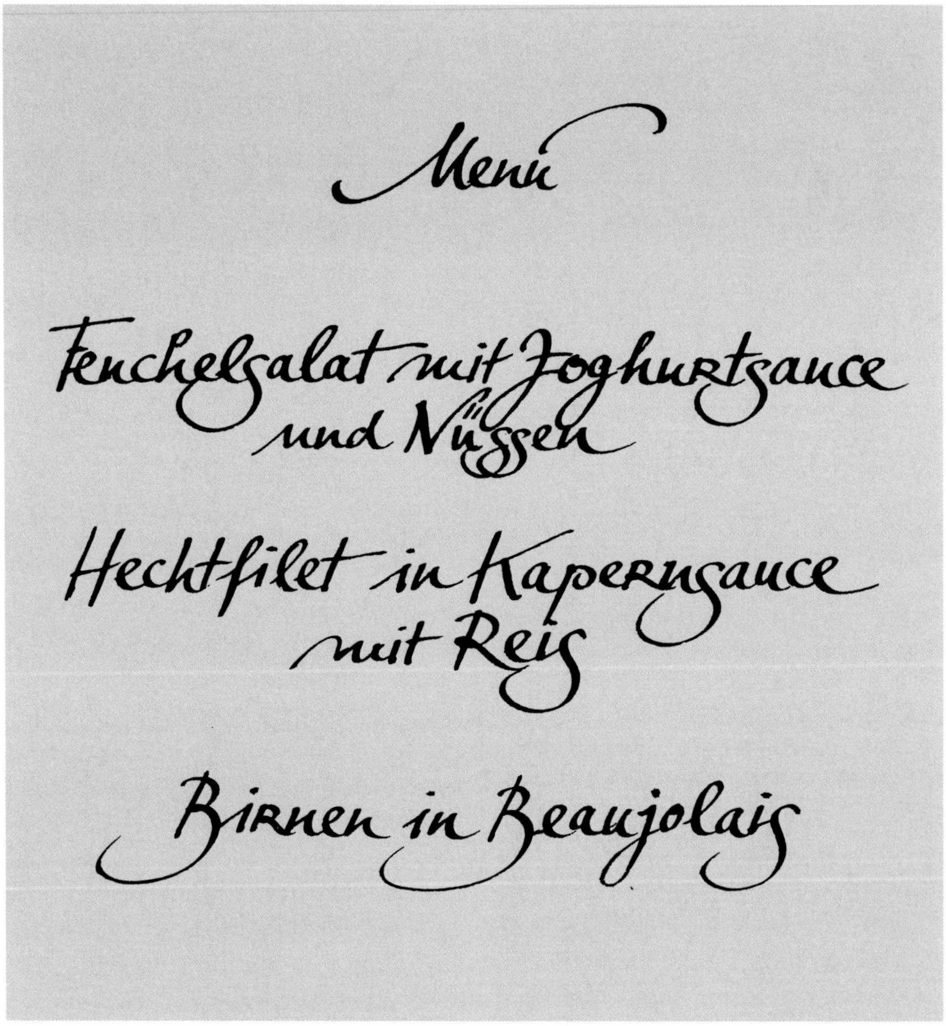


## FENCHELSALAT MIT JOGHURTSAUCE UND NÜSSEN

*ZUTATEN FÜR 4 PERSONEN:*

*2 mittelgroße Fenchel mit Grün · 50 g Walnußkerne*

SAUCE

*1 Becher Joghurt, natur · 3 EL Schlagsahne · 1 TL Senf · etwas Salz · schwarzer Pfeffer aus der Mühle · 1 Prise Cayennepfeffer · 1 Prise Paprikapulver · 2 Stiele Dill · 1 kleines Salbeiblatt · 1 Bund Petersilie*

Den Fenchel längs halbieren. Wurzelansatz und Stiele wegschneiden.

Das Grün abschneiden und etwas für die Garnitur verwenden. Den Rest fein hacken. Beiseite stellen.

Die äusseren Fenchelblätter ablösen. Die inneren, zarten Blätter in feine Streifen schneiden. Mit feuchtem Papier bedeckt beiseite stellen.

Die Walnusskerne grob hacken. In einer Teflonpfanne ohne Fett rösten, bis sie aromatisch duften und etwas Farbe annehmen.

Für die Sauce Joghurt, Schlagsahne, Senf, Salz, Pfeffer, Cayennepfeffer und Paprikapulver gut verrühren.

Dill, Salbei sowie Petersilie zusammen mit einem scharfen Messer fein hacken. Die Kräuter zur Joghurtsauce mischen. Nach Geschmack nachwürzen.

Fenchel und Sauce zusammen locker mischen. Anrichten, mit den Walnüssen überstreuen und mit Dillzweigen garnieren.

## FISCH NUR FRISCH

Fisch sollten Sie gleich nach dem Einkauf verwenden. Sind Sie gezwungen, ihn einige Stunden aufzubewahren, so am besten im Kühlschrank auf Eis. Und stets in geöffnetem Papier. Es gibt spezielle Kühlschränke, die beim Kühlen auch Feuchtigkeit abgeben. Sie sind für Fisch – und auch für Gemüse – erstklassig geeignet.

Wenn Sie im Fischgeschäft frischen Fisch vor Ihren Augen filetieren lassen, haben Sie am ehesten Gewähr, daß er in Ordnung ist.

## HECHTFILET IN KAPERNSAUCE

*ZUTATEN FÜR 4 PERSONEN:*

*100 g Champignons · 1 kleine Schalotte mit Schale · 1 kleines Lorbeerblatt · 1 Gewürznelke · 1/4 Lauch, grob geschnitten · 100 g Sellerie, mit Schale · 1/2 Möhre · 200 ccm Weißwein, trocken · 5 Petersilienstiele · 2 Hechtfilets, in Scheiben geschnitten · Salz und Pfeffer · 100 ccm Schlagsahne · 10 g Butter · 10 g Mehl · 1 EL Kapern*

Die Champignons putzen, kalt abspülen, abgetropft in Scheiben schneiden.

Die Schalotte mit der Schale halbieren, eine Hälfte mit Lorbeerblatt und Nelke bestecken.

Lauch, Sellerie und Möhre putzen, waschen und in kleine Stücke schneiden.

Einen Viertelliter Wasser und den Weißwein in einer großen, flachen Pfanne (Rand etwa fünf Zentimeter hoch) zusammen mit den Champignons, Schalotte, Petersilienstiele und den Gemüsen aufkochen. Etwa 30 Minuten bei mäßiger Hitze vor dem Siedepunkt ziehen lassen. Absieben, die Flüssigkeit in die Pfanne zurückgießen.

Die Fischfilets mit Salz und Pfeffer schwach würzen. Je nach Größe der Pfanne drei bis vier Filetscheiben in den Sud legen.

Zwei bis vier Minuten pochieren, das heißt, vor dem Siedepunkt ziehen lassen. Auf einen Teller legen, zwei Eßlöffel Sud dazugießen und im Ofen bei 50 Grad warm halten.

Die Flüssigkeit nochmals durch ein Sieb in ein Saucenpfännchen gießen. Sahne dazugießen, gut verrühren. Leicht köcheln lassen.

Butter und Mehl verkneten und in kleinen Stückchen nach und nach unter Rühren zur Sauce geben, bis die Sauce sich bindet. Ein paar Minuten sanft köcheln lassen.

Zuletzt die Kapern mit einem Eßlöffel Kapernwasser zufügen.

Die Fischfilets gut abgetropft auf einer Platte oder Tellern anrichten. Mit Kapernsauce überziehen.

Tip 1:
Fischgeruch an Händen und Geschirr? Erst mit kaltem Wasser abspülen. Die Hände mit Zitrone einreiben.

Tip 2:
Für Fisch eignen sich auch gebundene Saucen mit Dill, Estragon, Schnittlauch, Kerbel, Koriander oder Basilikum. Jeweils nur ein Kraut und immer fein gehackt. Ausnahme: Ko-

*Mehlbutter ist ein Bindemittel der klassischen französischen Küche. Dazu nimmt man gleich viel Butter wie Mehl. Um Klümpchen in der Sauce zu vermeiden, wird die Butter im Mehl zerdrückt, die Mischung zu kleinen Flöckchen geformt und Stück für Stück in die Sauce gegeben*

riander können Sie mit etwas Kerbel vermengen, der den intensiven Koriandergeschmack abschwächt. Schnittlauch sollte erst im letzten Moment unter die Sauce gemischt werden, sonst wird sie zu scharf.

Tip 3:

Für eine provenzalische Sauce, wie man sie in der regionalen rustikalen Küche kennt, ist eine Kräutermischung möglich. Doch auch hier wird nicht wahllos gemixt. Als Grundzutaten gelten Knoblauch, Olivenöl, Thymian, manchmal auch mit Rosmarin und Majoran.

Reis

Erinnern Sie sich noch an unser Reisrezept? Wenn nicht, hier steht es noch einmal: Anderthalb Liter Wasser mit 20 Gramm Salz aufkochen, 200 Gramm Langkornreis, parboiled, einstreuen, 18 Minuten kochen lassen, abschütten, gut abtropfen und warm stellen.

## EIN ROTER FÜR DIE SÜSSEN

Birnen enthalten nur ein Fünftel der Säure von Äpfeln, aber gleich viel Zucker. Wenn sie trotzdem bedeutend weniger angebaut werden, so weil sie weniger lagerfähig sind. Von den über 5000 Birnensorten eignen sich für Rotweinbirnen vor allem Kaiserkronen und Williams Christ. Sie nehmen den Wein besonders gut auf.

*Vier in einem Topf*

*Das Gefäß muß so breit und hoch sein, daß die Birnen darin stehen können*

## BIRNEN IN BEAUJOLAIS

*ZUTATEN FÜR 4 PERSONEN (KANN AM VORTAG ZUBEREITET WERDEN):*

*1 Flasche Beaujolais · 150 g Zucker · 1 Orange · 1 Zitrone · 10 g Zimt, gemahlen · 1 Gewürznelke · 4 schwarze Pfefferkörner, grob zerdrückt · 4 aromatische Birnen · 100 ccm Schlagsahne · 2 Vanilleschoten · 2 EL Puderzucker*

Den Wein in einen entsprechend großen Topf gießen, er soll so groß sein, daß vier Birnen hineingestellt werden können. Den Zucker dazugeben und aufkochen. Orange und Zitrone heiß waschen (Spritzmittelrückstände werden so größtenteils weggeschwemmt) und in etwa zwei Millimeter dicke Scheiben schneiden. Je zwei Scheiben mit Zimt, Nelke und Pfefferkörnern in den Wein legen, bei mäßiger Temperatur sirupartig einkochen lassen.

Die Birnen waschen, dann schälen. Stiele dranlassen, Blütenansatz rund ausschneiden und darauf achten, daß die Birnen stehen (eventuell Boden flach schneiden). Schalen zurückbehalten.

Die Birnen zusammen mit ein paar Schalen in den Wein stellen und je nach Reifegrad 30 bis 50 Minuten pochieren. Sie sollen anfangs von Sirup bedeckt sein.

Die Birnen im Sirup auskühlen, vielleicht sogar über Nacht darin stehen lassen. Die Wein-Birnen herausheben und kühl stellen.

Den Sirup wenn nötig mit etwas Wasser verdünnen und durch ein Sieb gießen.

Sahne steifschlagen. Die Vanilleschoten längs halbieren. Das Mark ausschaben und zur Schlagsahne geben. Den Puderzucker dazusieben, unterheben.

Die Birnen in Suppentellern anrichten, mit Sirup umgießen und mit der Vanille-Sahne garnieren.

Tip:
Schälen Sie Obst nie zu dick ab, denn viele Vitamine und Mineralstoffe befinden sich unmittelbar unter der Schale.

*FÜR FORTGESCHRITTENE*

# LACHSFORELLE MIT DILLSAUCE

Noch mehr Sorgfalt als die Zubereitung von Fischfilets setzt das Pochieren von ganzen Fischen voraus. Ganze Fische haben den Vorteil, saftiger zu bleiben, da Haut und Gräten das Fleisch schützen. Die Kunst besteht hier darin, zu erkennen, wann der Fisch gar ist. In einem Topf (am besten einem Fischtopf mit Einsatz) kann das bei einem Fisch von 1,2 bis 1,8 kg Gewicht 20 bis 30 Minuten dauern. Im Ofen bei 70 Grad läßt man ihn mit wenig Sud 30 bis 60 Minuten ruhen. Garprobe: Prüfen Sie mit der Messerspitze an der dicksten Stelle des Fisches. Das Fleisch sollte sich leicht von der großen Gräte lösen, fest und milchig weiß sein.

Gut zu Lachsforelle paßt auch Kerbelsauce, aufgebaut auf Fischfond aus Gräten der Seezunge.

*ZUTATEN FÜR 6-8 PERSONEN:*

*1/2 l trockener Weißwein · 1 Bund Dill · 2 Möhren · 1 kleiner Lauch · 1/8 Stück Sellerie mit Schale · 1 Schalotte · 1 Lorbeerblatt · 1 Gewürznelke · 6 schwarze Pfefferkörner · 200 g Champignons 1 ganz frische Lachsforelle von ca. 1,5 kg · Salz · schwarzer Pfeffer aus der Mühle · 100 ccm Schlagsahne · 20 g Mehl · 20 g Butter*

Zuerst den Fischsud ansetzen, 1,5 l Wasser und den Wein mit den Dillzweigen aufkochen. Etwas Dill zur Garnierung zurückbehalten.

Die Gemüse (Möhren, Lauch, Sellerie) waschen und grob schneiden.

Die Schalotte mit der Schale halbieren. Lorbeerblatt und Nelke daran befestigen.

Die Pfefferkörner im Mörser oder mit einem großen Messer zerdrücken.

Die Champignons waschen und in Scheiben schneiden.

Gemüse, Schalotte, Pfeffer, Champignons zum Sud geben. Alles vor dem Siedepunkt mindestens 30 Minuten köcheln lassen, dann durch ein Sieb gießen. Ca. 2/3 der Menge auf ein Backblech gießen.

Den Backofen auf 150 Grad vorheizen.

Die Lachsforelle innen gut waschen und säubern. Mit Salz und Pfeffer würzen. Beiseite stellen, bis der Sud abgekühlt ist.

Den Fisch in den Sud legen. Mit Folie locker bedecken. Auf unterster Einschubleiste in den Ofen schieben, ca. 20 Minuten pochieren. Alle paar Minuten mit dem Sud übergießen.

Jetzt den Ofen auf 70 Grad stellen und den Fisch ca. 30 Minuten darin stehenlassen. Zwischendurch übergießen.

Den restlichen Sud zur Hälfte einkochen lassen.

Butter und Mehl zusammen verkneten und nach und nach in kleinen Flocken mit dem Schneebesen zum Sud rühren. Schlagsahne zufügen, die Sauce mindestens 10 Minuten weiter köcheln lassen. Mit Salz und Pfeffer nachwürzen. 1 EL feingehacktes Dillkraut darunterheben.

Den Fisch aus dem Sud nehmen, von Haut und Gräten befreien, mit der Dillsauce überziehen.

*Ein Fisch ist frisch, wenn*
*– die Kiemen rot sind, ohne Schleim,*
*– die Augen glänzend, klar und prall sind;*
*– das Fleisch fest ist, die Schleimhaut glatt und nicht schmierig, und wenn er nicht unangenehm riecht*

*Fürs Menü brauchen Sie:*
*1 Teflonpfanne*
*1 flachen, breiten Topf (Randhöhe etwa fünf Zentimeter) oder*
*1 Fischpfanne mit Einsatz*
*1 Saucentopf*
*1 Topf für die Birnen*
*diverse Messer*
*Haushaltspapier*
*1 Schneebesen*
*1 Sieb*
*1 Sparschäler*
*1 Schaumkelle*
*Aluminiumfolie*

Vielleicht wundern Sie sich über das Menü dieser Lektion. Würste wärmen? Nichts leichter als das, denken Sie vermutlich. Anders die Karamelköpfchen: Sind die nicht zu schwierig für Anfänger?

Könnten alle geplatzten Würste der Welt klagen, wäre es wohl aus mit der Mär vom Würstekochen als Kinderspiel. Das Garziehen von Würsten ist in wurstliebenden Landen ein wichtiges Kapitel. Ein sehr wichtiges.

Und was die Karamelköpfchen betrifft: Zugegeben, sie stellen einige Anforderungen an Anfänger. Ich sehe es als Herausforderung, weil auch dies zu einem lebendigen, etwas unkonventionellen Kochkurs gehört. Übung macht den Meister – und man kann nicht früh genug damit beginnen.

Beim Würstewärmen geht's um das Pochieren im Wasser, das zunächst mal in genügender Menge zum Kochen gebracht wird. Bevor wir die Würste in den Topf geben, stellen wir ihn von der heißen Platte weg auf die Seite (eventuell mit etwas kaltem Wasser abkühlen). Während des Garziehens sollte das Wasser dann stets eine Temperatur von etwa 85 Grad haben. Je nach Dicke der Würste dauert es 15 bis 30 Minuten, bis sie warm sind. Nicht länger als nötig erhitzen, sonst werden sie trocken und salzig. Die Würste platzen, wenn wir sie in sprudelndem Wasser kochen oder wenn wir den Topf zudecken und heißer Dampf nicht entweichen kann.

Bei den Karamelköpfchen (auch Karamel-Flan genannt) haben wir es gleich mit zwei etwas schwierigeren Kochvorgängen zu tun. Wir müssen Zucker karamelisieren, ohne daß er verbrennt, und die Eimasse im Wasserbad pochieren, ohne daß sie käsig und löchrig wird.

Karamelisieren ist schon eine kleine Mutprobe. Zum einen ist die Zuckermasse sehr heiß, und wenn wir ablöschen, zischt und spritzt es. Zum andern genügen Sekunden, und der Zucker ist nicht wie gewünscht aromatisch braun, sondern dunkel und bitter. Ich gebe Ihnen deshalb den Rat, erst einmal mit einer kleinen Menge zu üben. Geben Sie einen Eßlöffel feinen Zucker in eine Chromstahlpfanne, und schalten Sie auf große Hitze. Bleiben Sie am Herd stehen, auch wenn es für Sie im Moment nichts zu tun gibt. Der Zucker schmilzt von selbst, wird weich, beginnt erst am äußeren Rand, dann immer mehr zur Mitte hin gelb bis bräunlich zu werden. Verringern Sie die Hitze um ein bis zwei Stufen. Jetzt können Sie mit einem Löffel geschmolzenen und noch nicht geschmolzenen Zucker ein wenig mischen. Nicht rühren, sonst gibt es Klumpen. Ist die Temperatur zu hoch, bräunt der Zucker am Rand zu rasch, während er sich innen nicht verändert.

Der Zucker wird nun immer brauner. Nach 30 Sekunden beginnt er aufzuschäumen. Sie ziehen die Pfanne weg, löschen mit Wasser ab. Was entsteht, ist eine zähe Masse, die sich bei milder Hitze jedoch vollkommen auflöst.

Diese Masse (abgelöscht mit Wasser, Milch oder Rahm) ist die Basis für Karamelcremes und Puddinge.

Auch beim Pochieren der Karamelköpfchen ist volle Aufmerksamkeit gefordert. Das Wasser im Wasserbad muß überwacht und darf nicht zu heiß werden. Wenn es sprudelt, wird der Flan »käsig«.

Wie erkennt man nun, wann der Flan fertig pochiert ist? Nach etwa anderthalb Stunden, je nach Größe der Förmchen oder der Form, können Sie mit einer Nadel einstechen. Wenn nichts mehr daran haften bleibt, lassen Sie die Form abkühlen. Entweder bei Zimmertemperatur oder, sehr gut abgedeckt, im Kühlschrank. Nach einigen Stunden können sie die Karamelköpfchen stürzen und sie in die Liste Ihrer Hausspezialitäten aufnehmen.

# IMMER EINE VERSUCHUNG WERT

*Ob Karamelköpfchen, Leberknödel oder Würste, alles Leckerbissen, die nicht gekocht, sondern in heißem Wasser oder im Wasserbad gegart werden. Mit dem Dessert steigt der Anfänger in der sechsten Lektion in die gehobene Klasse auf*

*Ein Karamelköpfchen kommt selten allein. Hier in Begleitung feiner Orangen*

*Weshalb dieses Menü? Gefüllte Eier sind relativ kalorienarm. Leberknödel gehören zu den einfachen Speisen, die erstens gut schmecken und darüber hinaus hochwertiges Eiweiß und Eisen liefern. Würste geben mit Kartoffeln und Apfelpüree ein rundes Essen. Karamelköpfchen sind ein Traum für Liebhaber von Süßem. Zusammen mit den Orangen, die viel Vitamin C enthalten, ist diese Süßspeise ein Genuß*

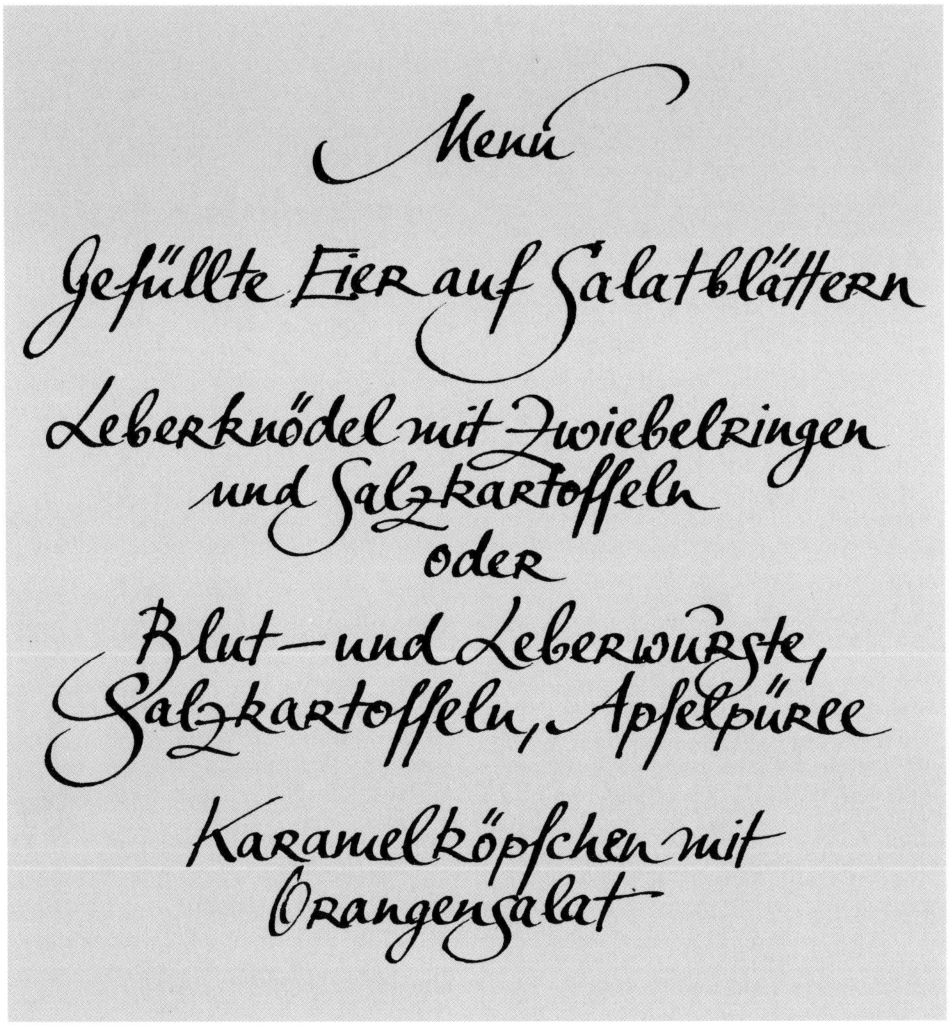


DIE GESUNDE UNTERLAGE

Salatblätter für unsere gefüllten Eier können vom Kopf-, Frisée-, Römer- oder Eisbergsalat sein. Nur eine Sorte oder gemischt, das ist egal. Sie entfernen die welken Blätter und lösen die zarten ab, die Sie einzeln unter fließendem kalten Wasser waschen. In meinem Restaurant in Zürich legen wir den gewaschenen Salat sortenweise in eine mit einem Tuch ausgelegte Schale, bedecken ihn mit einem feuchten Tuch und stellen ihn kühl.

Die Salatsauce machen wir so: Einen Teil Essig (Wein- oder Apfelessig) salzen, pfeffern und drei Teile Öl dazugeben. Damit bepinseln wir Blatt für Blatt. Sie müssen die Sauce zwischendurch immer wieder aufrühren, weil das Öl obenauf schwimmt. Wenn man Salat mischt, fällt er meist rasch in sich zusammen; bepinselten Salat können Sie in aller Ruhe anrichten.

## GEFÜLLTE EIER AUF SALATBLÄTTERN

*ZUTATEN FÜR 4 PERSONEN:*

*1 EL Obstessig · 4 frische Eier ·*
*2 EL Sahnequark, 40 % i. Tr. · 1 TL Dijon-Senf ·*
*80 g Schinken, fein gehackt ·*
*1 Prise Salz und Pfeffer aus der Mühle ·*
*100 g Salatblätter, je nach Saison ·*
*1/2 EL Rotweinessig (z. B. Balsamico) ·*
*Salz und Pfeffer ·*
*2 EL Sonnenblumenöl · 4 Radieschen*

EINEN Liter Wasser in einem entsprechend großen Topf erhitzen. Den Essig dazugeben.

Die Eier vor dem Siedepunkt mit dem Schaumlöffel vorsichtig einlegen. Ab dem Siedepunkt sieben Minuten leicht köcheln.

Die Eier unter kaltem Wasser abschrecken, schälen, längs halbieren, das Eigelb sorgfältig auslösen. Die Eiweißhälften dürfen dabei nicht verletzt werden.

Den Quark schaumig rühren. Das Eigelb durch ein feines Sieb streichen und dazugeben. Mit Senf mischen.

Den Schinken mit Salz und Pfeffer zur Quarkmasse geben. Vorsicht: Der Schinken bringt bereits ein gewisses Quantum Salz mit. Alles gut mischen, in die Eihälften füllen. Kühl stellen.

Die Salatblätter mit der Sauce bestreichen, auf einem Teller oder einer Platte verteilen. Die gefüllten Eihälften mit der Schnittfläche nach unten auf die Salatblätter legen.

Die Radieschen in feine Scheiben schneiden, salzen und die Eier damit garnieren.

Was für ein Salat?
Kopfsalat. Er ist der meistgegessene Salat und fast das ganze Jahr frisch zu bekommen. Vom Frühling bis zum späteren Herbst vom Freiland. Sehr kalorienarm.

Eisbergsalat. Aus den USA stammend, ist er der Wildform Lattich ähnlicher als der Kopfsalat; er enthält auch viele Vitamine und Mineralstoffe. Seine lange Haltbarkeit trägt dazu bei, daß der Eisbergsalat immer beliebter wird. Außerdem fällt er nicht so schnell zusammen.

Lattich. Bereits in der Antike bekannt, gibt es Lattich in zahlreichen Sorten und unter verschiedenen Bezeichnungen. Er hat eine längliche Form, robuste, knackige Blätter und ist bei uns von April bis Mitte November erhältlich. Die äußeren Blätter werden meist gekocht, die inneren eignen sich für Salat.

Lattughino. Mit diesem Sammelbegriff werden Salattypen bezeichnet, die als Blattrosette mit oder ohne Wurzelanteil auf den Markt kommen. Sie sind im Gastgewerbe besonders beliebt, weil sie länger frisch bleiben. Lattughino kennen wir in Form von Lollo oder Eichenlaubsalat (beide rot oder gelb).

Frisée-Endivie. Die gekrauste Endivie kam aus Südeuropa zu uns und wird des leicht bitteren, herzhaften und würzigen Geschmacks wegen immer mehr geschätzt. Es gibt sie fast das ganze Jahr.

## FRISCH VON DER LEBER WEG

Leberknödel pochieren wir stets in Fleischbrühe. Sie können sie darin servieren – oder mit einer Zwiebelschwitze: eine große Zwiebel schälen, den Wurzelansatz gegen die Hand drehen und mit einem scharfen Messer möglichst dünne Ringe schneiden. Die Ringe voneinander trennen und mit ganz wenig Mehl bestäuben. Zwei Eßlöffel Butter oder vier Eßlöffel Öl in einer Pfanne erhitzen und die Zwiebelringe darin andünsten. Auf ein Küchenpapier legen, damit sie entfetten. Die gebratenen Zwiebelringe geben wir über die Knödel.

Fertig gekaufte Leberknödel sollten einen hohen Leber- und einen geringen Fettanteil haben. Statt Leberknödel können Sie auch Blut- und Leberwürste servieren, die auf dieselbe Art pochiert werden. Auch Brühwürste wie Wiener oder Knacker werden gegart.

*Die Geburt eines Knödels*

*Mit einem kalten Löffel aus der Leberknödelmasse kleine Klöße ausstechen...*

*...und in die heiße Bouillon geben*

## LEBERKNÖDEL MIT ZWIEBELRINGEN

*ZUTATEN FÜR 6-8 PERSONEN:*
*250 g Rinderleber · 30 g fetter Speck (beides vom Metzger zweimal durch den Fleischwolf gedreht) · 150 g Weißbrot · 200 ccm Milch zum Einweichen · 1 Zwiebel, fein gehackt · 1 Bund glatte Petersilie, fein gehackt · 10 g Butter · 2 Eier · 3 EL Paniermehl · Salz, Muskat und Pfeffer · 1 Zweig frischer, feingehackter Majoran · 1 Bund Schnittlauch, in Röllchen geschnitten · 1 l heiße Fleischbouillon*

Das Brot ohne Rinde in heißer Milch einweichen. Aufquellen lassen, ausdrücken und ganz fein hacken.

Zwiebel und Petersilie in Butter andünsten, abkühlen lassen.

Mit Eiern, Paniermehl und Brot zur Lebermasse geben. Würzen und so lange von Hand durcharbeiten, bis die Masse zusammenhält.

Mit nassen Händen kleine Knödel formen oder mit dem Eßlöffel abstechen, in die heiße Bouillon geben.

Die Knödel fünf bis sieben Minuten garen, bis sie oben schwimmen. Herausheben. Gut abtropfen und anrichten. Mit Zwiebelringen und Schnittlauchröllchen überstreuen, Salzkartoffeln dazu reichen.

Apfelpüree

Das Apfelmus ist auf einfachste Art zu kochen. Wir entfernen die Stiele, vierteln oder achteln die Äpfel und setzen sie samt Kerngehäuse und Schale in wenig Flüssigkeit auf. Apfelsaft – frisch gepreßt – eignet sich bestens dazu; auch gewöhnlichen Apfelsaft oder Wasser können wir verwenden und wenig Zitronensaft, etwas Honig oder Zucker zugeben. Äpfel, die sich vollkommen weich kochen lassen, können Sie direkt durch das Sieb streichen. Nicht ganz weich gekochte Früchte geben Sie in den Mixer, um das Mus anschließend eventuell noch durch ein Sieb zu streichen. Apfelpüree, das zu pikanten Gerichten gereicht wird, brauchen Sie nicht nachzuzuckern. Sie können mit etwas Zitrone, Zimt und/oder schwarzem Pfeffer abschmecken und es lauwarm servieren.

Blutwürste und Apfelpüree? Beide sind süßlich. Wir finden diese Kombination bei bäuerlichen Gerichten häufig. Das herbstliche Schlachten fällt dort zusammen mit der Apfelernte – und Fleisch und Früchte harmonieren.

*Zum Aus-der-Haut-Fahren*

*Von den Orangen die Schale samt weißer Haut großzügig abschälen...*

*... dann die Filets zwischen den Häutchen heraustrennen. Dabei den Saft in einer Schüssel auffangen*

## DAS BAD IM OFEN

Pochieren – etwa der Karamelköpfchen – im Wasserbad ist auf dem Herd oder im Ofen möglich. Im Ofen aber geht es am schnellsten, weil die Hitze von allen Seiten kommt. Auf dem Herd muß man die Form luftdicht abdecken, wenn nötig mit Alufolie, falls der Deckel nicht ganz schließt. Wichtig ist, daß die Form gut im Wasser steht, damit die Masse gleichmäßig garen kann.

## KARAMELKÖPFCHEN MIT ORANGENSALAT

*ZUTATEN FÜR 4-6 PERSONEN:*

*4-6 Portionsförmchen (etwa 1/8 l) oder 1 Timbaleform oder 1 runde, hohe, feuerfeste Form (etwa 16 cm Durchmesser) · 100 g Zucker · 6 Eier · 1/2 l Milch · 80 g Zucker · 1 Prise Salz · 1 Zitronenschale, nur Gelbes, frisch abgerieben · Samen von 1 Vanilleschote*

Ein Wasserbad in genügend großem Gefäß oder Bräter mit heißem Wasser vorbereiten (die Formen sollen zu drei Vierteln der Höhe im Wasser stehen). Auf den Boden des Gefäßes doppeltes Küchenpapier oder ein Küchentuch legen, damit die Formen fester darauf stehen und nicht direkt der Hitze ausgesetzt sind.

Zucker im Pfännchen schmelzen und hellbraun karamelisieren. Den Boden der Formen damit ausgießen.

Den Backofen auf 150 Grad Mittelhitze vorheizen.

Eier, Milch, Zucker, Salz und Zitronenschale zusammen verquirlen. Eier und Milch für die Eimasse dürfen nicht zu lange geschlagen werden, sonst fällt sie zusammen. Einen Moment stehen lassen, dann über ein Sieb geben. Die Vanilleschote längs aufschneiden, und die ausgeschabten Samen unter die Mischung geben.

Die Eiermilch in die vorbereiteten Formen gießen. Mit Folie abdecken und ins Wasserbad stellen.

Auf unterstem Einschub in den Backofen schieben und bei 150 Grad etwa anderthalb Stunden pochieren. Das Wasser darf niemals sieden, sonst bekommen die Köpfchen Löcher. Aus dem Wasserbad nehmen und auf einem Rost abkühlen lassen, dann kalt stellen.

Vor dem Stürzen den Rand mit einem spitzen Messer von der Form lösen. Auf eine heiße Herdplatte stellen, so löst sich der festgewordene Zucker minutenschnell, einen Teller auf die Förmchen legen und stürzen.

DEN ORANGENSALAT (siehe folgendes Rezept) rundum anrichten.

TIP 1:
Frische Vanillestengel lassen sich leichter der Länge nach aufschneiden, wenn Sie sie erst glattstreichen.

TIP 2:
Die Pfanne, in der Sie Zucker rösten, muß ganz trocken sein.

## ORANGENSALAT

*ZUTATEN FÜR 4 PERSONEN:*

*4 Orangen · 1 EL Zucker · 1 EL Grand Marnier*

DIE SCHALE der Orangen mit einem scharfen Messer rundum so abschälen, daß die weiße Schalenhaut mit entfernt wird.

DIE ORANGENFILETS zwischen den Trennhäuten herauslösen.

100 CCM Wasser und Zucker aufkochen. Mit Grand Marnier verfeinern und abkühlen lassen.

DEN SIRUP über die Orangenfilets gießen und bei Zimmertemperatur durchziehen lassen.

*FÜR FORTGESCHRITTENE*

## POCHIERTE EIER MIT ESTRAGONRAHMSAUCE

Ein pochiertes Ei – auf Feldsalat oder Spinat, auch zusammen mit leicht gebratenem Schinken auf Toast zum Brunch – ist immer eine gute Vorspeise.

Die wichtigste Regel, die Sie beim Pochieren von Eiern zu beachten haben: Niemals Salz ins Wasser geben, sonst »zerreißt« das Eiweiß und bekommt nicht die gewünschte Form. Für sechs Eier bringen Sie in einem flachen Topf einen Liter Wasser zum Sieden, dem Sie 3 Eßlöffel Apfel- oder Kräuteressig beigeben. Dann schlagen Sie ein Ei vorsichtig in einem Schüsselchen auf. So können Sie prüfen, ob das Eigelb unverletzt ist. Sorgsam lassen Sie dann Ei für Ei in die Flüssigkeit gleiten. Das Wasser soll die Eier bedecken. Etwa 1 Minute ziehen lassen, dann mit einem Eßlöffel das Eiweiß um das Eigelb hüllen. 4 bis 5 Minuten schwach kochen und mit der Schaumkelle aus dem Sud heben. Halten Sie, wenn Sie die Eier nicht gleich servieren, ein zweites lauwarmes Wasser bereit.

Es gibt die verschiedensten Arten, pochierte (= verlorene) Eier zu servieren. Auf Croûtons (gebackenen Brotscheiben) mit Tomaten, Käse, Champignons, Leber oder überzogen mit einer Sauce (Tomaten-, Kräuter-, Senfsauce, Hollandaise usw.) Pochiertes Ei läßt sich auf Spinat anrichten oder als Beigabe auf einer Gemüseplatte, vorzüglich schmeckt es auch mit Parmesan und Butterflocken bestreut und kurz unter dem Grill überbacken.

*ZUTATEN FÜR 4 PORTIONEN:*

*POCHIERTE EIER*
*2 EL Estragonessig ·*
*4 ganz frische Eier (2-3 Tage alt)*

*ESTRAGONRAHMSAUCE*
*200 ccm Gemüsebouillon ·*
*300 ccm Schlagsahne · 1 TL Zitronensaft ·*
*1 Bund Estragon, fein gehackt ·*
*Salz und Pfeffer*

EINEN LITER Wasser in einem kleinen, flachen Topf mit dem Essig zum Kochen bringen.

JE EIN EI vorsichtig in einer Tasse aufschlagen. Das Eigelb darf dabei nicht verletzt werden.

IN DIE heiße Flüssigkeit gleiten lassen. Das Ei soll dabei von Wasser bedeckt sein. Das Wasser nicht salzen, da Salz die Bindung des Eiweißes verzögert. 4 bis 5 Minuten vor dem Siedepunkt pochieren, dabei immer mit einem Löffel das Eiweiß über das Eigelb ziehen, bis das Eigelb bedeckt ist und das Eiweiß fest wird.

MIT EINER Schaumkelle aus dem Sud nehmen, abtropfen lassen und anrichten.

ZUM WARMHALTEN in ein zweites warmes Wasser legen. Das Eigelb soll flüssig bleiben.

DIE GEMÜSEBOUILLON und die Schlagsahne bei mäßiger Hitze so lange einkochen lassen, bis eine »schwerfließende« Crème entsteht.

ZITRONENSAFT und gehackten Estragon darunterziehen. Mit Salz und Pfeffer nach Geschmack würzen.

ÜBER DIE pochierten Eier gießen.

*Fürs Menü brauchen Sie:*
*1 feines Sieb*
*1 Bräter für das Wasserbad (rechteckiges Bratgeschirr, das sich auch für Schmorbraten eignet); oder eine feuerfeste Form, so hoch, daß sie als Wasserbad dienen kann: Das Gefäß sollte zu 3/4 im Wasser stehen können.*
*4-6 kleine Dariole-Förmchen oder eine große Timbaleform für das Karamelköpfchen*
*1 Passevite oder Mixer*
*1 Schaumlöffel*
*1 Holzlöffel (zum luftig Rühren des Quarks)*
*diverse Rüstmesser*
*diverse Schüsseln*
*1 feine Raffel*

# HUT AB VOR FEINEN KÖPFEN

*Nicht die Spur von Fleisch, dafür Gemüse und Pilze in vielen Variationen. Ein überraschendes Menü also, das nicht nur Vegetarier überzeugen wird. Heute im Mittelpunkt: das Dünsten*

Der Trend ist eindeutig. Fleisch verliert an Bedeutung. Gemüse macht Karriere. Vorbei die Zeiten, in denen sich ein Wirt noch leisten konnte, nur Steaks, Schnitzel oder Braten mit ein paar Teigwaren oder Kartoffeln auf die Karte zu schreiben. Gut so.

Schon lange biete ich in meinem Restaurant ein ausschließlich aus Gemüsegerichten bestehendes Menü an. Warum? Weil ich es für richtig halte und weil es die Gäste verlangen. Vegetarisches steht für Gesundheit, für bewußtes Essen. Ein Grund für uns, in dieser Lektion mal ganz auf Fleisch zu verzichten. Ich verspreche Ihnen, Sie werden nichts vermissen.

Ideal für die Zubereitung von Gemüse ist das Dünsten in der eigenen Flüssigkeit oder Dünsten in wenig »fremder Flüssigkeit«. Außer für Gemüse ist diese Kochmethode auch für Früchte, gelegentlich für Fisch, Kalbfleisch oder Geflügel geeignet.

Anders als beim Kochen in Wasser bleiben beim Dünsten Vitamine und Mineralstoffe bestens erhalten – vorausgesetzt, Sie halten den Topf geschlossen. Sonst entweichen gesunde Bestandteile mit dem Wasserdampf.

Und so geht es: Erst Butter oder Öl mäßig erhitzen, dann frisch- und feingehackte Zwiebeln dazugeben. So lange dünsten, bis die Zwiebeln glasig, das heißt durchsichtig sind. Lassen Sie die Zwiebeln niemals braun werden! Dann das Gemüse zufügen und mitdünsten, bis es gar ist. Und würzen.

Wann nehmen wir Butter, wann Öl? Das hängt vom Aroma ab, das wir anstreben. Spinat wird, in Butter angedünstet, weicher. Butter tut auch den wässrigen Gurken gut. Werden Tomaten als eigenständiges Gemüse serviert, verwende ich Butter, sonst Öl. Olivenöl brauche ich auch für südländische Gemüse wie Zucchini, Paprika, Auberginen.

Gemüse, die viel Saft abgeben, sind: Tomaten, Gurken, Spinat, Zucchini und Pilze. Bei Gemüse, das nicht genug eigene Flüssigkeit hat, fügen wir fremde hinzu, am besten eine leichte Gemüsebouillon, im Idealfall eine selbstgemachte aus Möhre, Lauch, besteckter Zwiebel, wenig Sellerie und Champignons. Je nach Rezept können wir auch Fleisch- oder Geflügelbouillon zufügen. Nach Möglichkeit sollten Sie nicht nur Wasser verwenden, auf keinen Fall abgestandenes oder aus dem Boiler. Wenn Sie mit warmer Flüssigkeit ablöschen, ist die Kochzeit kürzer als mit kalter. Nehmen Sie zum Ablöschen den Topf von der Herdplatte.

### Das Kraut zur Rübe

Die Natur hat es so eingerichtet, daß gleichzeitig mit dem Gemüse das dazu passende Kraut wächst. Wenn Tomaten reifen, gibt es frisches Basilikum, das gleiche gilt für Zucchini und Thymian. Wintergemüse schmeckt mit Gewürzen, die das ganze Jahr über erhältlich sind. Kohl etwa mit Kümmel.

Geben Sie nie zu viele Kräuter dazu, denn die meisten haben einen stark ausgeprägten Eigengeschmack. Kräuter werden feingehackt, damit sie Aroma entwickeln können. Sie halten die Spitze eines großen Messers fest und führen es mit einer wiegenden Bewegung über die angehäuften Kräuter. Mit jedem Schnitt das Messer etwas weiterrücken und dann das Wiegen in umgekehrter Richtung wiederholen. Es passen zu

Bohnen: Bohnenkraut, Liebstöckel;
Erbsen: Pfefferminze, glattblättrige Petersilie;
Fenchel: Fenchelkraut, Anis;
Gurken: Dill, Koriander, Borretsch (auch Gurkenkraut genannt);
Kartoffeln: Rosmarin, Majoran;
Kohl: Kümmel, Curry;
Kohlrabi: Kerbel, Petersilie, Schnittlauch, Estragon;
Lauch: Petersilie, Schnittlauch;
Pilze: Rosmarin, Thymian, Basilikum, Majoran, Estragon;
Tomaten: Basilikum, Borretsch, Majoran, Oregano, Rosmarin;
Zucchini: Basilikum, Kerbel, Zitronenmelisse, Thymian, glattblättrige Petersilie.

*Sehr gesucht: Steinpilze, Pfifferlinge und Heiderotkappe*

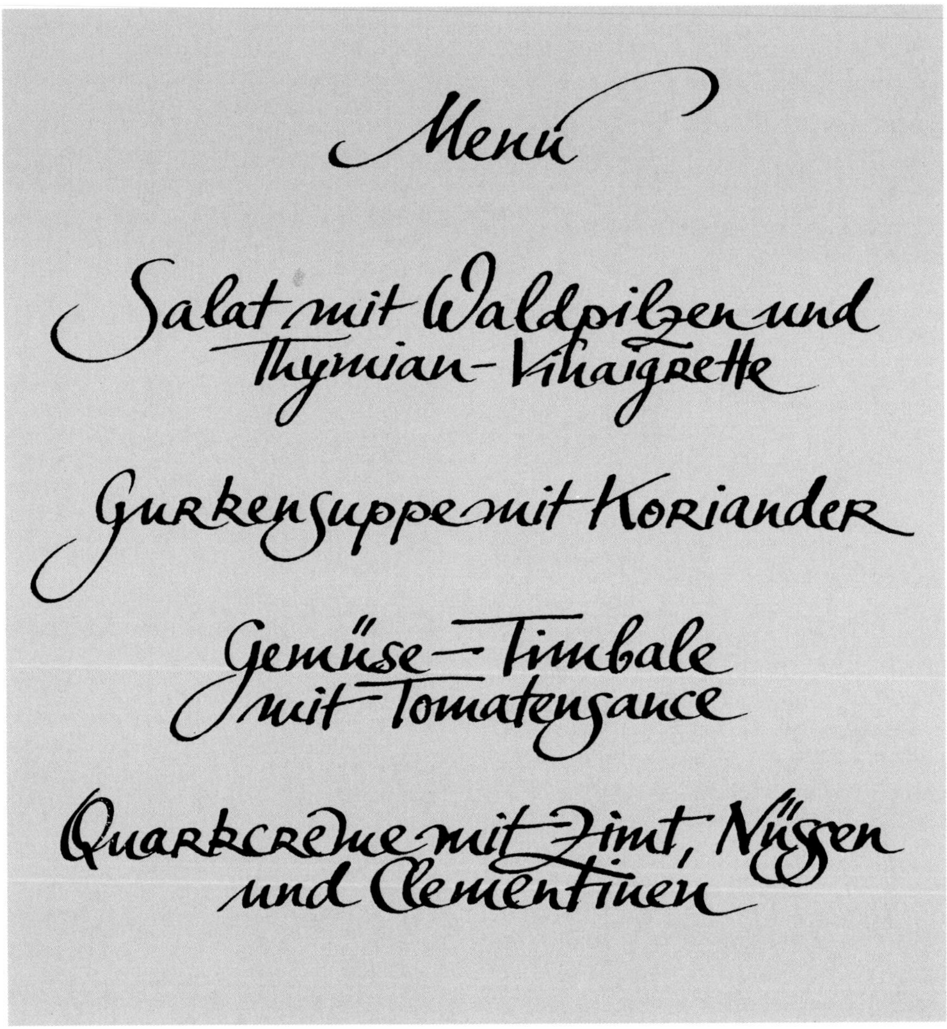


*Weshalb dieses Menü? Für den Pilzsalat können Sie Waldpilze wie Pfifferlinge oder auch Zucht-Champignons verwenden, welche das ganze Jahr Saison haben. Die hellgrüne Gurkensuppe setzt einen farblichen Akzent; statt mit Dill aromatisieren wir mit dem frischschmeckenden Korianderkraut. Im Unterschied zu den sehr sahnehaltigen Püreesüppchen hat unsere Suppe einen höheren Gemüseanteil. Auch vegetarische Menüs sollten einen Schwerpunkt haben, ein Gericht, das »etwas vorstellt«. In unserem Fall ist es ein kleiner Auflauf (Timbale) – ein ideales Übungsstück, geht es in dieser Lektion doch darum, Routine beim Dünsten zu bekommen. Die Quarkcrème rundet unser Essen ab*

## SALAT MIT WALDPILZEN UND THYMIAN-VINAIGRETTE

*ZUTATEN FÜR 4 PERSONEN:*

*300 g Waldpilze, einzelne Sorten oder auch gemischt · 4 schöne mittelgroße Champignons · 2 EL Olivenöl · 1 Schalotte, feingehackt · 1 Knoblauchzehe, gepreßt · 1 Zweig Thymian, abgestreifte Blättchen · Salz · Pfeffer aus der Mühle*

*SAUCE*
*1 EL Zitronensaft · 3 EL Olivenöl, kaltgepreßt · 2 Zweige Thymian, abgestreifte Blättchen · 1 Zweig Petersilie, grobblättrig · 1 Zweig Thymian · 1 Zweig Majoran*

Die Pilze verlesen, putzen, kalt überbrausen, den Großteil kleinschneiden. Gut abtropfen lassen.

Die Champignons mit feuchtem Küchenpapier putzen, in Scheiben schneiden, auf der Tellermitte kranzförmig anrichten. (Pilze niemals im Wasser liegenlassen. Sie saugen Flüssigkeit auf und geben sie beim Erhitzen zusammen mit dem kostbaren Pilzsaft wieder ab.)

Das Olivenöl schwach erhitzen, Schalotte, Knoblauch und Thymian darin andünsten. Die gemischten Pilze dazugeben. Drei bis vier Minuten andünsten, mit Salz und Pfeffer würzen.

Zitronensaft, Salz, Pfeffer und Thymian verrühren. Das Öl dazugeben. Gut aufschlagen, bis die Sauce leicht sämig ist. Die Champignonscheiben mit der Sauce überpinseln.

Die warmen Pilze mit dem Rest der Thymian-Vinaigrette mischen. Häufchenweise auf den Champignonscheiben anrichten. Rundum mit ein paar zurückbehaltenen Pilzen sowie mit Kräutern garnieren.

TIPS:

Pilze soll man kühl und trocken aufbewahren, zum Beispiel im Gemüsefach des Kühlschranks, wozu man sie geputzt locker in Küchenkrepp einschlägt.

Die meisten Champignons stammen aus Zuchten. Ich bevorzuge die braunen, da ihr Geschmack intensiver ist als der der weißen Champignons. Kriterien für gute Qualität: Fest im Fleisch, der Hut von geschlossener, kugeliger Form, ohne dunkle Flecken. Champignons bestehen zu 90 Prozent aus Wasser, enthalten drei Prozent Eiweiß und liefern wichtige Aminosäuren. Sie sind kalorienarm.

Pfifferlinge (Eierschwämme) ändern, während sie wachsen, ihre Form. Mit gewölbtem, trichterförmigem Hut, eidottergelb, frei von Erde und trocken sind sie von erster Güte.

## SÜSSE GURKENZEIT

Gurken warten mit einem sehr großen Gehalt an Mineralien und Fermenten auf und haben pro 100 Gramm nur zehn Kalorien. Wenn Gurken bitter sind, haben sie zu lange beim Gemüsehändler gelegen.

Vom Koriander, mit dem wir würzen, lassen sich sowohl Blätter als auch Samen verwenden. Die Blätter haben ein frisches, sehr spezielles Aroma, die Samen sind eine wichtige Zutat, wenn man Curry mischt.

## GURKENSUPPE MIT KORIANDER

*ZUTATEN FÜR 4 BIS 6 PERSONEN:*

*10 g Butterschmalz · 1/2 Zwiebel, feingehackt · 1 Gurke, mit Schale, kleingeschnitten · 600 ccm Hühnerbouillon, entfettet · 100 ccm Schlagsahne, steifgeschlagen · 1 Prise Muskat · schwarzer Pfeffer aus der Mühle · 1 Prise Cayennepfeffer · 1 Zweig frischer Koriander · 1/4 rohe Gurke, in feine Würfel geschnitten*

BUTTERSCHMALZ erwärmen, die Zwiebel darin andünsten, bis sie aromatisch duftet. Die Gurkenstücke dazugeben (ein paar zum Garnieren zurückbehalten). Kurz dünsten, bis sie glasig werden. Mit der Hühnerbouillon ablöschen.

DIE SUPPE fünf bis sieben Minuten kochen, dann mit dem Schneidstab des Handrührgerätes fein pürieren, aufkochen, die geschlagene Sahne darunterziehen.

MIT MUSKAT, Pfeffer und Cayennepfeffer nachwürzen.

IN VORGEWÄRMTEN Suppentassen anrichten und gehackte Korianderblättchen sowie die Gurkenwürfel darüber verteilen.

## GUT IN FORM

Unter »Timbale« verstehen wir ein Gericht, das in einer bestimmten Form zubereitet und meistens auch gestürzt wird. Es kann kalt oder warm sein, süß oder pikant und aus den verschiedensten Zutaten bestehen: aus Gemüse, Fisch, Fleisch, Früchten. In der Regel ist die Form rund, es gibt sie aber auch drei- und rechteckig, als Portionsförmchen oder größer für vier bis sechs Personen.

*Kräuter unter dem Messer*

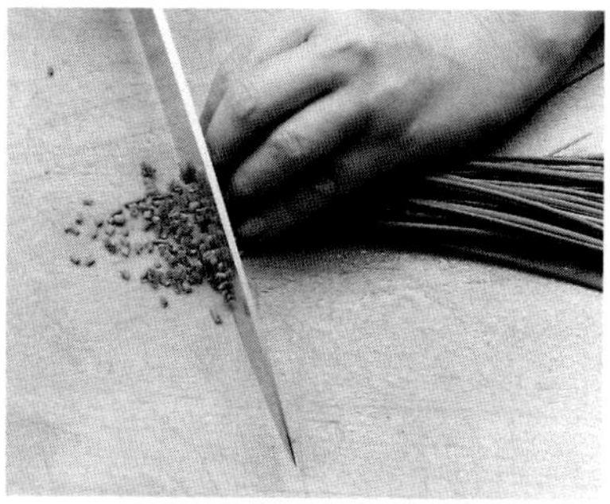

*Die Kräuter mit senkrecht gestellten Fingerspitzen schneiden. Die Nägel funktionieren so wie ein Schutzschild*

Für eine Gemüse-Timbale können Sie die Zutaten (auch Pilze) beliebig zusammenstellen – vorausgesetzt, sie harmonieren geschmacklich und farblich. Gemüse, das voll im Saft ist – besonders wichtig, wenn wir es in der eigenen Flüssigkeit dünsten wollen –, ist heute nur schwer zu bekommen. Gemüsehändler sind zu Vertrauenspersonen geworden. Fallen Sie nicht auf befeuchtete Waren herein, wenn Sie Spinat, Kopfsalat oder Kresse kaufen, die Händler helfen oft mit der Gießkanne nach. Prüfen Sie das Gemüse auf Blätter und angeschnittene Enden hin. Sind erstere vergilbt und letztere trocken, wissen Sie Bescheid.

Ich rate Ihnen, wasserhaltiges Gemüse mit Ausnahme der Gurken nur in kleinen Mengen einzukaufen. Mittelfristig haltbar wie Gurken sind auch Tomaten, Bleichsellerie, Zuchtchampignons. Gut im Vorrat halten sich Wintergemüse wie Kohl, Möhren, Knollengemüse, Zwiebeln, Knoblauch oder Lauch.

# GEMÜSE-TIMBALE MIT TOMATENSAUCE

*ZUTATEN FÜR 4 PERSONEN:*

*2 Paprika, grün · 2 EL Olivenöl · 4 kleine Tomaten · 200 g Auberginen · 2 EL Olivenöl · 1 Zweig Thymian · Salz · Pfeffer · 200 g Blattspinat · 50 g Butter · 2 Schalotten, gehackt · 2 Knoblauchzehen, gepreßt · 300 g Lauch · 2 EL Weißwein · 50 ccm Schlagsahne · 4 kleine Zucchini · 4 Cherry-Tomaten · 1 Zweig Thymian*

DEN BACKOFEN auf 250 Grad vorheizen.

DIE PAPRIKASCHOTEN halbieren und entkernen, mit etwas Olivenöl bepinseln und mit der Hautseite nach oben auf ein Backblech legen. Im Ofen rösten, bis sie Farbe annehmen. Mit kaltem Wasser abschrecken und die Haut abziehen. In kleine Würfel schneiden.

*Ganz aus der Fassung*

*Den kleinen Gemüseauflauf (Timbale) in einen Ausstechring schichten und dann auf Teller stürzen*

DIE TOMATEN in kochendes Wasser tauchen. Herausnehmen, ebenfalls kalt abschrecken, enthäuten, entkernen und in Würfel schneiden.

DIE AUBERGINEN – wenn jung und zart mit der Haut – ebenfalls in kleine Würfel schneiden.

DAS OLIVENÖL in einem Topf erhitzen, Auberginen- und Paprikawürfel kurz andünsten, bis das Gemüse zusammenfällt. Thymianblättchen, Salz, Pfeffer und zuletzt Tomatenwürfel zufügen. In den 80 Grad warmen Backofen stellen, warm halten. Vom Spinat die groben Stiele entfernen, gut waschen.

20 GRAMM Butter erhitzen, eine Schalotte und eine Knoblauchzehe darin andünsten. Den Spinat dazugeben und kurz erhitzen, bis er zusammenfällt. Mit Salz und Pfeffer würzen, ebenfalls warm halten.

DEN LAUCH putzen, waschen und in kleine Stücke schneiden. Restliche Butter erhitzen, restliche Schalotte und Knoblauch darin andünsten. Den Lauch zufügen. Kurz andünsten. Mit Wein ablöschen. Einkochen lassen, dann die Sahne zufügen, musig einkochen. Mit Salz und Pfeffer würzen.

DIE ZUCCHINI putzen, waschen, in zwei Millimeter dünne Scheiben schneiden. Mit Salz und Pfeffer würzen und im restlichen heißen Olivenöl beidseitig kurz braten.

VIER TEIGAUSSTECHER (etwa 8 cm Durchmesser, 2-3 cm hoch) auf flache heiße Teller stellen. Die Zucchinischeiben als erste Lage bodendeckend und dachziegelartig einlegen.

DARAUF das Gemüse verteilen. Den Lauch darüberstreichen und mit Spinat abschließen, gut andrücken. Das Einfüllen muß sehr rasch vor sich gehen, damit die Gemüse nicht kalt werden.

AUF HEISSE Teller stürzen, eventuell warm stellen. Die Ringe vorsichtig entfernen, und die Timbale mit Cherry-Tomaten und Thymianblättchen garnieren. Rundum Tomatensauce anrichten.

# TOMATENSAUCE

*ZUTATEN FÜR ETWA 300 CCM:*

*500 g vollreife Tomaten · 1 EL Olivenöl · 1 Schalotte, gehackt · 1 Knoblauchzehe, gepreßt · 1 Zweig Basilikum · Salz · Pfeffer · 1 Prise Zucker*

DIE TOMATEN waschen, den Stielansatz (enthält das giftige Solanin) rund ausschneiden.

DAS OLIVENÖL erhitzen, darin Schalotte und Knoblauch andünsten, bis beides glasig ist.

DIE TOMATEN in grobe Stücke schneiden und dazugeben. Mitdünsten, unter Rühren einkochen.

DIE GEHACKTEN Basilikumblätter darunterziehen.

MINDESTENS 30 Minuten ohne Deckel bei sanfter Hitze im eigenen Saft köcheln lassen.

DURCH EIN feines Sieb streichen, mit Salz, Pfeffer und Zucker abschmecken.

## QUARKCRÈME MIT ZIMT, NÜSSEN UND CLEMENTINEN

*ZUTATEN FÜR 4 PERSONEN:*

*200 g Sahnequark · abgeriebene Schale von einer Zitrone (nur Gelbes) · 2 EL Vanillezucker · 1 EL Waldhonig · 1/2 TL Zimtpulver · 50 g Walnußkerne · 50 g Haselnußkerne · 6 Clementinen · 20 g Rosinen, in Wasser eingelegt*

DEN QUARK luftig rühren. Dann Zitronenschale mit Vanillezucker, Waldhonig und Zimtpulver dazurühren. Kühl stellen.

DIE NÜSSE grob hacken und ohne Fett in einer Teflonpfanne rösten, bis sie duften.

DIE CLEMENTINEN schälen, weiße Hautfäden abziehen und die Schnitze in Würfel teilen. Einzelne ganze Schnitze für die Garnitur zurückbehalten.

DIE ROSINEN abgießen.

ALLE ZUTATEN zur Quarkmasse geben. Wieder kühl stellen.

IN VORGEKÜHLTEN Gläsern anrichten und mit Clementinenschnitzen garnieren.

## PÉRIGORD-TRÜFFEL

Im Unterschied zu den weißen Trüffeln aus dem Piemont, sind die Trüffel aus dem Périgord im südwestlichen Frankreich schwarz. Es gibt dort, beispielsweise in Carpentas in der Region Vaucluse, eigene Trüffelmärkte. Saison ist von Anfang Dezember bis März/April; am besten schmecken Trüffel im Januar.

Echte Périgord-Trüffel sind kostbar, im Handel kostet ein Kilo über 1000 Mark. Sie sind um so teurer, je größer, runder, gleichmäßiger gewachsen sie sind. Ihr Idealgewicht liegt bei 30 Gramm.

Im Gegensatz zu den roh verwendeten weißen Trüffeln werden die schwarzen stets kurz gekocht: sie entwickeln so ihr Eigenaroma am besten. Schwarze Trüffel gibt es deshalb auch konserviert. Gläschen ziehe ich Dosen vor, da der Inhalt darin sichtbar ist.

Bei den sehr teuren »Pelures« handelt es sich um Trüffelschalen, welche einen großen Teil der ätherischen Öle enthalten.

Echte Trüffel aus dem Périgord sind von feinem Geschmack und auch im Anschnitt dunkel. Anders als die sogenannten Sommertrüffel, die überall in Europa wachsen, nur außen schwarz sind und einen meiner Erfahrung nach eher unangenehmen Teergeschmack haben.

*FÜR FORTGESCHRITTENE*

## ZUCCHINI IM TÖPFCHEN MIT PÉRIGORD-TRÜFFELN

*ZUTATEN FÜR 4 PERSONEN:*

*4 Portionsförmchen mit 3-4 cm hohem Rand oder auch Soufflé-Förmchen*

*2-3 junge, zarte Zucchini (je nach Größe) · 10 g Butter und etwas für die Förmchen · 1/2 Zwiebel, fein gewürfelt · 50 ccm trockener Weißwein · 4 Petersilienstiele, zusammengebunden · 1 Lorbeerblatt · 1 Gewürznelke · 20-30 g schwarze Périgord-Trüffel · 100 ccm dunkler Gemüsefond · 1 TL Trüffelfond (aus Glas oder Dose) · 100 ccm Schlagsahne · 20 g Parmesan, frisch gerieben*

DIE ZUCCHINI waschen und in dünne Scheiben schneiden.

DIE BUTTER bei mäßiger Hitze zerfließen lassen und die Zwiebel darin dünsten. Die Zucchini dazugeben und glasig dünsten.

DEN WEISSWEIN darübergießen, Petersilienstiele, Lorbeer und Nelke zufügen. Alles kurz aufkochen lassen. Der Wein soll kochen und das Gemüse halbweich werden.

DIE ZUCCHINISCHEIBEN aus der Pfanne nehmen und mit Trüffelscheiben gemischt in gebutterte, feuerfeste Förmchen geben.

DEN GEMÜSEFOND in die Pfanne gießen, zur Hälfte einkochen lassen und alles durch ein Sieb gießen.

DEN TRÜFFELFOND sowie die Sahne zufügen. Alles zusammen ein paar Minuten kochen lassen.

DIE ZUCCHINI mit der Sauce überziehen. Wenig Käse darüberstreuen.

DEN BACKOFEN auf 250 Grad vorheizen. Die Töpfchen auf ein Backblech stellen und bei starker Ober- oder Grillhitze 3 bis 5 Minuten überkrusten.

*Für das Menü brauchen Sie:*
*diverse Messer*
*1 Schneebesen oder Schneidstab*
*1 großes Küchenmesser*
*4 Teigausstechringe von etwa 8 Zentimeter Durchmesser und 2-3 Zentimeter Höhe*
*1 feines Sieb*
*1 Teflonpfanne*

Oft ist es doch so: Da haben wir im Urlaub wunderbar gegessen, versuchen zu Hause das Gericht nachzukochen – und sind enttäuscht. Meist ist zweierlei daran schuld. Erstens fehlt das entsprechende Ambiente, zweitens, und das ist die Hauptsache, bekommen wir hierzulande nicht exakt die gleichen Zutaten wie im Ferienland. Griechischer Joghurt schmeckt nun mal anders als mitteleuropäischer, und der Curry der Inder läßt sich kaum vergleichen mit dem gelbbraunen Pulver, das in unseren Regionen diese Bezeichnung tragen darf.

Beim Risotto jedoch bekommen wir hier sämtliche Zutaten. Und trotzdem: Immer wieder erlebe ich, daß viele Hobbyköche mit dem feinen Rundkornreis so ihre Schwierigkeiten haben. Oft wird er (wie übrigens auch in vielen Restaurants) zu weich gekocht, zu trocken oder zu naß aufgetischt.

In der heutigen Lektion – »Dünsten mit viel Flüssigkeit« – will ich Ihnen zeigen, wie Sie Risotto so zubereiten, daß er genauso oder zumindest ähnlich wie in Italien schmeckt.

ECHT GEHL

Safran ist ein Liliengewächs, mit den Krokussen verwandt und stammt aus Kleinasien. Die orangeroten Narben, die die violette Blüte überragen, liefern das Safrangewürz. Die trompetenartigen Narben – meist drei pro Blüte – werden ausgezupft und getrocknet. Safran ist das teuerste Gewürz der Welt, für ein Kilo braucht man 100 000 Blüten. Fast unglaublich ist seine Färbkraft: Ein einziger Teil Safran ist imstande, eine Million Teile Wasser gut sichtbar zu färben.

Safran wird in zwei Varianten angeboten: als Safranblüten (Safranfäden) und als Safranpulver. Die beste Safranblüten-Qualität ist Mancha (Aragon Rio ist eine Zwischenqualität, Sierra eine weniger gute). Bei Safranblüte und -pulver verwendet man die Bezeichnung »Select« für den besten Safran der neuen Ernte, »Supérieur« für die zweite Qualität, die teilweise vermischt ist mit Safran der vorausgegangenen Ernte.

## SAFRANRISOTTO MIT PARMESAN

*ZUTATEN FÜR 4 PERSONEN:*

*1 EL Olivenöl · 1 Zwiebel, feingehackt · 1 Knoblauchzehe, gepreßt · 200 g Rundkorn-Reis (z. B. Vialon) · 100 ccm trockener Weißwein · 1 Beutelchen Safranpulver · 600-700 ccm Geflügelbouillon · 100 g Parmesan, frisch gerieben · 20 g frische Butter · Salz · Pfeffer aus der Mühle*

ALLE ZUTATEN bereitstellen (Mise-en-place). Die Hühnerbouillon soll kochend heiß sein.

EINEN mittelhohen Stieltopf auf die Herdplatte stellen. Das Olivenöl mäßig erhitzen (Vorsicht, bei starker Hitze brennen Zwiebel und Reis an). Die feingehackte Zwiebel mit der gepreßten Knoblauchzehe dazugeben. Bei mäßiger Hitze glasig andämpfen.

DEN REIS zufügen und unter Rühren ebenfalls glasig dünsten.

TOPF beiseite ziehen und mit dem Weißwein ablöschen. Wieder auf die Herdplatte stellen und den Wein

## WENN DER REIS FARBE BEKENNT

*Safran ist das teuerste Gewürz der Welt. Wir brauchen nur eine Spur davon für den Risotto, den wir, genauso wie unseren Fisch, diesmal in Weißwein dünsten*

*Sorgen für das Gelbe im Risotto: Safranblüten*

# Menü

## Safranrisotto mit Parmesan

## Kabeljaufilets mit Tomaten und Kartoffeln auf Spinat

## Zwetschgen in Rumcreme mit Zimteis

*Weshalb dieses Menü? Beim Risotto wie beim Fisch lernen wir das Ablöschen mit fremder Flüssigkeit. Risotto ist eine klassische Vorspeise. Servieren Sie ihn wie die Italiener: in Suppentellern und ohne Salat. Der Kabeljau gibt beim Dünsten etwas eigene Flüssigkeit ab; zusammen mit dem Wein, mit dem wir ablöschen, erhalten wir den Sud. Zusätzlichen Saft, aber auch Farbe und Geschmack liefern die Tomaten. Die Kartoffeln, in kleinste Würfel geschnitten, haben die Aufgabe zu binden. Fisch, Tomaten, Kartoffeln ergeben, mit Sauce überzogen, ein vollständiges Gericht. Für Zwetschgen mit Zimteis können Sie außer frischen Früchten auch tiefgefrorene oder eingemachte verwenden*

unter Rühren verdampfen lassen. Die Temperatur etwas höher stellen.

Das Safranpulver in der heißen Hühnerbouillon lösen. Etwa ein Drittel der Bouillon zum Reis gießen. Aufkochen lassen und unter Rühren die Flüssigkeit verdampfen lassen.

Ein weiteres Drittel Bouillon zugießen, weiter umrühren und leise köcheln lassen. Der Reis quillt dabei nach und nach auf und nimmt die Flüssigkeit langsam auf. Er soll immer leicht kochen.

Die restliche Bouillon zugießen und den Risotto unter fortwährendem Rühren noch so lange köcheln lassen, bis er »suppig« wird, also sehr feucht bleibt, und das Reiskorn im Kern noch »al dente«, das heißt fest ist. Die Kochzeit beträgt etwa 20 Minuten.

Den Parmesan und die Butter daruntermischen, eventuell mit Salz und Pfeffer etwas würzen.

In vorgewärmten Suppentellern anrichten und als Vorspeise servieren.

Tips:

Risotto läßt sich auch in zwei Etappen vorkochen. Wenn der Wein verdampft ist, löschen wir mit einem Drittel der Bouillon ab. Wir rühren – bei mäßiger Hitze –, bis sie aufgesaugt ist. Dann gießen wir das zweite Drittel dazu, lassen es ebenfalls unter Rühren aufsaugen und nehmen den Topf vom Herd. Der Risotto kann so einige Stunden stehen. Kurz vor dem Servieren kochen wir den Rest der Flüssigkeit auf, stellen den Risotto auf die bereits warme Herdplatte und fügen die Brühe dazu.

»Mise-en-place« ist beim Risotto nötig, weil wir während des Rührens die Zutaten nicht zusammensuchen können. Mise-en-place heißt: alles, was wir zur Zubereitung von Gerichten brauchen, in Griffnähe haben.

## SAUBER: FISCH

In Kochbüchern wird bei der Zubereitung von Fisch gern auf die »drei S« verwiesen: Säubern, Säuern, Salzen. Ich finde diese Faustregel überholt.

Säubern: Fische lassen wir bereits beim Händler schuppen.

Säuern: War früher vielleicht wichtig, als wir noch nicht über ideale Kühlmöglichkeiten verfügten. Säure nimmt frischen Fischen den Geschmack. Auch mit Wasser sollte der Fisch, wenn er ausgenommen ist, nicht mehr in Berührung kommen. Das Aroma leidet darunter, er verliert beim Garen mehr Saft.

Salzen: Erst im letzten Moment, sonst entzieht das Salz dem Fisch Flüssigkeit.

## KABELJAUFILETS MIT TOMATEN UND KARTOFFELN AUF SPINAT

*ZUTATEN FÜR 4 PERSONEN:*

*1 Zwiebel · 1 EL Olivenöl oder Butter · 100 g Champignons, in Scheiben geschnitten · 4 Scheiben frischer Kabeljau von je 200 g · Salz · schwarzer Pfeffer aus der Mühle · 100 ccm trockener Weißwein · 1/2 Lorbeerblatt · 3 schwarze Pfefferkörner, zerdrückt · 40 g Butter, gut gekühlt · 2 Kartoffeln, in Würfel geschnitten und in wenig Salzwasser knapp weich gekocht · 1 Tomate, enthäutet, entkernt und gewürfelt · 500 g Blattspinat*

Die Zwiebel fein hacken. Das Olivenöl in einem großen flachen Topf mäßig erhitzen. Die Zwiebeln beigeben und glasig andünsten. Die Champignons dazugeben und kurz mitdünsten.

Die Fischscheiben mit Salz und Pfeffer würzen und auf die Champignon-Zwiebel-Mischung legen, den Ofen auf 60 Grad vorheizen.

Einen Deckel aufsetzen und den Fisch bei mäßiger Hitze in zwei bis drei Minuten (je nach Dicke der Scheiben) knapp gar dünsten. Er soll innen ganz leicht glasig bleiben.

Den Weisswein darübergießen und Lorbeerblatt sowie Pfefferkörner zufügen. Weitere zwei bis drei Minuten dünsten.

Die Fischscheiben herausnehmen und auf einen Teller legen. In den warmen Ofen stellen. Nicht zudecken.

Den Sud durch ein Sieb gießen. Pilze und Zwiebeln gut ausdrücken, Flüssigkeit kurz einkochen. Die Butter in Flöckchen dazugeben und den Sud damit zu einer leichten Sauce aufschwenken. Mit Salz und Pfeffer nach Geschmack nachwürzen. Kartoffel- und Tomatenwürfel beigeben.

Spinat von den großen Stielen befreien, gut waschen, tropfnaß in einer Pfanne kurz schwenken.

Die Fischscheiben auf dem Spinat anrichten und mit Sauce überziehen. Die Kartoffel- und Tomatenwürfel darüber verteilen.

*Einfach rührend*

*Zwiebeln und Rundkornreis in Öl unter ständigem Rühren glasig dünsten . . .*

*. . . weiterrühren und nach und nach Flüssigkeit dazugeben, bis der Risotto nach 20 Minuten richtig suppig ist*

TIPS:

Statt Kabeljau können wir auch anderen Fisch verwenden, zum Beispiel Hecht, Zander oder Seeteufel.

Zum Ablöschen nehmen wir einen trockenen Wein guter Qualität, schlechter Wein wird durch das Dünsten nicht besser. Im Gegenteil: Zurück bleiben die schlechten Aromastoffe.

## EIS MIT STIL

Eis bereiten wir am besten in einer Eismaschine zu, es gibt heute auch einfachere Geräte, die nicht allzu teuer sind. Die Maschine bringt das Eis nicht nur zum Gefrieren, sie rührt auch, so daß eine homogene Mischung entsteht.

Selbstverständlich können Sie auch im Tiefkühlgerät Eis herstellen. Allerdings bilden sich bei dieser Methode Eiskristalle. Ein Trick: Geben Sie die Masse, wenn sie leicht fest ist, in eine vorgekühlte Schüssel und rühren sie mit dem Schneidstab während des Gefrierens zwei- bis dreimal auf.

## ZIMTEIS

*ZUTATEN FÜR 12 PORTIONEN:*

*350 ccm Milch · 300 ccm Schlagsahne · 1 Vanilleschote, längs aufgeschnitten · 1 Zimtstange · 1 EL Vanillezucker · 3 TL Zimtpulver, gestrichen voll · 4 Eigelb · 100 g Zucker*

DIE MILCH mit der Sahne, dem ausgekratzten Vanillemark, der Zimtstange und dem Vanillezucker aufkochen. Von der Herdplatte nehmen und zugedeckt einige Minuten ziehen lassen.

ZIMTSTANGE herausnehmen und das Zimtpulver in der heißen Milch lösen.

EIGELB UND Zucker in einer Schüssel im heißen Wasserbad schaumig rühren, bis eine helle, luftige Masse entsteht.

DIE NOCH heiße Zimtmilch langsam und unter Rühren mit der Ei-Zucker-Masse mischen und bei mittlerer Hitze zur »Rose« aufschlagen.

IM KÜHLSCHRANK kalt werden lassen, dann in den Behälter der Eis-Maschine füllen und frieren.

TIPS:

Schüssel mit Eis-Resten gut in Zeitungspapier eingewickelt im Tiefkühlfach aufbewahren. Vor dem Essen je nach Menge 30 bis 45 Minuten in den Kühlschrank stellen.

Zimt wird aus der getrockneten Rinde junger Zimtbäume gewonnen, die zu den Lorbeergewächsen zählen. Je dünner und heller die Rinde, desto feiner und aromatischer ist der Geruch. Ceylon-Zimt gilt als der beste. Beim Zimtpulver handelt es sich um gemahlenen Zimt, der in billigeren Qualitäten meist »Bruch« enthält.

## SCHÖNE FRÜCHTCHEN

Früchte können wir in zuckriger Flüssigkeit weichkochen oder, wenn sie zu wenig Eigengeschmack haben, dünsten. Mit Butter andünsten, mit Weißwein ablöschen und einkochen lassen. Tiefgekühlte Früchte lassen wir gut abgedeckt erst im Kühlschrank auftauen; so geht weniger Saft verloren. Früchte aus dem Einmachglas lassen wir erst abtropfen. Für die Zubereitung kochen wir Zuckersirup auf und fügen etwas Fruchtsaft zu. Wir legen die Früchte portionsweise ein und dünsten sie sorgfältig. Den Sirup durchsieben, mit Rum, Zimt und abgeriebener Orangenschale (eine gute Messerspitze voll) abschmecken. Die Zwetschgen anrichten und mit dem Saft begießen.

## ZWETSCHGEN IN RUMCRÈME

*ZUTATEN FÜR 4 PERSONEN:*

*1 kg Zwetschgen · 50 g Zucker · 1 EL Vanillezucker · 30 g Butter · 100 ccm Rotwein · 1 Stück Zimtstange · 1 Nelke · 2 Limettenscheiben mit Schale · 2 Scheiben Orange, mit Schale · 3-4 EL Rum · 100 g Crème double · 4 Portionen Zimteis · 30 g Pistazien, geschält und feingehackt*

Die Zwetschgen so entsteinen, daß die Früchte möglichst ihre Form behalten.

Zucker, Vanillezucker und Butter zusammen karamelisieren, die Zwetschgen dazugeben und einmal darin wenden.

Mit Rotwein ablöschen, kurz aufkochen. Zimtstange, Nelke, Limetten und Orangenscheiben dazugeben. Vom Herd nehmen und die Zwetschgen im Sirup auskühlen lassen.

Die Zwetschgen herausnehmen, den Sirup durch ein Sieb gießen und einkochen, bis er leicht dickflüssig wird, mit Rum abschmecken und die Crème double unterrühren. Lauwarm über die Zwetschgen verteilen. Mit Zimteis und Pistazien servieren.

## WEISSE TRÜFFEL

Mit Diamanten werden weiße Trüffel verglichen, weil sie so kostbar sind. Dabei wurden sie einst in der Küche der Piemonteser Bauern verwendet. Schweine, süchtig nach dem Trüffelgeruch, erschnüffelten ihn an den Wurzeln von Eichen. Heute werden die Trüffel meist von dressierten Hunden aufgespürt.

Weiße Trüffel aus Alba im italienischen Piemont haben im November, Dezember und Januar Saison. Ich rate, nicht von den ersten und auch nicht von den letzten zu kaufen, denn in beiden Fällen ist die Qualität kaum ideal.

Weiße Trüffel sollten 30 bis 40 Gramm schwer und möglichst gleichmäßig gewachsen sein. Da ihnen oft Sand anhaftet, müssen wir sie genau anschauen und auch mit dem Finger prüfen: Sie müssen sich hart anfühlen, dürfen keineswegs »schwammig« sein – sonst könnten sie wurmstichig sein.

Die Italiener waschen und bürsten die Trüffel. Ich ziehe es vor, die Edelpilze mit einem scharfen Messer zu säubern und sie mit einem nassen Küchenpapier abzureiben; sie können so keine Feuchtigkeit aufsaugen.

Saucen, Teigwaren-, Reis-, Eier- oder Kartoffelgerichte sind es hauptsächlich, die vom ganz speziellen Geschmack der Trüffel profitieren. Wichtig: Weiße Trüffel werden, im Unterschied zu den schwarzen, immer roh verwendet. Wir raffeln sie erst im letzten Moment – im Restaurant am Tisch vor dem Gast – über das Gericht.

Konservierten Trüffeln kann ich nicht viel abgewinnen; sie verändern oder verlieren den Geschmack. Wer sich den Luxus weißer Trüffel leisten will, sollte deshalb die Saison nutzen.

*FÜR FORTGESCHRITTENE*

## CHAMPAGNER-RISOTTO MIT WEISSEN TRÜFFELN

*ZUTATEN FÜR 4 PERSONEN:*

*1 EL Butter · 1 Schalotte, fein gewürfelt · 200 g Rundkornreis · 1/4 l Champagner, brut · 600 ccm entfettete Hühnerbrühe · 50 g Parmesan, frisch gerieben · 1 Msp. fein abgeriebene Zitronenschale (nur Gelbes) · 50 g Butter · 20-40 g frischer weißer Trüffel*

Die Butter erhitzen, die Schalotte darin andünsten, den Reis dazugeben. Glasig dünsten, dann mit dem Champagner ablöschen. Die Flüssigkeit ganz verdampfen lassen.

Die Hühnerbrühe zufügen und den Risotto bei öfterem Umrühren 18 Minuten kochen lassen. Er soll »suppig« sein, im Kern aber »al dente« bleiben.

Den Käse darunterziehen, mit der Zitronenschale abschmecken und mit Butter und dem restlichen Champagner verfeinern. In tiefen Tellern anrichten.

Den gesäuberten Trüffel am Tisch mit dem Hobel großzügig darüberraffeln.

*Für das Menü brauchen Sie:*
*diverse Messer*
*Holzlöffel*
*1 Käsereibe*
*1 Sieb*
*1 Wasserbad*
*1 große, feuerfeste Schüssel*
*1 große, flache Pfanne mit Deckel*

Was läßt sich nicht alles aus Eiern machen. Omeletts, Eierkuchen, Pfannkuchen, Crêpes, Palatschinken, Tortillas, Blini und und und. Zig Varianten, zig Namen. Und trotzdem: Allen Gerichten gemeinsam ist, daß sie in der Pfanne gebacken werden, mal mit Eiern und Mehl, mal nur mit Eiern.

Zur Gruppe mit Mehl gehören deutsche Pfannkuchen, Palatschinken, die Tortillas, Blini und die sehr dünnen Crêpes.

In die Gruppe ohne Mehl gehören das französische Omelett, süß und pikant, und das Omelette Soufflé.

Alle Eierspeisen passen gut auf den Frühstückstisch, können aber auch zum Mittag- oder Abendessen serviert werden. Theoretisch ließe sich daraus ein ganzes Menü zusammenstellen: dünngeschnitten als Flädchen in der Suppe, gefüllt als Hauptgericht und mit Zucker bestreut als Nachspeise. Pikant oder süß, mit viel Butter und Sahne oder mit wenig, alles ist machbar. Wir können auch Farbtupfer setzen, etwa mit Tomaten oder mit Spinat. Oder – ganz gesund – Vollkornmehl verwenden. Wir können sie mal mit Hackfleisch füllen, mal mit Kaviar dekorieren.

Trotz all dieser Möglichkeiten ist das Omelett in den Kochbüchern der Haute Cuisine nur spärlich vertreten. Ich kann es mir nur so erklären: Diese klassischen Gerichte werden noch immer der rustikalen Küche zugeordnet, wurden in ihrer feinen Form noch nicht wiederentdeckt.

Pfannkuchen lassen sich relativ einfach zubereiten. Crêpes sind etwas schwieriger. Französische Omeletts gelten als schwierig.

Sorgfalt ist Voraussetzung sowohl bei Pfannkuchen wie auch bei Omeletts. Anfänger brauchen etwas Übung. Doch bald geht es, wenn der Grundteig stimmt, wie von selbst.

# EI, EI, DA SCHAU HER

*Sie lassen fast alles mit sich machen, sind nicht teuer und trotzdem fein: Eier. Wir beschäftigen uns heute mit dem deutschen Pfannkuchen und dem französischen Crêpe*

## ROTE-BETE-SALAT MIT ÄPFELN UND NÜSSEN

*ZUTATEN FÜR 4 PERSONEN:*

*300 g rote Bete, ungekocht · 2 Äpfel (z. B. Jonathan) · 50 g Walnußkerne*

*SAUCE*

*2 EL Rotweinessig (z. B. Balsamico) · Salz · schwarzer Pfeffer aus der Mühle · 6 EL Sonnenblumenöl*

Die rote Bete schälen. Auf einer feinen Raffel (Bircherraffel) oder mit der Küchenmaschine reiben.

Die Äpfel schälen, halbieren, entkernen. Zuerst Scheiben und daraus kleine Würfel schneiden. Zur roten Bete mischen.

Die frisch ausgelösten Walnußkerne in einem Teflonpfännchen ohne Fett (sie enthalten genug Fett) ein paar Minuten rösten, bis sie duften. Einige Nußkerne für die Garnitur beiseite legen. Den Rest grob hacken, zur roten Bete geben.

Für die Sauce Essig, Salz und Pfeffer verrühren. Das Öl unter ständigem Rühren dazugeben, bis die Sauce sämig ist. Den Salat mit der Sauce anmachen.

Auf Teller verteilen und mit den zurückgelegten Nüssen – nach Belieben auch mit Apfelwürfeln – garnieren.

Tips:
Rote Bete ist eine tiefrote, fleischige Wurzel und enthält sieben bis zehn Prozent Zucker.

Walnüsse, die von gleichmäßiger heller Farbe sind, wurden mit Schwefel gebleicht. Als Nüsse feinster Qualität gelten die kalifornischen, die allerdings teuer sind. Sie sind groß, vollkernig und haben eine sehr dünne Schale. Walnüsse enthalten 14 Prozent hochwertiges Eiweiß, etwa 60 Prozent Fett, Carotin und mehrere B-Vitamine.

*Im hauchdünnen Versteck: Champignons im Crêpe*

*Weshalb dieses Menü? Es ist preisgünstig. Und wenn wir den Pfannkuchen mit Pilzen oder Gemüse füllen, ist das Menü vegetarisch. Rote Bete ißt man meistens gekocht; roh geraffelt und angereichert mit Äpfeln und Nüssen regt der Salat den Magen an. Rote Bete und Äpfel sind eine klassische Mischung; der Apfel bricht den erdigen Geschmack der roten Bete. Die Hackfleischfüllung der Pfannkuchen paßt auch zu Spaghetti oder Nudeln oder als Füllung von Tomaten und Zucchini. Das Hackfleisch können wir auch mit kleinen Würfeln von Sellerie und Möhren »strecken«, die wir zusammen mit Zwiebeln und Knoblauch andünsten*

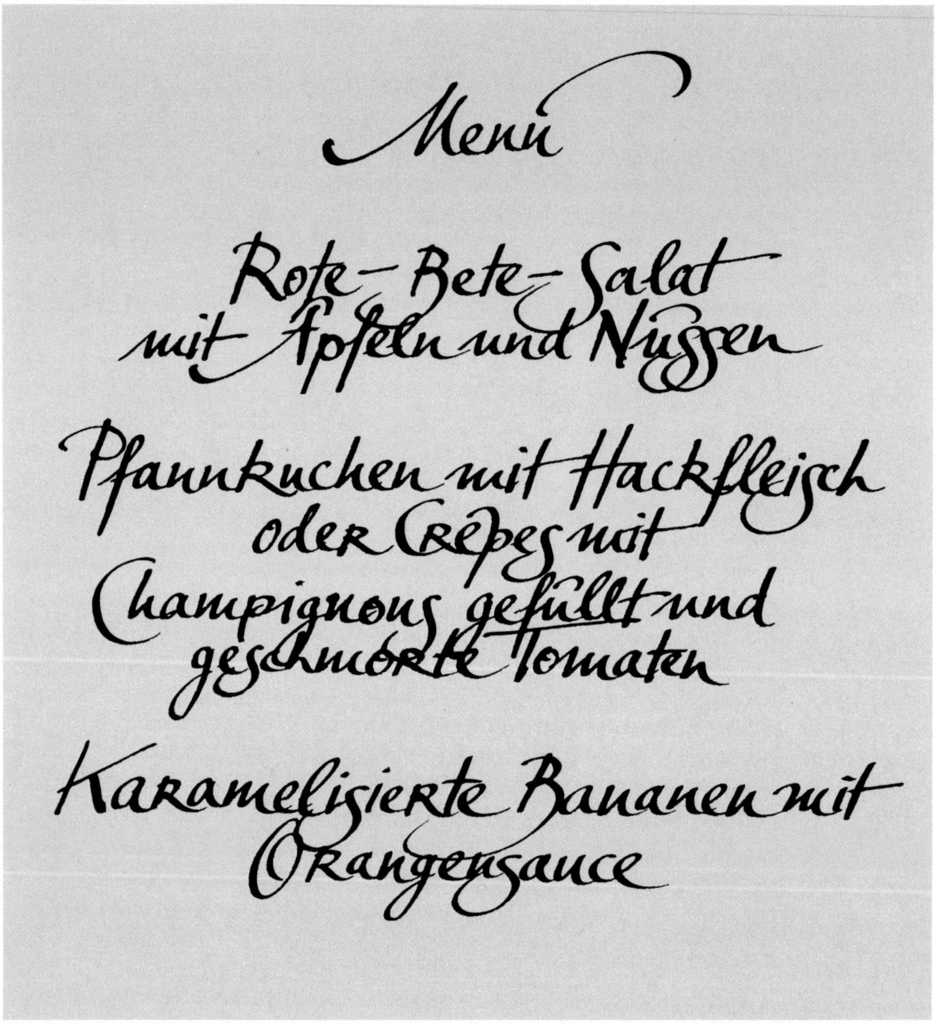


## PFANNKUCHEN MIT HACKFLEISCH GEFÜLLT

*ZUTATEN FÜR 12 BIS 15 PFANNKUCHEN:*

*300 g Weizenmehl (evtl. Weiß- und Vollkornmehl gemischt) · 200 ccm Vollmilch · 3 große oder 4 kleine Eier · 2 EL Öl · 1 TL Salz, gestrichen voll · schwarzer Pfeffer aus der Mühle · 50 g Butterschmalz*

*Mehl mag Milch*

*Flüssigkeit immer in die Mitte geben*

DAS MEHL in eine Schüssel sieben. In der Mehlmitte eine Vertiefung anbringen.

200 CCM Wasser, Milch, Eier, Öl, Salz und Pfeffer zusammenmischen und verquirlen.

DIE FLÜSSIGKEIT langsam in die Mehlmitte einlaufen lassen und den Teig von der Mitte aus mischen, bis er glatt ist. Wenn Klümpchen entstehen, streicht man den Teig durch ein Sieb. 30 Minuten bei Zimmertemperatur ruhen lassen. Den Teig vor dem Backen eventuell etwas mit Wasser verdünnen.

IN EINER Teflonpfanne bei mittlerer Hitze wenig Butterschmalz zerfließen lassen.

PRO PFANNKUCHEN einen kleinen Schöpflöffel voll Teig hineingießen, diesen durch Bewegen der Pfanne dünn und gleichmäßig verlaufen lassen.

SOBALD DER Pfannkuchen unten goldbraun geworden ist, einmal wenden. Vielleicht nochmals ein wenig Butterschmalz am Pfannenrand dazugeben.

DIE GEBACKENEN Pfannkuchen aufeinander legen und im Backofen bei 60 Grad warmstellen.

## HACKFLEISCH-FÜLLUNG

*1 EL Olivenöl (oder 20 g Butter) · 1 Zwiebel, feingehackt · 1 Knoblauchzehe, gepreßt · 400 g Rindfleisch, gehackt · je 1 Bund frischer Thymian und Oregano, Blättchen abgestreift · ein paar Rosmarinnadeln, gehackt · 3 bis 4 Basilikumblätter, gehackt · 600 g reife Tomaten, enthäutet und in Würfel geschnitten · 100 ccm guter Rotwein · 1/2 l Fleischbrühe, entfettet · Salz · Pfeffer*

DAS OLIVENÖL erhitzen, Zwiebel und Knoblauch darin andünsten. Das Fleisch dazugeben, gut anbraten, dann alle Kräuter mit den Tomatenwürfeln zufügen.

MIT ROTWEIN ablöschen, den Wein völlig einkochen lassen und die Fleischbrühe dazugießen. Bei mäßiger Temperatur lange schmoren lassen. Die Flüssigkeit soll größtenteils einkochen.

MIT SALZ und Pfeffer kräftig abschmecken.

DIE HEISSE Füllung großzügig auf die gebackenen Pfannkuchen streichen und diese aufgerollt anrichten.

TIP:
Dünsten Sie Knoblauch nie bei zu starker Hitze, und lassen Sie ihn nicht braun werden, er schmeckt sonst bitter. Wenn Sie die Knoblauchzehen vor dem Schälen leicht andrücken, löst sich die Haut leichter.

## CRÊPES

*ZUTATEN FÜR 12 BIS 15 CRÊPES:*

*150 g Weizenmehl · 350 ccm Milch (oder halb Milch, halb Wasser) · 1 Prise Muskat, frisch gerieben · 1 TL Salz, gestrichen voll · 4 Eier · 50 g flüssige Butter · 50 g Butterschmalz zum Backen*

DAS MEHL in eine Schüssel sieben. In der Mitte eine Vertiefung anbringen.

MILCH, Muskat, Salz, Eier und abgekühlte Butter zusammen verquirlen. In die Mehlmitte einfließen lassen und den Teig von der Mitte aus anrühren. Eventuell durch ein feines Sieb gießen. Etwa 30 Minuten ausquellen lassen. Umrühren.

IN EINEM Teflonpfännchen (18 Zentimeter Durchmesser) in wenig Butterschmalz dünne Crêpes ausbacken.

DIE CRÊPES aufeinanderlegen und warm stellen.

TIP:
Für süße Crêpes fügen wir dem Teig 40 Gramm Zucker zu.

## CHAMPIGNON-FÜLLUNG

*ZUTATEN FÜR 12 BIS 15 CRÊPES:*

*300-400 g rosa Champignons · 20 g Butter · 1 Zwiebel, feingehackt · 1 kleine Knoblauchzehe, gepreßt · 50 ccm trockener Weißwein · 50 ccm Schlagsahne · Salz · schwarzer Pfeffer aus der Mühle · 1 Bund Kerbel, feingehackt*

DIE PILZE putzen, mit feuchtem Küchenpapier abreiben, nur wenn nötig kalt überbrausen und dann sehr gut abtropfen lassen.

DIE BUTTER erhitzen. Zwiebel und Knoblauch darin glasig andünsten. Die Champignons dazugeben und dünsten, bis sie zusammenfallen und die Flüssigkeit zum größten Teil verdunstet ist.

DEN WEISSWEIN dazugießen, wiederum einkochen lassen.

*Vier Verwandte in einer Reihe*

*Crêpes, Pfannkuchen, soufflierte Omeletts, französische Omeletts*

SAHNE dazugeben. Bei mäßiger Hitze weitere fünf Minuten köcheln lassen. Mit Salz und Pfeffer würzen, den Kerbel darüberstreuen.

DIE FÜLLUNG auf die heißen Crêpes verteilen, einrollen oder beliebig falten und sofort servieren.

## GESCHMORTE TOMATEN

*ZUTATEN:*

*4 große Tomaten · Salz · schwarzer Pfeffer aus der Mühle · 20 g Butter · 50 ccm Bouillon*

DEN BACKOFEN auf 180 Grad vorheizen.

STIELANSÄTZE der Tomaten kegelförmig herausschneiden.

DIE TOMATEN auf der runden Seite einritzen, die Haut ein wenig lösen, mit Salz und Pfeffer bestreuen und in eine feuerfeste Form geben.

50 ccm Bouillon dazugießen, die Tomaten in den Ofen schieben und etwa 20 Minuten darin schmoren.

Achtung: Zu reife Tomaten können auseinanderfallen. Deshalb genau beobachten und vielleicht schon früher aus dem Ofen nehmen.

Tips:
Tomaten bestehen zu 94 Prozent aus Wasser. An Vitaminen enthalten sie vor allem Vitamin C. Es gibt sie leuchtend rot und gelbrot, kugelig, länglich, birnen-, eier-, kirschförmig, glatt oder gefurcht. Für geschmorte Tomaten verwenden Sie am besten Fleischtomaten.

## FRAGEN RUND UM DEN EIERKUCHEN

Welche Pfanne?
Es kommt auf die Größe an. Wenn wir ihn als Vor- oder Nachspeise servieren, sollte er etwa 18 Zentimeter Durchmesser haben, wenn wir ihn als Hauptgericht servieren, etwa 24 Zentimeter. Ideal sind Teflonpfannen. Aber keine zerkratzten. Die geben beim Erhitzen schädliche Dämpfe ab.

Wieviel Mehl, wieviel Eier?
Für die kleinste Menge an Teig nehmen wir ein Ei, 25 Gramm Mehl und zwei Eßlöffel Milch (oder halb Wasser, halb Milch). Kochen wir in größeren Mengen, verringern wir den Eianteil, nehmen dafür mehr Flüssigkeit und Mehl. Bei kleineren Crêpes rechnen wir für 10 bis 15 Stück 150 Gramm Mehl, vier Eier, 350 ccm Milch und 50 Gramm flüssige Butter. Auf diese Weise erhalten wir einen leichtflüssigen Teig, der Voraussetzung für hauchdünne Crêpes ist. Bei französischen Omeletts ohne Mehl ist das Verhältnis 1/2 Eßlöffel Sahne (oder halb Sahne, halb Milch) auf ein Ei.

*Eier:*
*Klasse nach Gewicht*

| *Klasse* | *Gewicht* |
|---|---|
| *1* | *ab 70 g* |
| *2* | *65-70 g* |
| *3* | *60-65 g* |
| *4* | *55-60 g* |
| *5* | *50-55 g* |
| *6* | *45-50 g* |
| *7* | *unter 45 g* |

Wie mischt man?
Sie drücken mit dem Holzlöffel eine Vertiefung ins Mehl. Separat verquirlen Sie die Eier mit Salz, Wasser, Milch, Sahne, Öl oder flüssiger Butter. Von der Mitte aus rühren Sie den Teig langsam an, immer wieder ein wenig Mehl dazunehmen. Der Teig ist fertig, wenn alles gut vermischt ist. Probe: Er soll so dick sein, daß er beim Durchziehen mit dem Schneebesen gerade noch zusammenfließt.

Wichtig:
Wenn die Eierkuchen zart sein sollen, müssen Sie den Teig mindestens 30 Minuten ruhen lassen, damit die Stärke aufquellen kann. Je gröberes Mehl Sie verwenden, um so länger braucht es, bis es aufquillt.

Welches Mehl?
Verwenden lassen sich Weiß-, Halbweiß-, Vollkorn-, Steinmetz- oder Buchweizenmehl und Mehlmischungen. Die dunklen Mehle sind gehaltvoller, haben mehr Eigengeschmack, sind jedoch schwerer verdaulich. Deshalb mische ich sie auch mit Weißmehl. Für die Crêpes verwende ich ausschließlich Weißmehl. Je weniger Mehl man nimmt, um so dünner kann man die Pfannkuchen ausbacken.

Welche Eier?
Zum Frischetest gibt man die Eier in eine Kochsalzlösung. Frische Eier tauchen ab, ältere schwimmen auf der Wasseroberfläche.

Welches Hackfleisch?
Wenn wir Hackfleisch als Füllung verwenden, rate ich zu magerem Rindfleisch. Gemischtes Hack wäre zu fett. Am besten lassen Sie das Fleisch vom Metzger vor Ihren Augen durch den Fleischwolf drehen. Ist das Hackfleisch allzu schön rot? Dann setzen Sie ein Löffelchen voll der Sonne aus. Wenn es sich nicht verfärbt, ist Ihr Verdacht begründet: Es enthält Nitrit. Andernfalls müßte es bräunlich werden. Reden Sie mal mit Ihrem Metzger ein paar Takte.

Welche Würze?
Für pikante Pfannkuchen rechnen wir auf ein Ei eine Prise Salz, dazu eventuell etwas Pfeffer. Füllen wir mit Gemüse oder Käse, können wir zusätzlich mit etwas Muskat würzen. Bei süßen Pfannkuchen nehmen wir eine Prise Salz und wenig Zucker oder einen Eßlöffel Honig.

Welches und wieviel Fett?
Zum Backen der Pfannkuchen verwende ich Butterschmalz. Eventuell mit Hilfe eines Pinsels verteile ich das Fett auf dem Pfannenboden. Verwenden wir zuviel davon, werden die Pfannkuchen dick und fettig.

Wie wenden?

Wir schieben einen Bratenwender unter den Pfannkuchen und wenden ihn. Sehr Geübte können ihn in die Höhe werfen und so wenden, doch möchte ich Ihnen (noch) nicht dazu raten. Auch bei feinen Pfannkuchen empfiehlt sich diese Methode nicht, sie brechen leicht auseinander. Nach dem Wenden backen wir die andere Seite. Eventuell müssen wir vorher noch ein wenig Fett nachgeben.

Und welche Backzeit?

Es ist schwierig, die Backzeit genau anzugeben. Bis Crêpes auf beiden Seiten goldgelb sind, dauert es höchstens 2 Minuten, bei anderen Pfannkuchen drei Minuten. Die Backzeit der zweiten Seite ist kürzer. Fertig gebackene Pfannkuchen legen wir auf einen Teller und halten sie im Backofen bei 60 Grad warm.

## KARAMELISIERTE BANANEN MIT ORANGENSAUCE

*ZUTATEN FÜR 4 PERSONEN:*

*1 unbehandelte Orange · 30 g Butter · 40 g Zucker · 1 EL Vanillezucker · 4 kleine, reife Bananen · 200 ccm Orangensaft, frisch gepreßt · 1 EL Orangenlikör*

Die Schale der Orange mit einem Zestenmesser abziehen, das heißt, die orange Haut in feinen Streifchen von der weißen Orangenhaut lösen. 200 ccm Wasser aufkochen, die Orangenschalen hineingeben und darin kurz blanchieren. Abgießen und die Schalen beiseite stellen.

Die Butter mit dem Zucker in einem Teflonpfännchen erhitzen, bis die Masse zerfließt und hellbraun aufschäumt. In diesem Moment die geschälten und in Vanillezucker gedrehten Bananen einlegen. Beidseitig karamelisieren.

Nach vier bis fünf Minuten den Orangensaft gleichmäßig darübergießen. Kurz aufkochen lassen, dann die Bananen aus der Sauce nehmen und im Backofen bei 60 Grad warm halten.

Die Sauce mit Orangenlikör verrühren und einkochen, durch ein feines Sieb gießen.

Bananen anrichten, mit der Sauce überziehen und mit Orangenschalen bestreuen. Nach Belieben können auch Orangenfilets (aus der restlichen Orange geschnitten) dazu serviert werden.

Tips:

Das Fleisch der Banane ist reich an Zucker und Stärke. Pro 100 Gramm bringt es 100 Kalorien. Am schmackhaftesten sind die kleinen kanarischen Bananen. Sie werden wegen ihres besonders feinen Aromas sehr geschätzt – und sind entsprechend teurer.

Orangenlikör, etwa Grand Marnier, ursprünglich aus der Charente (Frankreich), wird aus Bitterorangen der Karibik und altem, ausgesuchtem Cognac hergestellt.

*FÜR FORTGESCHRITTENE*

## SOUFFLIERTES KÄSEOMELETT

*ZUTATEN FÜR 4 PERSONEN:*

*3 Eier · 1 TL Salz, gestrichen voll · schwarzer Pfeffer aus der Mühle · 50 g Butter · 100 g Parmesan, frisch gerieben*

Eier, Salz und Pfeffer in der Küchenmaschine solange schlagen, bis eine schaumige Masse entsteht.

Die Hälfte der Butter in der Teflonpfanne zerfließen lassen.

Die schaumige Crème in die Pfanne gießen und einen Deckel auflegen. Bei mäßiger Hitze 4 bis 5 Minuten backen. Die Omelette geht dabei auf und bleibt feucht.

Die ungebackene Oberfläche mit Käse bestreuen.

Die restliche Butter dem Pfannenrand entlang flockenweise dazugeben und zerfließen lassen.

Die eine Omeletthälfte mit Hilfe eines Holzspachtels über die andere klappen. Sofort auf eine Platte stürzen und servieren.

*Fürs Menü brauchen Sie:*
*Teflonpfannen (18 und 24 Zentimeter Durchmesser mit Deckel)*
*Holzlöffel*
*Bratenwender, eventuell aus Holz*
*Schneebesen (Schwingbesen)*
*Muskatreibe (Mühle)*
*feuerfeste Platte*
*Bircherraffel*
*Passiersieb*
*Zestenmesser = Spezialmesserchen zum Abziehen der Orangenschale*

# EINE FEINE KURZ-GESCHICHTE

*Kurzgebratenes nimmt es auf die Minute genau. Ein Steak, etwas zu lange in der Pfanne, wird schnell trocken und hart. Schön Zeit lassen können wir uns dagegen beim Dessert, bei der Ananas mit Pfefferminze*

Nichts einfacher als ein Filetsteak, das hau' ich in die Pfanne, fertig.« Frauen, die tagtäglich für ihre Familie kochen, können da nur den Kopf schütteln. Sic wissen, daß oft schon Sekunden genügen, um aus einem schönen, saftigen Stück Fleisch eine Schuhsohle zu machen. Kurzgebratenes, das verlangt schon eine Menge Gefühl. Doch keine Angst, auch das können Sie lernen.

Zu den Fehlern, die immer wieder gemacht werden, gehört in erster Linie, daß das Fleisch zu lange der Hitze ausgesetzt wird. Dann, noch so eine Sache, folgt das falsche Ablöschen. Richtig ist, daß das Fleisch aus der Pfanne muß, bevor wir den Bratensaft ablöschen. Außerdem muß ein Steak (am besten im warmen Backofen) ruhen, damit sich der konzentrierte Saft im Fleischinnern verteilen kann.

In Rezepten eine genaue Garzeit anzugeben, beispielsweise für Filetsteaks, ist schwierig, denn es kommt ganz auf die Qualität und die Größe oder, besser noch, auf die Dicke des Fleischstücks an. Die Faustregel: drei Minuten Bratzeit pro Zentimeter Höhe, auf beiden Seiten also anderthalb Minuten. Beim längeren Garen müssen wir die Hitze reduzieren. Sie muß um so geringer sein, je dicker das Fleischstück ist.

Zuverlässig ist der Test mit dem Fingerdruck. Je mehr das Fleisch durchgebraten ist, um so fester fühlt es sich an. Wenn wir es fast roh wollen, muß es noch sehr weich sein, »saignant« etwas fester. Soll es im Kern rosa sein, muß es federnd nachgeben. Durchgebraten bedeutet meist hart.

*Ananas: Je ausgeprägter die Schuppen, desto aromatischer die Frucht*

Es gibt vier verschiedene Garzustände beim Braten:

BLEU (FAST ROH)
Das Fleisch wird bei sehr starker Hitze scharf angebraten. So bekommt es eine dünne, braune Kruste, ist innen aber noch roh und im Kern noch kalt. Beim Fingerdruck-Test fließt dunkelroter Saft aus.

SAIGNANT (NOCH BLUTIG)
Es wird mit weniger Hitze als für »bleu« gebraten. Die Kruste entsteht so langsamer, das Fleisch ist innen rot und im Kern noch blutig, doch warm.

A POINT (MEDIUM)
Es wird noch ein bißchen länger und mit noch weniger Hitze gebraten. Das Steak ist innen rosa, und beim Fingerdruck-Test tritt hellroter Saft aus.

BIENCUIT ODER WELL DONE (DURCHGEBRATEN)
Darauf sollten wir verzichten. Durchgebratenes Fleisch ist oft nicht nur hart, sondern auch zäh. Denn je länger man es brät, um so mehr klarer Saft läuft aus, und das Fleischstück schrumpft.

Umstritten ist der Zeitpunkt des Würzens. In der klassischen Küche werden große Fleischstücke vor dem Anbraten gewürzt, kleine nachher. Was aber nicht immer richtig sein muß. Seit langem schon mache ich beste Erfahrungen mit folgendem Kompromiß: Gewürzt wird unmittelbar vor dem Anbraten. Nach dem Würzen bestäube ich das Fleisch mit einem Hauch Mehl. Dadurch kann das Salz kein Wasser ziehen.

Unbestritten ist die Notwendigkeit der »mise-en-place«. Da wir uns während des Bratens nicht vom Herd wegbegeben dürfen, müssen alle Zutaten, die im Rezept angegeben sind, in Reichweite bereitstehen.

Sie haben alles genau nach Vorschrift gemacht und dennoch ist das Resultat nicht befriedigend? Dann liegt es vermutlich an der Qualität des Fleisches. Wissen und Können sind gut, doch ein vertrauenswürdiger Metzger ist genauso wichtig.

*Weshalb dieses Menü? Damit wir das Kurzbraten lernen. Wir erfahren dabei viel über Fleischeinkauf und welche Stücke sich zum Kurzbraten besonders eignen. Wenn wir diesmal ohne stärkehaltige Beilage (Kartoffeln, Spätzle) auskommen, ist diese Mahlzeit ausgesprochen kalorienarm, vorausgesetzt, wir schmecken das Dessert mit Süßstoff ab*

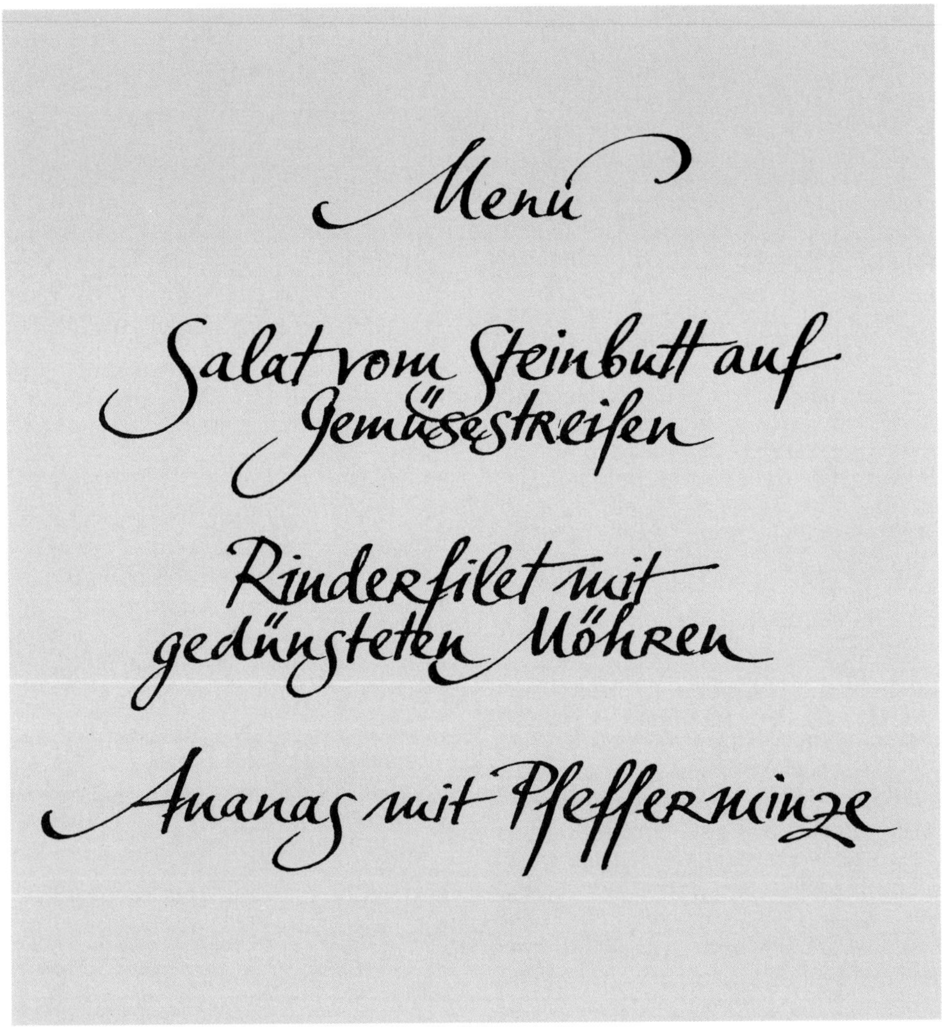


## SALAT VOM STEINBUTT AUF GEMÜSESTREIFEN

*ZUTATEN FÜR 4 PERSONEN:*

*400 g Steinbuttfilet, in Würfel geschnitten · Salz und Pfeffer · 100 ccm Weißwein · 1/2 TL Salz · 4 Pfefferkörner, zerdrückt · 2 Möhren · 1 große oder 2 kleine Zucchini · 1 Prise Safranpulver · 100 ccm Schlagsahne*

Die Fischwürfel mit Salz und Pfeffer würzen. 100 ccm Wasser, Weißwein, Salz und Pfeffer aufkochen. Die Fischwürfel ein bis zwei Minuten darin ziehen lassen. Rausnehmen, warm stellen.

Die Möhren und Zucchini putzen, längs in feine Scheiben schneiden, dann in lange Streifen. Mischen und als Unterlage auf Salatteller verteilen.

Pochierflüssigkeit durch ein Sieb gießen. In der Pfanne wieder auf den Herd stellen und den Safran zufügen. Aufkochen, die Sahne dazugeben und die Sauce bei mäßiger Hitze einköcheln lassen. Nach Geschmack eventuell nachwürzen.

Die Fischwürfel in der Sauce erwärmen und auf den Gemüsestreifen anrichten. Mit etwas Sauce überziehen.

## RINDERFILET MIT GEDÜNSTETEN MÖHREN

*ZUTATEN FÜR 4 PERSONEN:*

*4 Rinderfilets à 200 g · 1 EL Senf · Salz · schwarzer Pfeffer aus der Mühle · Paprikapulver · 50 g Butterschmalz · 400 g Möhren, geschält, in Scheibchen oder Stifte geschnitten · 300 ccm Mineralwasser (ohne Kohlensäure) · 1 TL Salz · 20 g Butter · 1/2 TL Zucker*

Filetstücke mit Senf kräftig einstreichen, mit einer Mischung aus Salz, Pfeffer und Paprika würzen.

Butterschmalz erhitzen, das Fleisch darin beidseitig braten, bis die Filetstücke »saignant« sind. Bei etwa 80 Grad im Ofen bis zum Servieren ruhen lassen.

Das Mineralwasser mit Salz aufkochen und die Möhren hineingeben. Knapp weichdünsten, das restliche Wasser abschütten.

Butter und Zucker in einer Pfanne erhitzen, die Möhren darin wenden. Etwas Mineralwasser dazugeben.

Mit dem Fleisch anrichten. Je nach Lust und Laune Petersilienkartoffeln dazu servieren.

Tips:
Gußeiserne Pfannen sind zum Kurzbraten bei hoher Temperatur ideal, weil sie die Hitze speichern und besser verteilen.

Zum Braten bei großer Hitze verwenden wir am besten raffinierte Öle oder Butterschmalz, das im Unterschied zu Butter und Margarine kein Wasser enthält, also nicht spritzt.

Fleisch sollte Zimmertemperatur haben, da es sonst außen zu stark bräunt und hart wird, bevor es innen warm ist.

## WAS IST WAS?

Wenn wir »Steak« sagen, meinen wir meist »Filetsteak«. Ein Steak kann aber auch aus dem Rücken oder dem Hochrücken geschnitten sein, und es muß nicht unbedingt vom Rind stammen. Denn »Steak« heißt im Prinzip nur: dicker als Schnitzel und saftiger. Wir unterscheiden:

Chateaubriand. Doppeltes Filetsteak aus dem oberen Teil des Rinderfilets. Wird am Stück gebraten. 400 Gramm schwer.

Entrecôte. Es ist identisch mit dem Roastbeef und wird aus dem Rücken geschnitten. »Entrecôtes doubles« sind doppelt dick geschnittene Portionen.

Filet mignon. So heißen die kleinen Steaks aus der Spitze des Filets (mignon = niedlich).

Huftsteak. Man schneidet es aus der Hüfte, etwa zwei bis drei Zentimeter dick und etwa 150 Gramm schwer.

| Fleisch | Hitze | Fett |
|---|---|---|
| Filetsteak vom Rind | bleu – starke Hitze saignant – Mittelhitze | in Butterschmalz oder Öl |
| Filetsteak vom Kalb | Mittelhitze | in Butterschmalz oder Öl |
| Filetsteak vom Schwein | Mittelhitze | in Butterschmalz oder Öl |
| Kotelett vom Kalb | Mittelhitze | in Butterschmalz oder Öl |
| Kotelett vom Schwein | zuerst starke Hitze, dann herunterschalten | in Butterschmalz oder Öl |
| Kotelett vom Lamm | starke Hitze | in Butterschmalz oder Olivenöl |
| Schnitzel vom Rind (Huft) | starke Hitze | in Butterschmalz oder Öl |
| Schnitzel vom Kalb | Mittelhitze | in Butterschmalz oder Öl |
| Schnitzel vom Schwein | Mittelhitze | in Butterschmalz oder Öl |
| Schnitzel vom Wild | Mittelhitze | in Butterschmalz oder Öl |
| Brust vom Geflügel | mäßige Hitze | Butterschmalz |
| Geschnetzeltes vom Geflügel | Mittelhitze | Butterschmalz |
| Geschnetzeltes vom Rind | starke Hitze | in Butterschmalz oder Öl |
| Geschnetzeltes vom Kalb | Mittelhitze | in Butterschmalz oder Öl |
| Geschnetzeltes vom Schwein | starke Hitze | in Butterschmalz oder Öl |
| Geschnetzeltes vom Wild | mäßige Hitze | Butterschmalz |
| Geschnetzeltes vom Kaninchen | Mittelhitze | Butterschmalz |
| Geflügelleber | mäßige Hitze | Butterschmalz |
| Kalbsleber | Mittelhitze | Butterschmalz |
| Lammleber | mäßige Hitze | in Butterschmalz oder Olivenöl, z.B. in Verbindung mit Knoblauch + Thymian |
| Rinderleber | Mittelhitze | in Butterschmalz |
| Schweineleber | Mittelhitze | in Butterschmalz |
| Milken (Bries) | Mittelhitze | Butterschmalz gemischt mit frischer Butter |
| Nieren vom Kalb, Lamm etc., geschnetzelt | Mittelhitze | in Butterschmalz |

*Fleisch zum Kurzbraten, und wie es angebraten wird*

Kluftsteak. Es ist schwerer als das Huftsteak und wird aus der Keule geschnitten.

Porterhouse-Steak. Dem T-Bone-Steak ähnlich, doch meist doppelt so dick (600 bis 1000 Gramm) und mehr zu den Rippen geschnitten.

Prime Rib. Mit Knochen und Fett aus der Hochrippe geschnitten.

Rib-eye. Mehr marmoriert (mit Fett durchzogen) als das Prime Rib.

Rumpsteak. Wird aus dem Rinderrücken geschnitten, ist zwei bis drei Zentimeter dick und etwa 200 Gramm schwer.

T-Bone-Steak. Aus Roastbeef und Filet geschnitten, mit einem T-förmigen Knochen in der Mitte.

Tournedos. Die Filetstücke schneidet man aus dem schmaleren Teil des Filets.

## VON ANDEREN TIEREN

Kalbssteak schmeckt besonders gut vom Rücken; es ist ein Kotelettstück ohne Knochen.

Schweinesteak kann vom Rücken, Filet oder gar vom Hinterviertel stammen; Lammsteak vom Gigot (Keule).

Koteletts werden aus dem Rücken geschnitten. Stammen sie vom Nacken, haben sie keinen Knochen. Beim Schwein ist dieses Stück saftig, aber auch recht fett.

Schnitzel gibt es vom Kalb, Schwein, Wild und Geflügel. Für das panierte Wienerschnitzel wird hauchdünnes Kalbfleisch verwendet. »Paillard« nennt man ein großgeschnittenes, flachgeklopftes Kalbsschnitzel natur, gebraten oder vom Grill. Dünn geschnitten sind auch die Schnitzel für italienische Spezialitäten wie Saltimbocca, Scaloppine al Marsala.

*Ananas schälen*

*Schopf und Boden abschneiden. Dann Ananas achteln*

*Strunk und Schale entfernen. Das Fruchtfleisch kleinschneiden*

TIPS:

Wenn wir portionsweise anbraten, entfernen wir zwischendurch die Rückstände in der Pfanne mit Haushaltpapier und geben wieder etwas Öl oder Butterschmalz dazu.

Besonders heikel anzubraten sind Poulet- oder Perlhuhnbrust. Auf jeden Fall nur kurz (etwa zwei Minuten), so daß sie innen noch roh sind. Beim Ruhen im Backofen ziehen sie rasch durch. Da die Perlhuhnbrust oben dick und in den Spitzen dünn ist, sollten wir die Spitzen beim Anbraten auf den dicken Teil klappen.

## DIE EINFACHE ART, ZUR SAUCE ZU KOMMEN

Sobald das Fleisch angebraten ist, nehmen wir es aus der Pfanne. Falls wir gehackte Zwiebeln oder Pilze dazugeben wollen, Hitze runterschalten. Gemüse andünsten, dann den Bratsatz mit Wein, Bouillon, Wasser oder Bratensauce ablöschen. Beim »Zürcher Geschnetzelten« löschen wir den Bratsatz erst mit Wein ab, den wir fast ganz einkochen lassen, damit die Sauce (wenn wir die Schlagsahne zufügen) nicht gerinnt. Auch die Sahne lassen wir solange einkochen, bis die Sauce bräunlich und sämig ist. Bei größeren Mengen geben wir zusätzlich zur Sahne noch Kalbsfond dazu. Wir würzen erst, wenn wir die Sauce mit dem Fleisch und Fleischsaft vermengt haben. Denn erst dann wissen wir, wieviel Salz, Pfeffer, eventuell auch Muskat man noch braucht.

Kurzgebratenes darf beim Ablöschen niemals in der Pfanne liegen bleiben. Nie? Ich mache eine Ausnahme bei meinen Rahmschnitzeln, die etwa anderthalb Zentimeter dick aus dem Kalbsfilet geschnitten sind. In diesem Fall gieße ich die Schlagsahne über die Schnitzel und schmore alles zusammen zwei bis drei Minuten. In dieser Zeit kann das Fleisch nicht zäh werden, dafür nimmt es die Sahne sehr gut auf.

## AROMA DER TROPEN: ANANAS

Die Ananas besteht aus einzelnen zusammengewachsenen Früchten der Ananasstaude. Je ausgeprägter die Schuppen, um so aromatischer die Frucht, die reich an Vitamin A und C ist. Sie enthält das Ferment Bromelin, das verhindert, daß mit Gelatine zubereitete Ananasspeisen gelieren. Durch kurzes Erhitzen wird das Enzym unwirksam. Der Reifetest mittels Fingerdruck ist wenig zuverlässig, da die Früchte auf dem Transport oft angeschlagen werden. Die Frucht ist reif, wenn sich die Blätter am Strunk leicht herausziehen lassen und die Frucht aromatisch duftet.

# ANANAS MIT PFEFFERMINZE

*ZUTATEN FÜR 4 PERSONEN:*

*1 große Ananas, etwa 1 kg · 1 EL Kirschwasser · 1 EL Maraschino · Saft von 2 1/2 Zitronen · flüssiger Süßstoff nach Geschmack · 1 EL Vanillezucker · 2 Zweige Pfefferminze*

Die Ananas längs achteln, den harten Strunk abschneiden, Fruchtfleisch von der Schale lösen, dann in kleine Stücke oder Keile schneiden.

Mit Kirschwasser, Maraschino und Zitronensaft marinieren, kühl stellen.

200 ccm Wasser, Süßstoff, Vanillezucker zusammen aufkochen. Abkühlen lassen. Ananas damit beträufeln.

Die Pfefferminzblätter (von einem Zweig) in feine Streifen schneiden und unter den Salat mischen.

Nach Belieben anrichten, mit den restlichen Pfefferminzblättchen garnieren.

# MOUSSELINES

Ich finde es schade, daß Pürees heute kaum noch zubereitet werden. Denn sie sind Bestandteil der klassischen französischen Küche, und dies nicht ohne Grund: Wenn wir frisch pürieren, werden die Zellen der Gemüse aufgeschlossen, so daß sich das volle Aroma entfalten kann. Allerdings verflüchtigt es sich rasch, also immer erst im letzten Moment pürieren.

Pürees sind die Basis von Mousselines, mit steifgeschlagenem Eiweiß aufmontierte Gemüsepürees, die wir in gebutterte Förmchen verteilen. »Mousee« bezieht sich auf die Zubereitungsart. »Mousseline« werden sie genannt, weil es sich um kleine Mengen handelt.

*FÜR FORTGESCHRITTENE*

# GEMÜSE-MOUSSELINES

*ZUTATEN FÜR JEWEILS 4-8 PORTIONEN, JE NACH GRÖSSE DER FÖRMCHEN:*

*MÖHREN*

*200 g Möhren, in Salzwasser weichgekocht, abgegossen und püriert · 60 g Eiweiß, halbsteif geschlagen · 2 EL Crème double · 1 Prise Zucker, Salz, Pfeffer aus der Mühle · 1 Prise Muskat*

*SELLERIE*

*250 g Knollensellerie, in Salzwasser weichgekocht, abgegossen und püriert · 1 TL Orangensaft · Schale einer halben Orange – in Streifchen und diese in feine Würfelchen geschnitten · 60 g Eiweiß, halbsteif geschlagen · 2 EL Crème double · Sellerieкraut zum Garnieren*

*ROTKOHL*

*350 g Rotkohl, in Salzwasser weichgekocht, abgegossen und püriert · 1/2 Apfel · pochierte Apfelschnitze oder -kügelchen zum Garnieren · 60 g Eiweiß, halbsteif geschlagen · 2 EL Crème double · Salz und Pfeffer aus der Mühle*

*FENCHEL*

*250 g Fenchel, in Salzwasser weichgekocht, abgegossen und püriert · 2 EL Crème double · 60 g Eiweiß, halbsteif geschlagen · Salz und Pfeffer aus der Mühle · 2 Tropfen Pernod · etwas Fenchelkraut zum Garnieren*

*PAPRIKASCHOTEN*

*250 g Paprikaschoten, weichgekocht, püriert und durch ein Sieb gestrichen · 60 g Eiweiß, halbsteif geschlagen · 2 EL Crème double · Pfeffer und 1 Prise Muskat*

*Wirkt besonders schön, wenn man rote, gelbe und grüne Paprikaschoten püriert und wechselnd auffüllt.*

*ZUBEREITUNG ALLER GEMÜSE-MOUSSELINES*

Den Backofen auf 180 Grad vorheizen.

Die jeweiligen Gemüse mit den Gewürzen, dem Eiweiß (abgewogen – 1 Eiweiß sollte etwa 30 g wiegen) und der Crème double mischen.

In gebutterte Förmchen füllen, glattstreichen und mit Folie bedeckt ins heiße Wasserbad stellen.

30 Minuten im Backofen pochieren. Das Wasser soll dabei immer sehr heiß bleiben, darf aber nicht kochen.

Auf vorgewärmte Teller oder Platten stürzen und entsprechend garnieren.

*Fürs Menü brauchen Sie:*
*diverse Messer*
*1 Holzbrett*
*Küchenpapier*
*1 gußeiserne Pfanne*

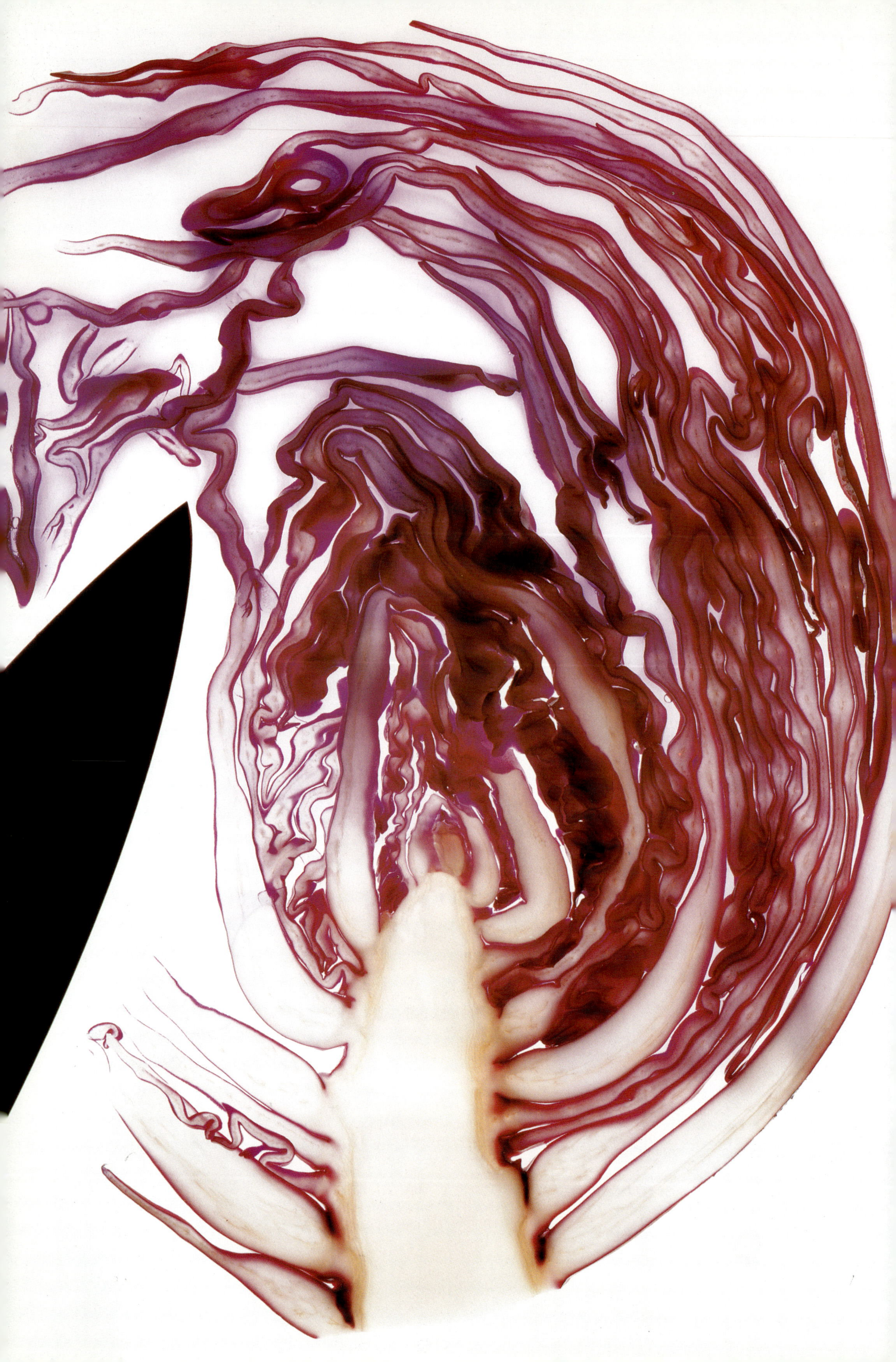

# GAST-SPIEL MIT ROTEM KOPF

*Wir bekommen Besuch. Beste Gelegenheit für einen Sauerbraten, bei dessen Zubereitung wir das Rösten und das Schmoren lernen. Vorneweg empfiehlt sich ein Rohkostsalat, der dazu paßt und wenig Mühe macht*

Es ist ja nicht so, daß Feinschmecker immer nur auf der Suche nach teuren und ausgefallenen Produkten sind. Nehmen wir zum Beispiel einen Sauerbraten, ordentlich zubereitet, oder das eher langweilige Steak vom Kalb. Was glauben Sie, für was sich Ihre Gäste entscheiden? Das gleiche gilt für die gebrannte Crème, wie wir sie von früher her kennen. Dagegen hat das Millefeuille von Ich-weiß-nicht-Was keinerlei Chancen. Deshalb haben solche Klassiker auch in meinem Zürcher Restaurant ihren festen Platz auf der Speisekarte. Und werden viel verlangt.

Was meinen Gästen so gut schmeckt, bringen auch Sie zustande, vorausgesetzt, Sie halten sich genau an die Rezepte. In der sechsten Lektion war schon einmal kurz vom Zuckerrösten die Rede; diesmal lernen wir es von Grund auf. Und da wir vieles, was wir rösten, also knusprig anbraten, nachher schmoren, liegt das Doppelthema dieser Folge nahe: Rösten und Schmoren.

Ich gebe zu, Rösten ist nicht ganz einfach. Denn dabei entsteht große Hitze; und wenn wir ablöschen, zischt es gewaltig, vor allem beim Zucker. Das aber sollte uns nicht davon abhalten, es zu probieren. Mehl können wir mit oder ohne Fett rösten. Mit Fett müssen wir dunkelbraun rösten, beim Ablöschen nämlich wird das Mehl heller. Ohne Fett (beispielsweise bei einer Mehlsuppe) rösten wir mittelbraun an, weil das Mehl beim Ablöschen dunkel wird.

Grundsätzlich löschen wir so ab: Pfanne vom Herd nehmen und dem gerösteten Stärkeprodukt heiße Flüssigkeit zugeben. Das muß rasch geschehen, denn der Topfboden ist so heiß, daß das Produkt auch abseits vom Herd weiterröstet. Für das Ablöschen den richtigen Zeitpunkt zu erwischen, setzt einige Übung voraus. Ärgern Sie sich nicht, wenn es die ersten Male Klümpchen gibt. Gießen Sie dann einfach alles durch ein Sieb.

Auch beim Schmoren ist irgendwann Mehl im Spiel: Entweder wir bemehlen unseren Braten, oder wir rösten Mehl – nachdem wir das angebratene Fleisch herausgenommen haben – im Bratsatz an, löschen mit Wein oder Bouillon ab und kochen das Ganze zehn Minuten, bis das Mehl aufquillt und bindet. Selbst die Nouvelle Cuisine, in der Mehl als Todsünde galt, bediente sich dieser Methode.

Größere Fleischstücke braten wir immer ohne Mehl an, weil es leicht verbrennt. Wir nehmen sie nach dem Anbraten aus der Pfanne, rösten dann Mehl an und löschen ab. Außer Fleisch können Sie auch Obst schmoren. Äpfel und Birnen und saftige Früchte wie Zwetschgen, Pfirsiche, Aprikosen (selbstverständlich ohne Mehl). Und am besten in Süßmost, Weißwein oder Sirup.

## ROTKOHLSALAT MIT PREISELBEEREN UND SHERRYESSIG-SAUCE

*ZUTATEN FÜR 4 PERSONEN:*

*200 g Rotkohl, in feine Streifen geschnitten · Salz · 1/2 EL Sherryessig · 1/2 EL Zitronensaft · 1 EL Preiselbeeren aus dem Glas · Pfeffer aus der Mühle · 2 EL Sonnenblumenöl · 30 g geräucherter Speck · 2 EL Sherryessig · 8 Walnüsse · 4 Wachteleier, als Spiegelei gebraten · 20 g Butter*

DIE ROTKOHLSTREIFEN in leichtem Salzwasser, mit etwas Essig gemischt, einmal aufkochen. Abschütten.

ZITRONENSAFT und Preiselbeeren miteinander verrühren, gut pfeffern und salzen. Mit dem Öl verrühren und mit dem warmen Rotkohl vermengen.

*Wird nicht blau, wenn er Wein kriegt: Rotkohl*

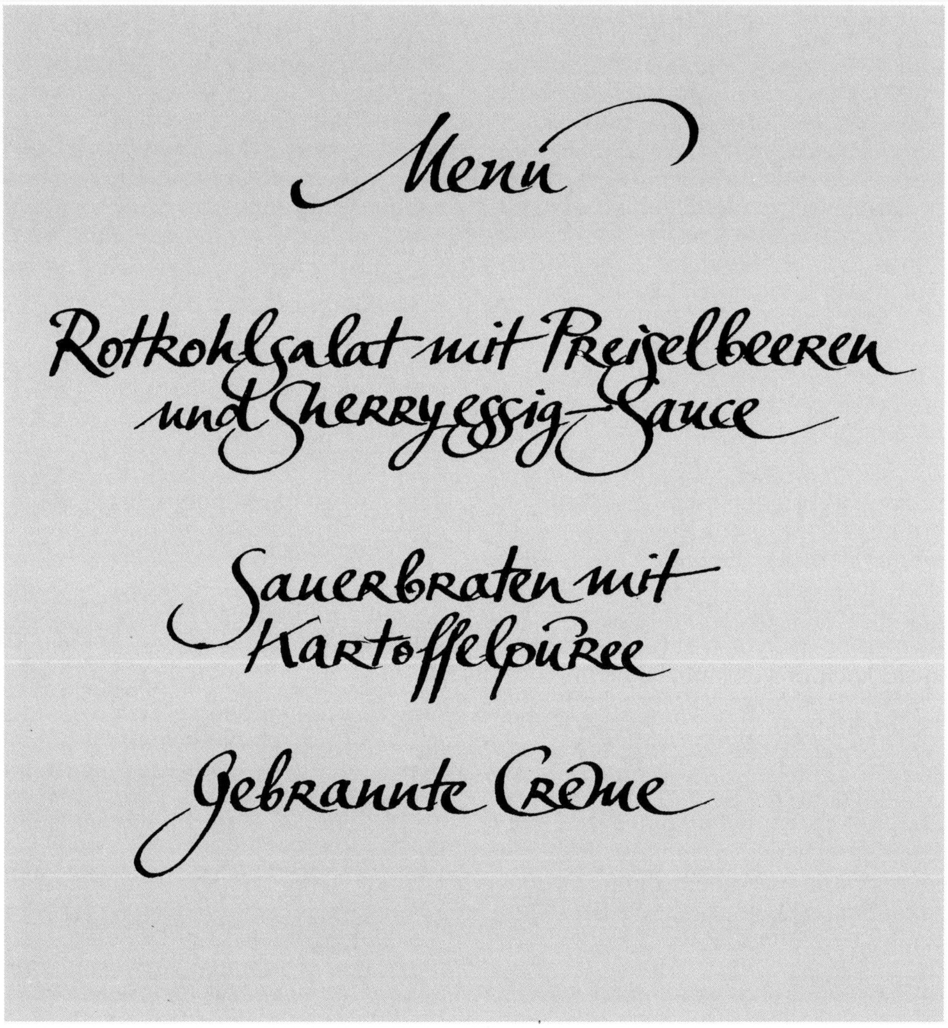


*Weshalb dieses Menü? Es ist rustikal und hat einen Schuß Nostalgie. Den Rotkohl kochen wir nicht lange; wir essen ihn halbroh und als Vorspeise. Kartoffelpüree ist die ideale Ergänzung zum Schmorbraten. Zugegeben: Das Menü ist nahrhaft. Vielleicht bringen wir es fertig, etwas weniger als sonst zu essen, was ich aber bezweifle*

Den Speck von Schwarte und Knorpel befreien und in kleine Würfel schneiden, knusprig braten, mit Sherryessig ablöschen und zum Rotkohl geben, alles zugedeckt marinieren.

Die Nüsse eventuell schälen, kleinhacken, kurz rösten.

Den Salat auf Portionsteller warm anrichten, mit Nüssen bestreuen, mit einem Wachtelspiegelei belegen und sofort servieren.

Tips:

Rotkohl wird nicht zu Blaukohl, wenn wir ihm Säure (Wein, Essig) beigeben. Wertvoll ist sein Gehalt an Vitamin C und Mineralstoffen. Rotkohl enthält mehr Vitamin C als Weißkohl und bringt farblich Abwechslung auf den winterlichen Tisch. Man serviert ihn gern als Beilage zu Schweinebraten, Wild, Ente, Gans. Gut schmeckt die Kombination mit Äpfeln und Kastanien.

Sherryessig gehört zu den aus Wein hergestellten Essigsorten und reift langsam in Eichenfässern, wo er zu seinem speziellen Geschmack kommt. Wie die anderen Weinessige wird er vor allem für Salate und Geflügel, hier und da auch für Schweinefleisch verwendet.

Preiselbeeren schmecken am saftigsten, wenn sie nach dem ersten Frost geerntet werden. Die kaliumreiche Beere harmoniert gut mit Äpfeln und Birnen, die, damit gefüllt, vor allem zu Wildgerichten, aber auch zu Geflügel oder Siedfleisch gereicht werden.

## SAUERBRATEN

*ZUTATEN FÜR 8-10 PERSONEN (SAUERBRATEN LÄSST SICH BESONDERS GUT IN GRÖSSERER MENGE ZUBEREITEN):*

*MARINADE*
*1 Flasche guter Rotwein · 200 ccm Rotweinessig · 4 Pfefferkörner, zerdrückt · 1 Möhre, fein geschnitten · 1/4 Sellerieknolle, fein geschnitten · 1 Zwiebel · 1 Lorbeerblatt · 3 Nelken · 2 kg Rindfleisch zum Schmoren (von der Oberschale oder von der Schulterspitze)*

*FLEISCHZUBEREITUNG*
*1 EL Salz, gestrichen voll, gemischt mit schwarzem Pfeffer, frisch gemahlen · 50 g Butterschmalz · evtl. 200-300 ccm Bouillon · 2 EL Mehl, gestrichen voll · 1 TL Tomatenpüree · 150 g frische Pilze · Salz und Pfeffer aus der Mühle · 50 g Rosinen, in 2 EL Rum eingelegt · 50 g Mandelblättchen*

DREI TAGE vor dem Schmoren des Fleisches die Zutaten für die Marinade mit 200 ccm Wasser in eine Schüssel geben oder in einen großen Gefrierbeutel abfüllen.

DIE ZWIEBEL halbieren und mit der Schale auf der – mit einer Alufolie abgedeckten – Herdplatte kräftig anrösten.

MIT LORBEERBLATT und Nelken besteckt zur Marinade geben. Das Fleisch hineinlegen.

AN EINEM kühlen Ort mit Folie bedeckt drei Tage marinieren. Ab und zu wenden.

DEN BACKOFEN auf 200 Grad vorheizen.

DAS FLEISCH aus der Beize nehmen, mit Küchenpapier gut abtrocknen.

MIT DER Salzmischung einreiben. Butterschmalz erhitzen. Fleisch darin rundum anbraten.

DIE MARINADE mit den Zutaten darübergießen und das Fleisch im Backofen in eindreiviertel Stunden bei 180 Grad gar schmoren. Wenn nötig, von Zeit zu Zeit etwas Wasser oder Bouillon nachgießen. Alle 20 Minuten wenden.

FLEISCH AUS dem Fond nehmen und mit Folie bedeckt warm stellen.

DEN FOND durch ein Sieb gießen und ebenfalls warm stellen.

DAS MEHL unter Rühren in einer kleinen Pfanne ohne Fett braun rösten. Mit dem Fond ablöschen, alles mit dem Tomatenpüree verrühren und einkochen lassen.

DIE PILZE 15 Minuten vor dem Servieren geputzt und wenn nötig gewaschen dazugeben und mitkochen. Mit Salz und Pfeffer abschmecken.

DIE ROSINEN mit dem Rum unter die Sauce ziehen und das dünn aufgeschnittene Fleisch damit überziehen.

MIT GERÖSTETEN Mandelblättchen bestreuen.

TIP:
Schmorbraten sollte etwa zwei bis drei Kilo haben, da er beim Schmoren beträchtlich an Umfang verliert. Was übrigbleibt, können Sie problemlos im Backofen bei 80 Grad aufwärmen: Dabei muß das Fleisch immer im Saft liegen.

*Ganz schön sauer*

*Gemüse, Gewürze und Rotwein gehören zur Marinade für den Sauerbraten, der am besten in einem Plastikbeutel eingelegt wird*

## FRAGEN ZUM BRATEN

WARUM IST BEIM RÖSTEN ODER ANBRATEN GROSSE HITZE NÖTIG?
Ist die Temperatur zu niedrig, zieht das Fleisch Wasser, es gibt also viel Saft ab und wird grau. Es sieht dann nicht mehr knusprig gebraten, sondern gedünstet aus.

WANN SCHMORT MAN AUF DEM HERD, WANN IM OFEN?
Ein Backofen hat den Vorteil der Rundum-Hitze. Wir wärmen auf 200 Grad vor und schalten dann auf 180 Grad herunter. Wenn Sie auf dem Herd schmoren, müssen Sie das Gericht gelegentlich umrühren.

WARUM SCHMECKT MAN DIE SAUCE ERST AM SCHLUSS AB?
Während des Schmorens geht ein Teil des würzigen Saftes in die Sauce über. Ein Nachwürzen kann sich unter Umständen erübrigen.

*Fürs Menü brauchen Sie:*
*diverse Küchenmesser*
*Bräter, Bratpfanne (Gußeisen oder Chromstahl) mit Deckel*
*Holzlöffel*
*Gemüsemesser oder Küchenmaschine mit Gemüse-Schneidescheibe*
*Schneidebretter*
*Schneebesen*
*Kartoffelpresse*
*Rührschüssel (evtl. feuerfest)*
*Spitzsieb*
*Tranchiermesser*

WIE GAREN WIR DIE BEILAGEN?
Wir können sie von Anfang an mitschmoren. Wenn sie gar sind, herausnehmen und am Schluß wieder zufügen. Oder wir geben sie erst im richtigen Augenblick am Schluß der Schmorzeit dazu.

## KARTOFFEL IST NICHT GLEICH KARTOFFEL

Für Kartoffelschnee und Kartoffelpüree verwenden wir Kartoffeln von der mehlig-festkochenden Art (beispielsweise Bintje). Durchgedrückte Kartoffeln nimmt man auch für Klöße, Kroketten, Kartoffelplätzchen – bei unserem Rezept als Grundlage für Kartoffelpüree. Französische Kartoffelgerichte lassen sich am Zusatz »Parmentier« erkennen, benannt nach dem französischen Agronomen, der die Knolle bei den Franzosen beliebt machte (siehe auch Kapitel »Kartoffeln«).

## KARTOFFELPÜREE

*ZUTATEN FÜR 4 PERSONEN:*

*1-1 1/2 kg Kartoffeln, geschält und klein geschnitten · 1/2 l Salzwasser · 400 ccm Milch · etwas Muskat, frisch gerieben · 100 ccm Schlagsahne · 50 g frische Butter*

DIE KARTOFFELN in wenig Salzwasser weichkochen.

ABSCHÜTTEN und heiß mit der Kartoffelpresse in einen Topf drücken.

DIE MILCH aufkochen und nach und nach unter Rühren unter das Püree mischen. Bei milder Hitze tüchtig mit dem Schneebesen rühren, bis das Püree heiß, hell und luftig ist.

WENN NÖTIG mit Salz nachwürzen, mit Muskat und Schlagsahne verfeinern.

DIE BUTTER zuletzt flockenweise darunterziehen.

TIPS:
Wenn Sie dem Kartoffelpüree, wie im Rezept, heiße Milch beigeben, wird es besonders fein, im Geschmack jedoch nicht so intensiv. Verwenden Sie kalte Flüssigkeit, bekommt das Püree einen stärkeren Geschmack, es besteht jedoch die Gefahr, daß sich Klümpchen bilden. In der Küche meines Restaurants löschen wir kalt ab. Ich habe kräftige Köche, die mit dem Schneebesen durch langes Aufschwingen viel Luft einrühren. Übriggebliebenes Püree wärmen wir im Wasserbad. Oder wir braten es in der Pfanne als Kartoffelplätzchen.

## GEBRANNTE CRÈME

*ZUTATEN FÜR 4-6 PERSONEN:*

*2 Eigelb · 30 g Zucker · 1/2 l Milch oder Schlagsahne oder halb-halb gemischt · 1 Prise Salz · 10 g Speisestärke oder Kartoffelmehl, mit etwas Wasser zu einem Teig angerührt · 80 g Zucker · 1/2 Zitrone, abgeriebene Schale davon (nur Gelbes) · 150 ccm Schlagsahne, geschlagen*

EIGELB, Zucker und 100 ccm Schlagsahne oder Milch in eine feuerfeste Schüssel geben, im Wasserbad erwärmen und dabei mit dem Stabmixer schaumig rühren.

DIE SCHÜSSEL aus dem Wasserbad nehmen und die Eimischung kaltrühren. Etwas salzen.

SPEISESTÄRKE oder Kartoffelmehl anrühren und bereitstellen.

DEN ZUCKER in einer gußeisernen Pfanne oder in einer Chromstahlpfanne langsam erhitzen, bis er gelblich wird, auseinanderfließt und unter Rühren kurz danach das erste Mal aufschäumt. Mit 50 ccm Wasser ablöschen. Das Zischen und die Klumpenbildung des Zuckers sind völlig normal. Aufkochen, bis sich der Zucker gelöst hat.

RESTLICHE MILCH oder Schlagsahne zugießen und wieder aufkochen. Das angerührte Kartoffelmehl unter Rühren mit dem Schneebesen dazugießen. Die Hitze reduzieren. Die Karamelmasse bei milder Hitze fünf Minuten leise köcheln lassen.

MIT DER Eimischung legieren, also die Karamelmasse unter ständigem Rühren zur Eimischung gießen. Wieder in den Topf zurückgeben und unter weiterem Rühren bis vor den Siedepunkt erhitzen. Die Zitronenschale zufügen.

Auskühlen lassen. Stunden danach (die Crème muß wirklich kalt sein) die steifgeschlagene Sahne locker unter die Crème ziehen. Wieder bis zum Servieren kühl stellen.

Tips:
Die gebrannte Crème kann man auch gut ohne Ei zubereiten. Sie lassen dann 20 g Speisestärke oder Kartoffelmehl, zu einem Teig gerührt, einlaufen. Gebrannte Crème hält sich zwei bis drei Tage im Kühlschrank.

Ob wir das Karamel mit Milch oder Sahne ablöschen, ist eine Frage des Geschmacks und der Kalorien. Mit Schlagsahne wird das Karamel eleganter und feiner.

Karamelsirup erhalten wir, wenn wir den karamelisierten Zucker mit Wasser ablöschen – paßt gut zu Birnen und Äpfeln.

Mit gebrannter Crème können wir auch Gebäck (etwa Eclairs) füllen, allerdings muß sie dann etwas dicker sein. Sie läßt sich auch gut mit pochierten Birnen, Ananas, Kompott und Bananen kombinieren.

Wenn wir Zitrusfrüchte abreiben, verwenden wir nur den gelben Teil der Schale. Das Weiße darunter ist bitter. Wenn Sie keine ungespritzten Früchte bekommen, ziehen Sie die Zitronen oder Apfelsinen durch kochendes Wasser und reiben sie dann gut ab.

## HÄHNCHEN UND WEIN

Der original Coq au vin ist aus zweifachem Grund eine Spezialität des Burgund: Erstens stammen die Hähnchen aus dieser Region und genießen besondere Aufzucht (die Tiere werden mit Mais gefüttert und haben viel Auslauf). Zweitens werden die Fleischstücke in Burgunderwein geschmort. In der Spitzengastronomie gart man sie in einem kostbaren Chambertin, den man auch dazu trinkt. Allerdings schmeckt das Gericht auch mit weniger noblem Wein gut, doch sollte es sich immer um einen vollen, fruchtigen Wein handeln. Nicht geeignet sind die hellroten Landweine. Der Hahn muß mindestens 24 Stunden in einer Weinmarinade liegen. Nach dem Anbraten wird er flambiert.

In unserem Fall kochen wir das Hähnchen in Riesling. In Deutschland sind gute, trockene Weißweine auf dem Markt, die sich dafür eignen. Wir braten den Hahn, zerlegt in Viertel oder Achtel, mit der Haut und gießen trockenen Riesling dazu.

*FÜR FORTGESCHRITTENE*

## COQ AU RIESLING

*ZUTATEN FÜR 4 PERSONEN:*

*1 frische Poularde von ca. 1,8 kg · Salz und Pfeffer · 1 Flasche Riesling · 1/2 Liter Hühnerbouillon · 1 Zweig Estragon · 1 Schalotte · 3 Möhren, in Scheiben geschnitten · 1 kleine Stange Lauch · 1 Lorbeerblatt · 3 Pfefferkörner, zerdrückt · 20 g Butter mit 30 g Mehl verknetet · 50 ccm Schlagsahne · 1 Bund Petersilie*

Poularde halbieren und vierteln oder achteln. Mit Salz und Pfeffer leicht würzen.

Den Riesling mit der Hühnerbrühe, dem Estragon, der halbierten Schalotte, den Möhren und dem Lauch, Lorbeerblatt und Pfeffer aufsetzen.

Aufkochen, dann die Fleischstücke in die Brühe legen und darin 40-50 Minuten bei mäßiger Hitze ziehen lassen, herausnehmen, gut abtropfen lassen und die Haut abziehen.

Die Bouillon auf etwa 300 ccm einkochen lassen. Durch ein Sieb gießen, dann die Mehlbutter flockenweise mit dem Schneebesen unterrühren. Die Sauce aufkochen und so binden.

Mit Sahne verfeinern, weitere 10 Minuten leicht kochen lassen. Nach Geschmack nachwürzen.

Das Fleisch in die Sauce legen und heiß werden lassen.

Mit Petersilie überstreut servieren.

*So wird aus Zucker Karamel*

*Zucker in einer Pfanne erhitzen*

*Wenn er zu schmelzen beginnt...*

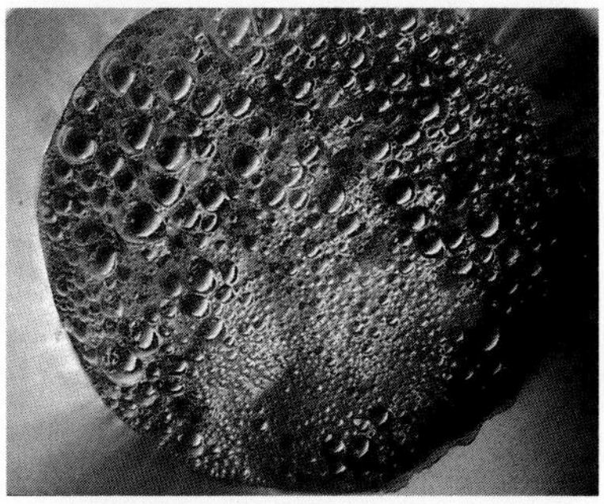

*...mit Wasser ablöschen*

Nach dem Sauerbraten im vorigen Kapitel schon wieder einen Braten? Hat die Amberg geschlafen? Nein, das Glasieren, das wir heute lernen wollen, ist nach dem Schmoren logische Konsequenz, eine Grundzubereitung größerer Fleischstücke, aber auf die feinere Art.

Wir wissen, daß wir beim Schmoren viel Flüssigkeit brauchen und eine Sauce mit Röstgeschmack bekommen, die sich besonders für rustikale Gerichte eignet. Anders beim Glasieren. Da kochen wir mit nur wenig Wein, erhalten dafür einen leichten, feinen Saft, der ideal zu hellem Fleisch, wie etwa zu Kalb oder Kaninchen, paßt.

Wenn in der privaten Küche relativ selten glasiert wird, dann deshalb, weil es nicht ganz einfach ist. Der Braten muß oft übergossen werden, wenn das Fleisch eine schöne Kruste bekommen soll.

Die Vorbereitung ist ähnlich wie beim Schmoren: Nach dem Würzen wird das Fleisch in heißem Öl oder Butterschmalz angebraten, damit sich die Poren schnell schließen. Dann geben wir es in einen Schmortopf und schieben es in den Backofen. Da es sich fast um eine Art »Braten im eigenen Saft« handelt, eignet sich diese Garmethode auch gut für fetteres Fleisch wie Kalbsbrust oder Kalbsnierenbraten. In Frage kommen auch Lamm- und Rehkeule oder ein ganzes Huhn, also immer große Fleischstücke.

Der Vollständigkeit wegen möchte ich noch kurz das Poëlieren erklären: Bei dieser Zubereitungsart kommen kleine Fleischstücke auf ein Gemüsebett, das aus Würfeln von Karotten, Sellerie und Lauchstreifen, manchmal auch aus Speckwürfeln und Gewürzen besteht. Besonders für diese Methode geeignet sind Hähnchenkeulen, kleine Rouladen, Kaninchenkeulen oder Kalbsnüßchen.

Das Fleisch berührt dabei das Gemüse nur auf der unteren Seite. Man begießt es mit heißer Butter oder Butterschmalz, beginnt langsam zu erhitzen und gibt den austretenden Gemüse- und Fleischsaft von Zeit zu Zeit darüber.

Beim Glasieren wie beim Poëlieren müssen wir auf die Temperatur achten. Die darf nie zu hoch sein, das Fleisch zieht sich sonst zusammen und trocknet aus. Deshalb empfehle ich, immer mit mäßiger Hitze zu arbeiten (etwa 150 Grad) und das Fleischstück anschließend bei 80 Grad im Backofen ruhen zu lassen.

## EINE ECHTE GLANZ-LEISTUNG

*Ob Gemüse oder Fleisch, glasieren läßt sich beides. Und das sieht dann nicht nur lecker aus, es schmeckt auch besonders gut*

## RINDERBOUILLON MIT FLÄDLE

*ZUTATEN FÜR 8 PERSONEN:*

*5 Suppenknochen, kleingehackt · 5 schwarze Pfefferkörner, zerdrückt · 1 mit Lorbeerblatt und Nelke besteckte Zwiebel · 2-2 1/2 kg Rindfleisch zum Sieden · Salz · 1 Bouquet garni aus: Petersilienstielen, Schnittlauch, Estragon, 1 Karotte, 1 Lauch, ein Achtel Sellerie · 200 g weiße Rüben oder Kohlrabi · 2 Lauchstengel, nur das Weiße · 2 Stangen Bleichsellerie · 400 g Karotten, geschält und geviertelt · 1/4 Stück Kohl · Schnittlauch zum Bestreuen*

*Macht sich fein in der Pfanne: glasiertes Gemüse*

*Weshalb dieses Menü? Nach einem Dutzend Lektionen sind Sie durchaus in der Lage, ein Menü für mehrere Gäste zuzubereiten. Deshalb habe ich diesmal alle Zutaten für acht Personen berechnet. Probieren Sie's. Es wird klappen. Den Kalbsbraten können Sie in aller Ruhe vorbereiten. Auch wenn sich der Aperitif etwas länger hinzieht, nimmt er nicht Schaden – vorausgesetzt, Sie lassen ihn bei 80 Grad im Backofen ruhen. Weshalb das so wichtig ist, werden wir in der nächsten Lektion lernen*

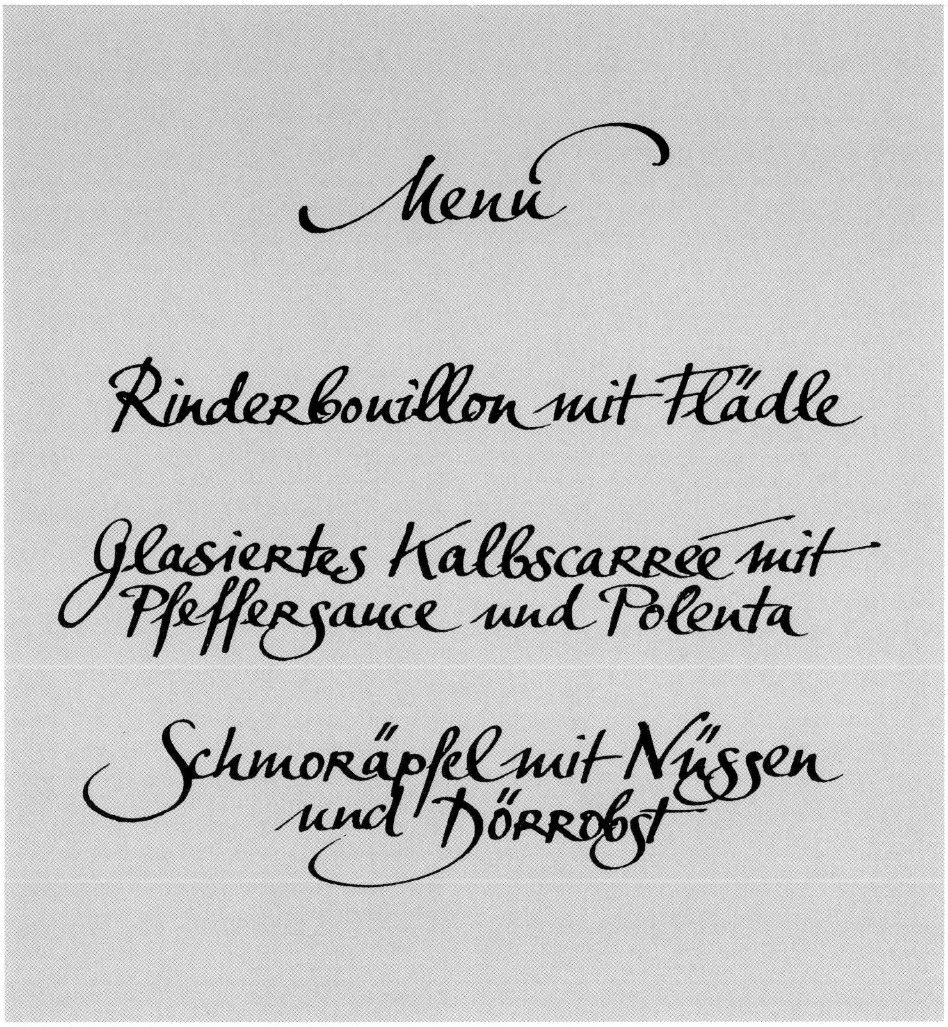


DIE SUPPENKNOCHEN in siedendes Wasser legen. Fünf Minuten ziehen lassen, dann abschütten.

VIER LITER Wasser in einem großen Suppentopf aufsetzen.

DAS FLEISCH in Würfel schneiden, salzen und zusammen mit Knochen, Pfefferkörnern, Zwiebel und Kräuterbund beigeben. Alles aufkochen. Drei Stunden bei mäßiger Hitze vor dem Siedepunkt ziehen lassen.

DIE GEMÜSE putzen und 40 Minuten vor dem Essen der Fleischbrühe beigeben.

BOUILLON durch ein Sieb geben, nachwürzen und warm stellen. Das Fleisch und die Gemüse können Sie für einen Fleischsalat verwenden.

## FLÄDLE

*ZUTATEN:*

*100 g Mehl · Salz · 200 ccm Milch · 2 Eier · 20 g Butter*

MEHL, Salz und Milch zu einem glatten Teig verrühren.

DIE EIER darunterziehen.

DIE BUTTER in einer Pfanne erhitzen, dünne Omeletts backen. Aufrollen und in feine Streifen schneiden. Zusammen mit dem Schnittlauch in die Suppe geben.

TIPS:

Die Fleischbrühe am besten in vorgewärmten Suppentassen anrichten. Dünnflüssige Suppen werden in Suppentellern schnell kalt. Die Flädle geben Sie erst im letzten Moment dazu. Erst danach streuen Sie den feingeschnittenen Schnittlauch darüber; geben Sie ihn zu früh dazu, wird er scharf.

# GLASIERTES KALBSCARREE MIT PFEFFERSAUCE

*ZUTATEN FÜR 8 PERSONEN (WIRD IN GROSSEN PORTIONEN ZUBEREITET BESONDERS GUT):*

*1 Kalbscarree (Kalbsrückenstück), etwa 1,5 kg · Salz · Pfeffer aus der Mühle · 1/2 TL Paprikapulver · 1 EL Butterschmalz · 300 g Röstgemüse (Möhren, Sellerie, Lauch, 1 Kräutersträußchen, 1 mit Nelke und Lorbeerblatt besteckte Zwiebel) · 200 ccm trockener Weißwein · 100 ccm Rotwein · 80 g Butter, gut gekühlt · 20 g grüne Pfefferkörner, zerdrückt*

DEN BACKOFEN auf 200 Grad vorheizen.

DAS FLEISCH mit Salz, Pfeffer und Paprikapulver gut einreiben.

DAS RÖSTGEMÜSE (Mirepoix) putzen, alles in Würfel schneiden und den Boden einer Bratpfanne damit bedecken. Das gewürzte Fleisch darauflegen. Mit dem heißen Butterschmalz begießen und das Fleisch auf der untersten Einschubleiste in den Ofen schieben.

ZEHN MINUTEN braten, dann den Weißwein dazugießen.

DIE BACKOFENTÜR öffnen, die Hitze herunterschalten und auf 150 Grad absinken lassen.

DANN wieder schließen, und das Fleisch unter häufigerem Begießen weitere 15 Minuten glasieren.

DEN OFEN auf 80 Grad stellen und das Fleisch ein bis zwei Stunden ruhen lassen.

ZUM SCHLUSS den Fleischsaft abgießen und die Gemüse im Sieb leicht ausdrücken. Den Saft mit Rotwein mischen, leicht einkochen und mit Butter aufschwenken (flockenweise dazugeben).

DEN PFEFFER im letzten Moment unter die Sauce ziehen, eventuell mit etwas Salz nachwürzen.

DAS FLEISCH in Scheiben schneiden und in der Sauce servieren.

TIPS:
Beim Aufschneiden nie mit einer Gabel in den Braten stechen, denn dann läuft Fleischsaft aus. Besser drücken Sie mit dem Gabelrücken auf das Fleischstück und halten es so fest.

Bei magerem Fleisch kann man das Röstgemüse mit Speckschwarten oder kleinen Speckwürfeln ergänzen.

GLASIERTES GEMÜSE
Wir können Gemüse, das wir in wenig Salzwasser gegart haben, mit etwas Butter verfeinern. Oder, noch besser: Wir glasieren es. Dafür eignen sich vor allem zuckerhaltige Gemüsesorten wie Sellerie, Kohlrabi und Möhren. Pro Person rechnet man mit ungefähr je 50 Gramm.

Wir schneiden das Gemüse in feine Streifen und kochen es knapp gar. Dann erhitzen wir in einer Pfanne Butter (etwa 20 Gramm für 8 Personen), zwei Eßlöffel Wasser und etwas Zucker. Sobald alles eingekocht ist, fügen wir das Gemüse zu und schwenken es darin. Danach glänzt das Gemüse nicht nur, es schmeckt auch intensiver. Glasieren lassen sich auch kleine Zwiebeln, Rosenkohl, Brokkoli und Eßkastanien.

*Mehr als eine Formsache*

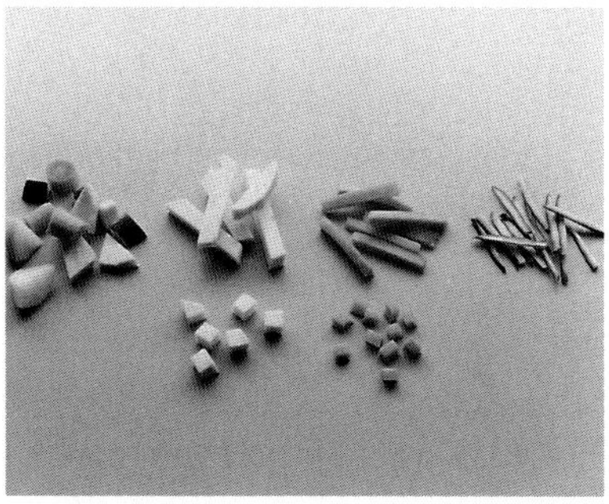

*Gemüse grob gewürfelt als „Mirepoix" (Röstgemüse) und fein zugeschnitten als Beilage*

# POLENTA

*ZUTATEN FÜR 8 PERSONEN:*

*10 g Salz · 1 Prise Muskat, frisch gerieben · 300 g grobkörniger Mais (Bramata) · 60 g Butter · 50 g Parmesan, frisch gerieben*

EINEINHALB Liter Wasser mit Salz und Muskat aufkochen.

DEN MAIS unter ständigem Rühren einstreuen.

DIE HÄLFTE der Butter dazugeben und alles etwa 15 Minuten bei milder Hitze köcheln lassen. Dabei öfter umrühren.

DANN MIT dem Kochlöffelstiel Löcher in den leicht gebundenen Maisbrei stechen und die Polenta 40 Minu-

*Ein Loch ist im Apfel*

*Säuerliche und nicht zu mürbe Äpfel schälen und mit einem Ausstecher aushöhlen...*

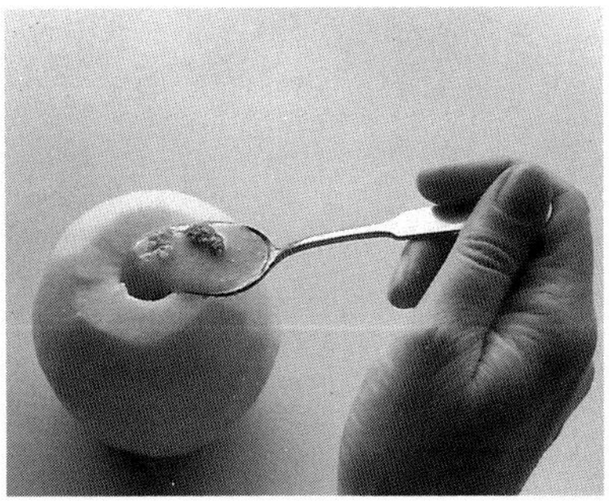

*...und dann mit einem Teelöffel die Füllung in den Apfel geben*

ten bei sehr milder Hitze weiter quellen lassen, dabei öfter umrühren. Auf einer vorgewärmten Platte anrichten.

NACH BELIEBEN mit Käse bestreuen, die restliche Butter anbräunen und darübergießen.

TIPS:
Die Kochzeit der Polenta ist abhängig von der Maisgrieß-Qualität. Grobgemahlener braucht länger. Bei »Minuten-Mais« handelt es sich um vorpräparierte Mischungen; der Mais quillt bereits bei der Fabrikation auf, so daß sich die Garzeit beträchtlich verringert.

Sie können den Mais auch nur 10 bis 15 Minuten kochen, nehmen den Topf vom Herd und umwickeln ihn mit mehreren Schichten Zeitungspapier. So sparen Sie Energie, und die Polenta kann aufquellen, ohne anzubrennen (»Kochkisten-Methode«).

## SCHMORÄPFEL MIT NÜSSEN UND DÖRROBST

*ZUTATEN FÜR 8 PERSONEN:*

*8 mittelgroße Äpfel*

*FÜLLUNG*
*80 g geriebene Haselnüsse oder Pistazien oder geschälte, geriebene Mandeln · Schale und Saft von 1 Zitrone · 4 EL Schlagsahne · 60 g gehacktes Dörrobst, gezuckert und mit Zitronensaft befeuchtet, oder 40 g Rosinen, in 2 EL Rum eingelegt · 100 g Zucker · Butter für die Backform*

*100 g Zucker · 60 g Butter für Flöckchen · 400 ccm Weißwein oder saurer Most*

DIE ÄPFEL schälen, Kerngehäuse mit dem Apfelausstecher entfernen, Äpfel dabei aushöhlen.

FÜR DIE FÜLLUNG alle Zutaten zusammenmischen, in die Höhlung der Äpfel verteilen.

DEN BACKOFEN auf 220 Grad vorheizen.

DIE ÄPFEL nebeneinander in eine gebutterte Gratinform stellen, mit Zucker bestreuen und mit Butterflocken belegen.

WEISSWEIN dazugießen und die Form auf der untersten Einschubleiste in den Backofen schieben.

20 BIS 30 MINUTEN (je nach Apfelsorte) weich schmoren.

NOCH WARM mit kalter Vanillesauce servieren.

TIPS:
Verwenden Sie feste Äpfel wie Boskop oder Jonathan; sie sollten kochfest und nicht zu groß sein, dafür relativ viel Säure enthalten. Zum Füllen der Äpfel eignen sich Mandeln, Pistazien, Haselnüsse oder gehacktes Dörrobst. Gut schmecken auch feingehackte Datteln und frische Feigen.

## VANILLESAUCE

*ZUTATEN FÜR 8 PORTIONEN:*

*1/2 l Vollmilch · 3 Vanilleschoten, längs aufgeschnitten, das Mark ausgekratzt · 40 g Zucker · 3 Eigelb · 15 g Kartoffel- oder Stärkemehl*

ALLE ZUTATEN in einen Topf geben und mit dem Schneebesen gut verrühren.

DIE SAUCE unter ständigem Rühren mit dem Schneebesen bei milder Hitze vor den Siedepunkt bringen.

ERKALTEN lassen, dabei häufig umrühren.

## DIE FARCE IM VOGEL

Weshalb sich die Mühe machen und Kalbfleischvögel (Kalbsrouladen) füllen, wo der Metzger sie doch pfannenfertig anbietet?

In den Metzgereien werden die Füllungen, die Farcen, oft aus Fleischabschnitten hergestellt. Je nachdem schmecken sie dann recht oder schlecht, manchmal auch noch versalzen.

Wenn wir Rouladen selbst zubereiten, wissen wir erstens, woraus unsere Füllung besteht, und zweitens können wir so vorsichtig würzen, daß sie durch das Garen nicht zu scharf werden.

Sie können für die Farce sowohl Kalbs- als auch Schweinebrät verwenden, das Sie zusammen mit in Streifen geschnittenem Gemüse (und vielleicht mit Pilzen) andünsten.

Für die Brösel reiben Sie altes Brot oder Sie nehmen Panier- oder Mutschelmehl, das Sie mit Ei binden. Die Kalbsschnitzel sollten 5 bis 6 cm lang und relativ dünn sein.

Große Fleischstücke können Sie mit der Farce bestreichen, indem Sie einen Rand freilassen. Bei kleinen füllen Sie mit dem Spritzsack und klappen das Fleischstück dann aufeinander.

Sie fixieren die Fleischvögel mit einem Küchenhölzchen oder halten sie mit einem Stück Schweinsnetz zusammen, das hat den Vorteil, daß wir das Fleisch nicht anzustechen brauchen.

Rinderrouladen werden, im Unterschied zu denen aus Kalbfleisch, nicht glasiert, sondern geschmort. Sie haben deshalb auch eine längere Garzeit.

*FÜR FORTGESCHRITTENE*

## POËLIERTE KALBFLEISCHVÖGEL (ROULADEN)

*ZUTATEN FÜR 4 PERSONEN:*

*1 EL Olivenöl · 1 Schalotte, feingehackt · 1 Knoblauchzehe, gepreßt · 1 Zweig Thymian, Blättchen abgestreift · 300 g frische Steinpilze (oder andere Pilze) · 160 g Kalbfleisch aus der Keule, in sehr dünne Scheiben geschnitten · Salz und Pfeffer aus der Mühle · 1 Stück Schweinsnetz, gut gewässert · 300 g Mirepoix: Würfel aus Möhren, Sellerie, Lauchstreifen · 1 Kräutersträußchen · 1/2 mit Lorbeer und Nelken besteckte Zwiebel · 20 g Butterschmalz · 100 ccm trockener Weißwein · 30 g Butter, gut gekühlt*

Das Olivenöl erhitzen. Schalotte, Knoblauch, Thymianblättchen und geputzte, zerkleinerte Pilze solange dünsten, bis alles zusammenfällt.

Die Pilzmasse im Mixer fein pürieren, mit Salz und Pfeffer leicht würzen.

Die Fleischscheiben mit dem Plattiermesser dünn ausklopfen, mit Salz und Pfeffer leicht würzen. Die Pilzmasse auf die Fleischschnitzel streichen. Jedes Schnitzel einrollen und mit einem entsprechend großen, mit Schere oder Messer zugeschnittenen Stück vom Schweinsnetz gut umwickeln.

Eine geeignete Pfanne (Rôtissoir) mit dem zugeschnittenen Gemüse belegen. Kräutersträußchen und Zwiebel zugeben. Die Fleischvögelchen auf das Gemüse verteilen.

Mit heissem Butterschmalz begießen und bei mäßiger Hitze zugedeckt garen.

Zwischendurch die Fleischröllchen immer wieder mit dem austretenden Fleischsaft begießen.

Den Weisswein darüber verteilen, und die Pfanne nach ca. 10 Minuten ohne Deckel in den 120 Grad heißen Backofen schieben, den Ofen auf 80 Grad zurückschalten, die Röllchen weiter mit Flüssigkeit übergießen, und das Fleisch mindestens 40 Minuten darin ruhen lassen.

Das Fleisch aus dem Gemüse nehmen, abgedeckt im Ofen stehen lassen.

Fleischsaft (Jus) durch ein Sieb gießen, das Gemüse dabei leicht ausdrücken.

Den Jus mit Butter aufschwenken und nach Geschmack nachwürzen.

Die Kalbfleischvögel damit überziehen.

*Fürs Menü brauchen Sie:*
*diverse Messer*
*1 Bräter*
*evtl. 1 Backofenthermometer*
*Holzlöffel*
*1 Schneebesen*
*1 Muskatreibe*
*1 Käsereibe*
*1 Sparschäler*
*1 Kerngehäuse-Ausstecher*
*1 Gratinform*
*1 Fleischmesser*
*1 Kunststoffbrett*

Sir Benjamin Thompson (1753-1814), Graf von Rumford, hatte eine soziale Ader und eine feine Zunge. Er sorgte sich um die Ernährung der Armen, ersann die »Rumford-Suppe« (aus Erbsen, Perlgraupen und Kartoffeln, sonntags auch mit gebratenen Speckwürfeln) und erfand die Bratröhre – nicht zuletzt deshalb, weil ihm des öfteren größere Fleischportionen zu zäh serviert worden waren.

Rumford experimentierte mit seiner Erfindung. Waren die 100 Grad Celsius wirklich ideal für alle Zubereitungsmethoden oder manchmal doch zuviel? Der Graf machte die Probe mit einer Lammschulter, steckte sie in einen nur mäßig warmen Ofen und holte sie nach drei Stunden wieder raus. Das Fleisch war noch halb roh. Rumford überließ es dem Dienstmädchen, das es wieder in den Ofen zurückschob und vergaß.

Was er dann Stunden später vorfand, beschrieb er so: »Ich war erstaunt, ein Fleisch zu kosten, das so angenehm verschieden von anderem bis dahin Gebratenen war, was sowohl den Geschmack wie die Konsistenz anbelangt. Es zerging auf der Zunge und war ungewöhnlich schmackhaft und saftig.«

Warum auch immer, die Entdeckung des Grafen geriet in Vergessenheit. Einem glücklichen Zufall verdanke ich es, daß ich Rumfords Zeilen zu lesen bekam und fortan das Fleisch nach scharfem Anbraten im warmen Backofen weitergaren ließ. Kein Zittern und Bangen mehr, beim Entrecôte oder bei der Rehkeule den Garpunkt zu verpassen? Nicht länger zähe, trockene Schnitzel oder Steaks? Ich war skeptisch, aber es klappte. Aus der 80 Grad warmen Bratröhre kam ein butterzartes, saftiges Stück Rinderfilet, eine perfekt gegarte Ente und eine mustergültige Lammkeule. Selbst bei heiklen Fleischstücken kommt es nun auf eine Viertelstunde mehr oder weniger nicht mehr an. Köchin oder Koch kann sich dabei anderen Sachen widmen oder mit den Gästen unbesorgt einen Aperitif trinken.

Folgendes geschieht bei dieser Garmethode. Wenn wir das Fleisch kräftig anbraten, kommt es zu einem Hitzeschock. Die Zellen ziehen sich zusammen. Die Poren schließen sich. Der Fleischsaft wird ins Fleischinnere gedrückt. Lassen wir das Fleisch anschließend stehen, kann es sich entspannen. Der Saft fängt an zu zirkulieren, gelangt so wieder in die äußeren Schichten. Er verteilt sich gleichmäßig. Das Fleisch gart danach besser weiter.

Bei großen Fleischstücken haben sich 80 Grad als ideale Temperatur erwiesen, bei Kurzgebratenem 70 Grad und bei Fisch und Meeresfrüchten 60 Grad. Ganz wichtig dabei ist, daß der Ofen tatsächlich auch die richtige Temperatur hat und nicht, auf 80 Grad eingestellt, plötzlich 110 Grad warm wird. Unbedingt erforderlich ist deshalb ein Backofenthermometer, das es für ein paar Mark in guten Haushaltswarenläden zu kaufen gibt.

## WENN DAS FLEISCH AUF 80 IST...

*...gelingt es am besten. Kurz bei großer Hitze angebraten und lange im warmen Ofen gegart, so wird es zart und bleibt saftig*

WIE LANGE LASSEN WIR DAS FLEISCH RUHEN?

Größere Fleischstücke wie Entrecôte oder Lammkeule vier bis fünf Stunden. Enten oder Hähnchen etwa zwei Stunden.

Kleinere Fleischstücke wie Koteletts, Steaks oder Schnitzel 30 bis 60 Minuten.

Wild nicht über 60 Minuten.

Fisch und Meeresfrüchte etwa 30 Minuten.

WORAUF LEGEN WIR DAS FLEISCH IM OFEN?

Auf ein Gitter, damit die Luft gut zirkulieren kann. Die wenigen Tropfen Saft fangen wir mit einem Blech auf. Keine Umluft einstellen.

WO SCHIEBEN WIR EIN?

Große Stücke in die untere Hälfte des Backofens, kleinere in die Mitte.

*Ein Entrecôte, schön marmoriert und mit Fettrand, ist der Hauptgang dieses Menüs. Je größer das Stück, desto feiner wird der Braten*

*Weshalb dieses Menü? Bei diesem Festtagsmahl können Sie gleich an drei Beispielen das Garen mit niedrigen Temperaturen ausprobieren. Der Fischsalat wird Sie überraschen. Weder kalt noch heiß, also gerade richtig temperiert, schmeckt er am besten. Wachtelbrust auf Salatpüree ist eine Alternative zum ewigen Spinat. Gleichzeitig lernen wir zum ersten Mal, wie man einen Fond zubereitet*

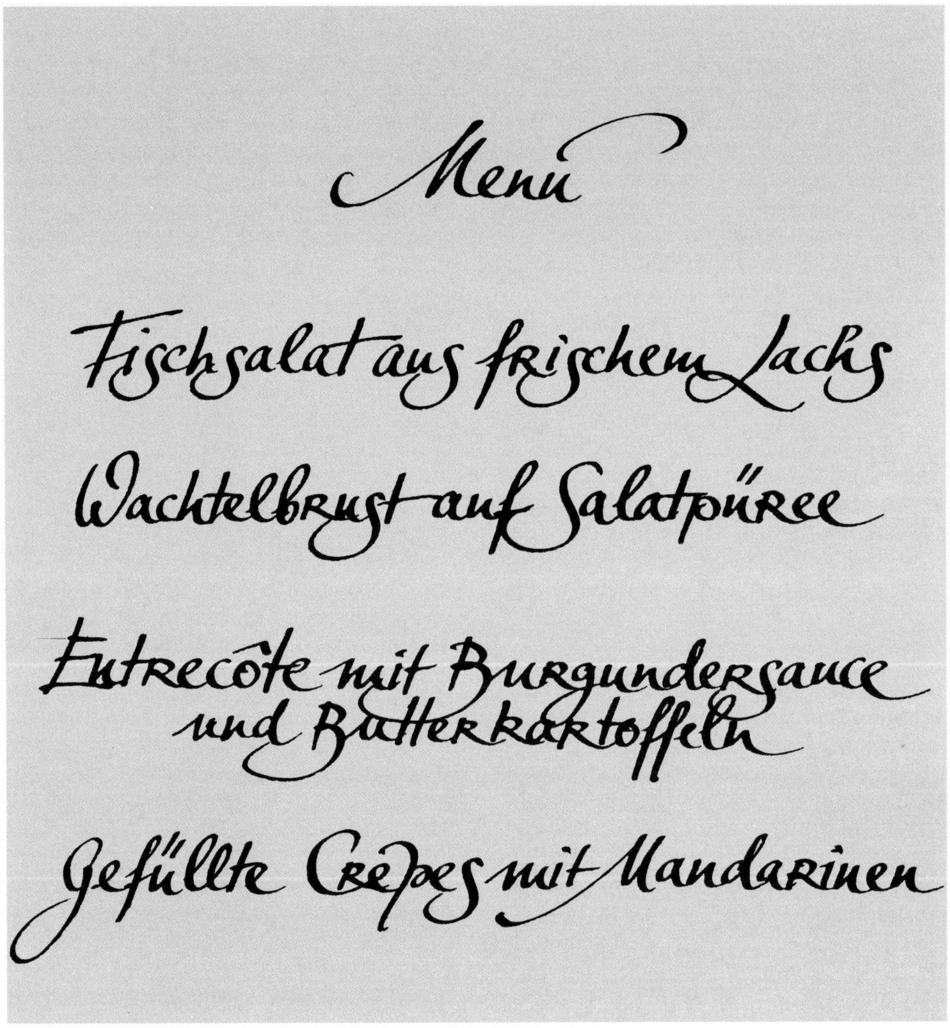


Sollen wir die Stücke mit Folie abdecken?

Auf keinen Fall! Weder mit Folie noch mit einem Deckel, das Fleisch sollte möglichst rundum frei sein. Denn zugedeckt staut sich die Hitze und kann leicht 80 Grad überschreiten.

Kommt das Essen nun lauwarm auf den Tisch?

Diese Garmethode bedingt ein Umdenken. Fleisch und Fisch heiß zu servieren, gilt als altmodisch. Heute weiß man, daß Fisch und Meeresfrüchte am besten schmecken, wenn sie 50 bis 60 Grad warm sind. Heiß essen ist weder dem Gaumen noch dem Magen zuträglich. Schließlich können wir zu dem nur mäßig warmen Fleisch oder Fisch eine heiße Sauce oder eine heiße Beilage servieren.

## FISCHSALAT AUS LACHS

*ZUTATEN FÜR 4 PERSONEN:*

*200 ccm trockener Weißwein · 5 Champignons, in Scheiben geschnitten · 4 Pfefferkörner, zerdrückt · 1 Möhre, in Scheiben geschnitten · 1 kleines Lorbeerblatt · 1 Zweig Dill · 200 g frischer Lachs, in Würfel geschnitten · Salz und Pfeffer aus der Mühle · Saft von 1/2 Zitrone · 50 ccm kaltgepreßtes Olivenöl · 1 Bund Kerbel · 150 g Crevetten · 1 Handvoll gemischte Salatblätter aus Frisée, Feldsalat, Chicorée, Lollo oder Endivie*

Den Weisswein aufkochen, Champignons, Pfefferkörner, Möhre, Lorbeerblatt und Dill dazugeben und alles zehn Minuten bei milder Hitze ziehen lassen.

Fischstücke mit Salz und Pfeffer würzen und in den Weinfond legen. Drei bis fünf Minuten darin ziehen lassen.

Herausnehmen und die Würfel in den 60 Grad heißen Ofen legen. Etwa 30 Minuten ruhen lassen.

Für die Vinaigrette Salz, Pfeffer, Zitronensaft und Olivenöl zusammen verrühren. Etwas Kerbel zum Garnieren beiseite stellen, restlichen Kerbel feinhacken, dazugeben und die lauwarmen Fischstücke sowie die Crevetten darin schwenken.

Die Salatblätter waschen, gut trocknen und häufchenweise auf Salatteller verteilen. Mit etwas Vinaigrette beträufeln.

Die Fischstücke und die Crevetten neben dem Salat anrichten, mit zurückbehaltenem Kerbel garnieren.

## WACHTELBRUST AUF SALATPÜREE

*ZUTATEN FÜR 4 PERSONEN:*

*4 Wachteln · 1 EL Olivenöl · 1 Möhre · 1 Stück Sellerie · 1 Lauch · 1 kleine Knoblauchzehe · 2 Petersilienstiele · 1 Gewürznelke · 1 Zweig Thymian · 4 Pfefferkörner, zerdrückt · 1/2 Zwiebel mit Schale · 100 ccm Portwein · 100 ccm Madeira · Salz und Pfeffer aus der Mühle · 30 g Butterschmalz*

*SAUCE*

*100 ccm Wachtelfond · Salz und Pfeffer · 50 g Butter, gut gekühlt · 2-3 Tropfen Zitronensaft*

Die Wachteln wenn nötig von Innereien befreien, gut waschen und trocknen.

Die Wachtelbrüste dann dem Brustbein entlang auslösen.

Das Wachtelgerippe mit den Keulen im heißen Olivenöl kräftig anbraten.

Alle Gemüse, grob geschnitten, Kräuter und Gewürze und die Zwiebel dazugeben. Mit Portwein ablöschen. Einkochen lassen, dann den Madeira zufügen, wieder einkochen lassen. Mit Wasser auffüllen, so daß alles bedeckt ist. Bei mittlerer Hitze mindestens eine Stunde köcheln lassen. Die Flüssigkeit soll sich dabei auf 200 ccm reduzieren. Absieben. Die Flüssigkeit (Fond) beiseite stellen.

Die Brustteile mit Salz und Pfeffer würzen.

In heissem Butterschmalz, Hautseite nach unten, etwa drei Minuten braten. In den auf 70 Grad vorgeheizten Ofen legen und mindestens 30 Minuten ruhen lassen.

Den Fond erhitzen, mit Salz und Pfeffer würzen und die Butter flockenweise darunterschwenken.

Mit Zitronensaft abschmecken. Beiseite stellen.

## SALATPÜREE

*ZUTATEN FÜR 4 PERSONEN:*

*500 g Römersalat (Lattich) · 100 g Kartoffeln · 300 ccm Fleischbouillon · schwarzer Pfeffer aus der Mühle · 1 Prise Muskat, frisch gerieben · 50 g Butter (Zimmertemperatur)*

Die Rippen der Lattichblätter herausschneiden.

Die Kartoffeln waschen, schälen und in Scheiben schneiden. Bouillon aufkochen, alles hineingeben. 30 Minuten ohne Deckel bei Mittelhitze kochen lassen.

Die Flüssigkeit abschütten, Salat gut abtropfen lassen und mit dem Schneidstab fein pürieren.

Mit Pfeffer und Muskat abschmecken, vor dem Servieren die weiche Butter darunterziehen.

Das Salatpüree mit Löffeln ausstechen und auf Tellern anrichten. Die Brüstchen dazulegen und die heiße Sauce darumgießen.

*Wachteln zur Brust genommen*

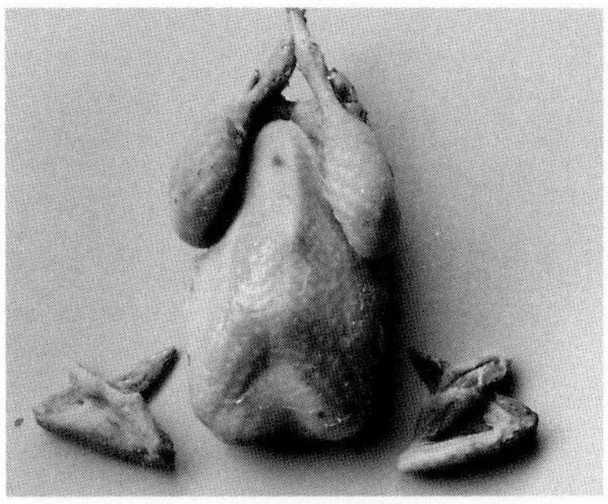

*Wachtel auf den Rücken legen und die Flügel abtrennen*

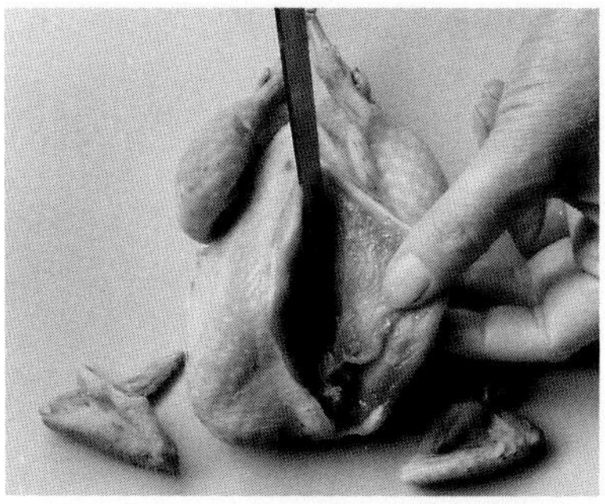

*Mit einem scharfen, schmalen Messer am Brustbein entlangschneiden und das Filet auslösen*

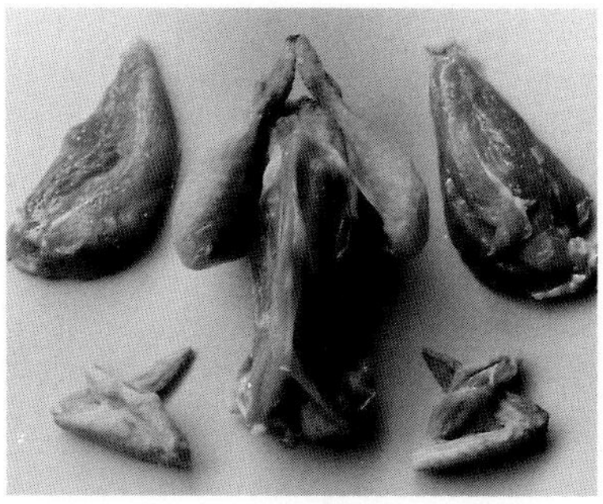

*Das Gerippe und die Flügelabschnitte werden für die Wachtelsauce gebraucht*

## ENTRECÔTE MIT BURGUNDERSAUCE

*ZUTATEN FÜR 8 PERSONEN:*

*1,5 kg Entrecôte (Zwischenrippenstück, Roastbeef) · Salz und schwarzer Pfeffer aus der Mühle · 20 g Butterschmalz · 400 ccm Burgunder Rotwein · 2 Schalotten, gewürfelt · 4 Petersilienstiele · 4 schwarze Pfefferkörner, zerdrückt · 80 g Butter, gekühlt · 1 Prise Cayennepfeffer*

DEN BACKOFEN auf 80 Grad vorheizen.

DAS FLEISCH würzen und im heißen Butterschmalz rundum 20 Minuten lang braten.

MINDESTENS für drei Stunden in den Backofen legen, nicht zudecken.

DEN WEIN mit Schalotten, Petersilienstielen und Pfefferkörnern zur Hälfte einkochen lassen.

DURCH EIN Sieb gießen, die Sauce mit Butter aufschwenken und mit Cayennepfeffer abschmecken.

DAS FLEISCH aufschneiden und mit der Sauce servieren.

TIPS:

Auch wenn Sie nur für vier Personen kochen, bereiten Sie das Entrecôte für mindestens acht Personen zu. Nur im großen Stück wird es saftig und zart. Restliches Fleisch schmeckt auch kalt sehr gut oder läßt sich für Rindfleischsalat verwenden.

Ein gutes Entrecôte ist von feinen gleichmäßigen Fettschichten durchzogen. Fett bedeutet in diesem Fall nichts Negatives. Es deutet darauf hin, daß das Tier normal aufgewachsen ist. Werden Rindern wachstumsfördernde Mittel unters Futter gemischt, setzen sie kaum Fett an. Rinderfett ist sehr fein, kernig und hat einen »nussigen« Geschmack. Die feinen Fettschichten sorgen dafür, daß das Fleisch zart und saftig bleibt.

## BUTTERKARTOFFELN IN DER SCHALE

*ZUTATEN FÜR 4 PERSONEN:*

*8 mittelgroße Kartoffeln, ungeschält · 50 g Butterschmalz · Salz*

DIE KARTOFFELN unter fließendem Wasser gut bürsten, abtropfen lassen, mit der Schale halbieren, vierteln, dann in möglichst gleichmäßige Würfel schneiden.

BUTTERSCHMALZ mäßig erhitzen und die Kartoffeln roh darin braten.

MIT SALZ bestreuen.

DIE ERSTEN 30 Minuten zudecken, ab und zu wenden.

DANN WEITERE 15 Minuten ohne Deckel knusprigbraten.

## GEFÜLLTE CRÊPES MIT MANDARINEN

*ZUTATEN FÜR 8-16 STÜCK, JE NACH GRÖSSE DER CRÊPES:*

*CRÊPES-TEIG*

*150 g Mehl (Type 405) · 100 ccm Milch · 100 ccm Schlagsahne · 4 Eier · 1 Vanilleschote, Mark ausgekratzt · 1 Prise Salz · 40 g Zucker · 50 g flüssige Butter · 50 ccm Orangensaft, frisch gepreßt · abgeriebene Schale (ohne die weiße Haut) einer unbehandelten Orange · 20 g Butter zum Backen*

*KROKANT-FÜLLUNG*

*50 g Zucker · 1 TL Vanillezucker · 80 g Mandelstifte*

*RAHM-FÜLLUNG*

*1 Blatt Gelatine, in kaltem Wasser eingeweicht · 4 EL weißer Rum · 40 g Puderzucker · 200 ccm Schlagsahne, steifgeschlagen · 4 unbehandelte Mandarinen · 1 TL Kartoffelmehl, gestrichen voll · Saft von 4 Mandarinen · 40 g Zucker · 1 EL Orangenlikör · Puderzucker zum Bestäuben der Crêpes*

DAS MEHL in eine Schüssel sieben. In der Mitte eine Vertiefung anbringen. Milch, Schlagsahne, Eier, Vanillemark, Salz, Zucker und flüssige Butter zusammen verrühren. In die Teigmitte einlaufen lassen und den Teig sorgfältig mischen. Zuletzt Orangensaft und -schale darunterziehen. Den Teig mindestens 30 Minuten bei Zimmertemperatur ruhen lassen.

MIT WENIG Butter in einer beschichteten Pfanne untertassengroße, hauchdünne Crêpes backen.

FÜR DIE Krokantfüllung Zucker und Vanillezucker in einem Pfännchen zusammen erhitzen, bis die Mischung hellbraun wird. Von der Herdplatte ziehen, die Mandelstifte daruntermischen. Auf eine Aluminiumfolie gießen und auskühlen lassen, dann in der

Haushaltsmaschine grob mahlen oder mit dem Rollholz zerdrücken.

Die eingeweichte Gelatine tropfnaß in einem Pfännchen bei milder Hitze unter Rühren auflösen. Mit dem Rum und Puderzucker locker unter die geschlagene Sahne ziehen. Kühl stellen.

Die orangene Schale von einer Mandarine fein abziehen, in Streifen schneiden und in kochendem Wasser kurz blanchieren. Abschütten. Zum Anrichten beiseite stellen.

Das Kartoffelmehl mit dem Mandarinensaft und Zucker anrühren und unter Rühren kurz aufkochen. Orangenlikör dazugeben.

Die restlichen Mandarinen sorgfältig schälen, die Filets mit einem scharfen Messer zwischen den Häuten ausschneiden, in den warmen Sirup legen. Abkühlen lassen.

Die Sahne mit drei Viertel des Krokants mischen, Masse in die Crêpes füllen, aufrollen, quer halbieren. Auf Teller verteilen, die Mandarinenfilets dazulegen.

Die Crêpes mit Sirup überziehen, mit Mandarinenschalen sowie etwas zurückbehaltenem Krokant garnieren und mit Puderzucker bestäuben.

*FÜR FORTGESCHRITTENE*

## BARBARIE-ENTE AUF LINSEN

*ZUTATEN FÜR 4-5 PERSONEN:*

*1 EL Honig · 4 EL milde Sojasauce · 1 TL Ingwer, frisch gerieben, oder 1/2 TL Ingwerpulver · 1/2 TL Zimt, gemahlen · 1 Barbarie-Ente, 1,2-1,4 kg, küchenfertig · wenig Salz und schwarzer Pfeffer aus der Mühle · 1 Lorbeerblatt · 1 Gewürznelke · 3-4 Petersilienstiele · 1/2 l guter Weißwein · 2 EL Butter, gut gekühlt · evtl. etwas Mineralwasser*

Honig, Soja, Ingwer und Zimt mischen, die gewaschene, trocken getupfte Ente auch innen kräftig damit einreiben. Zugedeckt 3 bis 4 Stunden marinieren lassen.

Den Backofen auf 225 Grad vorheizen.

Die Ente mit wenig Salz und schwarzem Pfeffer würzen, in den Bauch Lorbeerblatt, Nelke und Petersilienstiele stecken. Auf ein Backblech oder in einen Bräter legen und auf der untersten Einschubleiste in den vorgeheizten Ofen schieben, 20 Minuten braten. Die Entenbrust soll dabei nicht zu dunkel werden.

Den Ofen kurz öffnen, die Hitze auf 180 Grad zurückschalten. Sobald der Ofen auf diese Temperatur abgekühlt ist, die Backofentüre wieder schließen. 20 Minuten bei dieser Temperatur weiterbraten. Von Zeit zu Zeit mit eigenem Fett übergießen, wenn sich Röststoffe bilden, nach und nach den Weißwein dazugeben.

Die Brathitze auf 150 Grad reduzieren und die Ente weitere 30 Minuten schmoren lassen. Von Zeit zu Zeit mit dem entstandenen Jus übergießen, die Backofentüre öffnen und den Backofen auf 80 Grad abkühlen lassen. Die Türe wieder schließen, und die Ente 1 bis 2 Stunden darin ruhen lassen. Die Fleischzellen entspannen sich dabei, der Saft verteilt sich gleichmäßig und die Ente wird wunderbar zart.

Entenjus abgießen, die Ente dabei hochhalten, damit sie austropft.

Den Jus in einem Saucenpfännchen kurz einkochen, evtl. entfetten und durch ein Sieb gießen. In Butterflocken aufschwenken. Sollte der Jus zu stark sein, so muß er mit Mineralwasser verdünnt werden.

## LINSENGEMÜSE

*ZUTATEN FÜR 4 PERSONEN:*

*200 g Linsen · 50 g Speck, in sehr kleine Würfel geschnitten · 1 Zwiebel, fein gewürfelt · 200 ccm Fleischbouillon, entfettet · 1 TL Senf · 1 Möhre · 2 Knollenselleriescheiben, millimeterdünn geschnitten · 100 ccm Schlagsahne · 1 TL Rotweinessig · Salz und Pfeffer*

Die Speckwürfel glasig andünsten, die Zwiebel mit den Linsen dazugeben. Mit Fleischbouillon ablöschen, den Senf zufügen und alles 25 Minuten leise kochen lassen.

Dann die Gemüse, in feinste Würfelchen (Brunoise) geschnitten, und die Schlagsahne darunterrühren.

Das Gemüse erneut aufkochen, den Essig zufügen und nach Geschmack (und je nach der Konzentration der Fleischbouillon) mit Salz und Pfeffer würzen.

*Fürs Menü brauchen Sie:*
*1 Backofen-Thermometer*
*diverse Schüsseln aus Glas oder Chromstahl*
*diverse Messer*
*1 Bratpfanne*
*1 Schneebesen*
*1 Kartoffelschäler*
*1 Stabmixer*
*1 Schneidebrett*
*1 Fleischmesser*
*diverse Kochlöffel*
*1 Reibe (für Orangen-/Mandarinenschale)*
*1 Zitruspresse*
*Aluminiumfolie*
*Haushaltmaschine oder Wellholz*
*1 Teflonpfanne*
*1 Muskatreibe*

Kochen läßt viel Raum für Kreativität. Niemand muß sich da strengen Regeln unterwerfen, wir dürfen beliebig variieren, immer wieder mal abschmecken, immer wieder mal nachwürzen. Beim Backen aber ist das anders. Wir bereiten ein Gericht vor, schieben es in den Ofen – und aus. Nachwürzen, verdünnen, verfeinern, nichts ist mehr möglich. Deshalb müssen wir bei dieser Zubereitungsart sehr exakt arbeiten, Rezepte genau lesen und das Gewicht der Zutaten nicht Pi mal Daumen schätzen, sondern auswiegen.

Diese Feinarbeit scheint manchen Hobbyköchen einfach zu lästig. Oder warum werden Teige (die nachher im Ofen gebacken werden) im Laden gekauft und nicht zu Hause hergestellt? Es geht ja schon soweit, daß viele Kochbücher das Backen einfach ausklammern. Was in unserer Kochschule aber nicht passiert. Denn selbstgemachte Teige schmecken einfach besser. Glauben Sie's mir.

Das Backen bringt gewissermaßen eine neue Dimension in unsere Küche. Hausfrauen (und Hausmänner), die gut kochen und gut backen können, übertreffen meiner Meinung nach viele der Profis, die sich oft entweder nur auf das Kochen oder nur auf das Backen spezialisieren.

Aufwand und Risiko sind beim geriebenen Teig, mit dem wir uns in dieser Folge beschäftigen, nicht groß. Außer dem Brüh- oder Brandteig ist der geriebene wohl der einfachste. Er läßt sich rasch zubereiten und ist, wenn Sie genau nach Rezept arbeiten, eigentlich unproblematisch.

Was ihn außerdem so sympathisch macht, ist, daß wir ihn in großen Mengen zubereiten und auch einfrieren können. Das spart Zeit und Geld. Reste einfach in Klarsichtfolie wickeln, beschriften und in die Truhe damit.

# MIT SPECK FÄNGT MAN GÄSTE

*Heute geht's mal herzhaft zur Sache. Wir machen zunächst eine Minestrone, dann eine Quiche Lorraine, und dabei lernen wir – ganz wie von selbst – das Backen*

## MINESTRONE

*ZUTATEN FÜR 4-6 PERSONEN:*

*30 g Speckwürfel, geräuchert · 1 kleine Stange Lauch · 1 große Zwiebel, gewürfelt · 20 g Butter · 2 Möhren · 1 Stück Knollensellerie · 150 g Weißkohl · 200 g Kartoffeln · 2 Knoblauchzehen, gepreßt · Je 1/2 TL Majoran- und Thymianblätter (gehackt) · 3-4 Rosmarin-Nadeln, fein gehackt · 4 Tomaten, geschält und entkernt · 1 1/2 l Fleischbouillon, hausgemacht · 20 g Spaghetti (oder andere Teigwaren) · 50 g getrocknete Borlotti-Bohnen (ersatzweise kleine weiße Bohnen), über Nacht in Wasser eingeweicht · Salz und Pfeffer aus der Mühle · 50 g Parmesan, frisch gerieben*

Die Speckwürfel mit dem feingeschnittenen Lauch und der Zwiebel so lange in Butter andünsten, bis alles aromatisch duftet.

Möhren, Sellerie, Kohl und Kartoffeln putzen und in feine Würfel schneiden. Gepreßte Knoblauchzehen und die abgeschütteten Borlotti-Bohnen dazugeben, mit Gewürzen bestreuen und die Tomaten unterrühren. Die Bouillon darübergießen und die in mundgerechte Stücke gebrochenen Spaghetti einstreuen. Alles ohne Deckel 20 bis 30 Minuten leicht kochen lassen.

Nach Geschmack mit Salz und Pfeffer aus der Mühle würzen.

Den Käse separat dazu servieren.

Tip:
Die Suppe ist sehr nahrhaft und kann auch als vollständige Mahlzeit serviert werden.

*Dicke Freunde:*
*Speck und geriebener Teig*

*Weshalb dieses Menü? Nach dem etwas aufwendigeren vom vorigen Mal finde ich ein einfacheres, rustikales Menü mit gekochten und rohen Gemüsen und pochierten Äpfeln angebracht. Außerdem ist es fast fleischlos. Die Minestrone, eine beliebte italienische Gemüsesuppe, bildet die Grundlage. Dabei wiederholen wir das Garen verschiedener Gemüse. Die Quiche Lorraine, eine lothringische Spezialität, gibt uns die Möglichkeit, das Backen zu üben. Sie kommt ursprünglich ohne Käse aus. Falls Sie darauf nicht verzichten wollen: Mischen Sie 300 g geraspelten Käse mit zwei verquirlten Eiern und 150 ccm Schlagsahne, rühren etwas Muskat und wenig Salz darunter. Ich persönlich mag den »Käsekuchen« aus halb Greyerzer, halb Appenzeller Käse am liebsten*

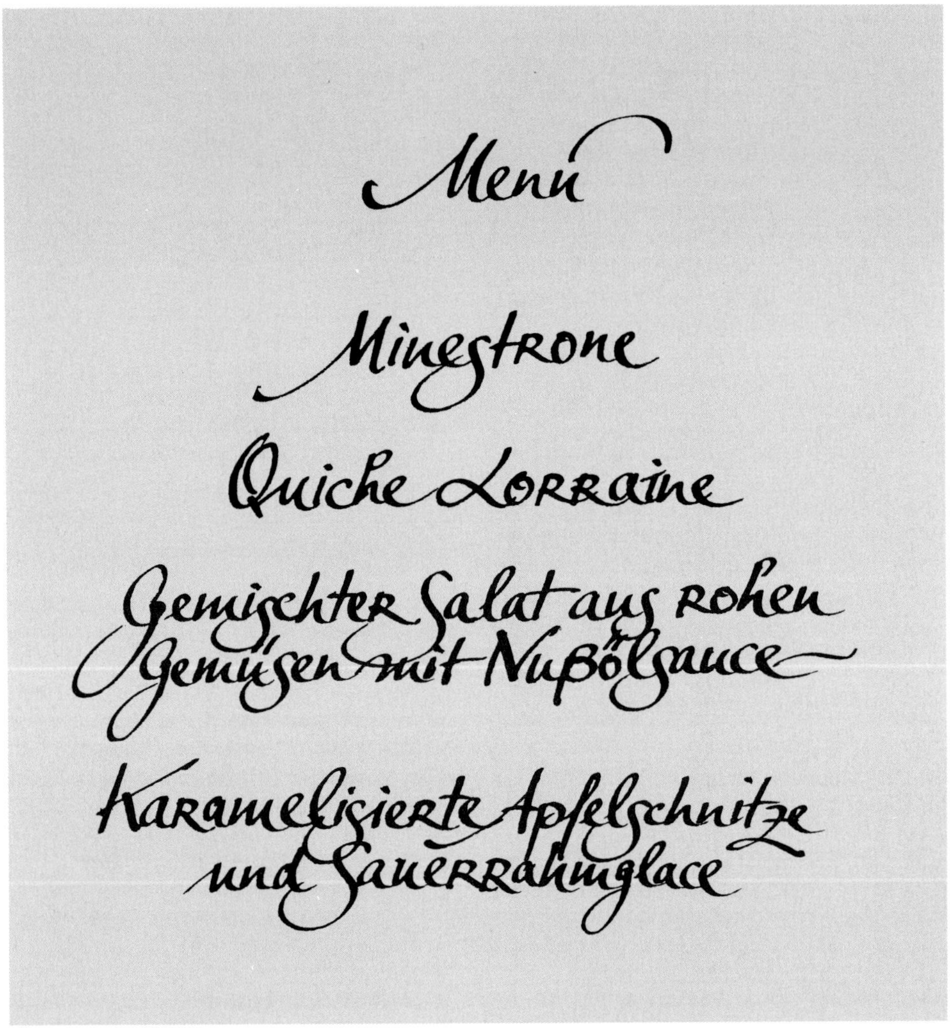


## QUICHE LORRAINE

*ZUTATEN FÜR EINE SPRINGFORM VON 24 CM DURCHMESSER (4-6 PERSONEN):*

*1 Portion geriebener Teig (siehe Rezept) · 20 g Butter für die Backform · 150 g durchwachsener Speck, in dünne Scheiben geschnitten · 4 Eier · 400 ccm Schlagsahne · 1 TL Salz, gestrichen voll · 1 Prise Muskat · Pfeffer aus der Mühle*

*Reiberei zwischen Mehl und Butterflocken*

*Erst das Mehl und die mit der Hand zerdrückten Butterflocken verreiben*

Den Teig nach Rezept zubereiten und, in Folie geschlagen, eine Stunde kühl stellen.

Die Springform mit etwas Butter einreiben.

Den Teig zwei Millimeter dick ausrollen und die Backform damit auslegen. Den Rand gut andrücken, den Teigboden mit einer Gabel einstechen. Die Springform kühl stellen, bis der Teig fest ist.

Den Backofen auf 225 Grad vorheizen.

Die Speckscheiben in Streifen schneiden. Kurz in kochendes Wasser legen, herausnehmen und auf Haushaltspapier abtropfen lassen. Den Speck in einer Teflonpfanne ohne Fett kurz anbraten. Abkühlen lassen, auf dem Teigboden verteilen.

Eier und Schlagsahne verquirlen, mit Salz, Muskat und Pfeffer würzen.

Den Eierguss über den Speck geben.

Den Teigrand bis auf einen Zentimeter oberhalb der Füllung zurückschneiden.

AUF DER untersten Einschubleiste in den heißen Backofen schieben. Zehn Minuten bei 225 Grad und weitere 20 Minuten bei 200 Grad backen, bis der Guß fest ist. Warm servieren.

GARPROBE:
Der Teigrand soll sich vom Blech lösen und hellbraun sein. Zusatzprobe: Mit einem Holzstäbchen in den Teig stechen, es dürfen keine feuchten Teigreste haften bleiben.

TIPS:
Damit wir den brüchigen Teig aufs Blech kriegen, arbeiten wir mit einem Trick, falten ihn zweimal, legen ihn mit der Spitze in die Mitte der runden Form und entfalten ihn dann wieder.

Wir stechen mit einer Gabel mehrmals in den Teigboden ein, damit er sich beim Backen nicht wölbt. Wenn Sie sehr fetthaltigen Teigen Essig (1 EL auf 250 g Mehl) beigeben, werden sie leichter verdaulich. Denn Säure hilft Fett abbauen. Wir geben den Essig zusammen mit dem aufgelösten Salz dazu.

Wichtig ist, den Backofen gut vorzuheizen. Stellen Sie die Backform grundsätzlich (auch in kleineren Formen) nicht auf das Backblech, sondern auf den Gitterrost, damit die Hitze besser zirkulieren kann.

## EINE GUTE GRUNDLAGE

Geriebener Teig ist einer der meistverwendeten Teige und eine gute Alternative zu Blätterteig. Er besteht aus Mehl, Butter, Salzwasser und eignet sich zum Belegen (pikant oder mit Früchten) ebenso wie zum Füllen. Geriebener Teig hat den Vorteil, daß er »strapazierfähig« ist und nicht durchnäßt, etwa dann, wenn flüssige Eimasse – wie bei der Quiche Lorraine – daraufkommt.

## GERIEBENER TEIG

*ZUTATEN:*

*250 g Mehl (Type 405) · 100 g Butter aus dem Kühlschrank · 1 TL Salz, gestrichen voll*

DAS MEHL in eine Schüssel sieben.

DIE BUTTER in Flocken dazugeben, von Hand erst zerdrücken, dann das Ganze feinbröselig verreiben (daher der Name »geriebener Teig« im Gegensatz zum Rühr- und Knetteig).

DARAUS einen Mehlkranz formen.

DAS SALZ in 100 ccm Wasser lösen und die Flüssigkeit in die Mitte einlaufen lassen.

VON DER Mitte aus sorgfältig mischen, das Mehl nach und nach einarbeiten und den Teig zusammendrücken. Auf keinen Fall kneten, sonst wird der Teig zäh.

ZU EINER Kugel geformt und in Folie geschlagen eine Stunde im Kühlschrank ruhen lassen.

NACH REZEPT weiterverarbeiten. Zum Ausrollen möglichst wenig Mehl verwenden.

TIPS:
Auch in größeren Portionen sollte der Teig von Hand gerieben werden, da die Handwärme mithilft, daß Butter und Mehl sich gleichmäßig verbinden.

Wer öfter backt, schafft sich am besten ein Rollholz der Profis an; es ist etwa 50 Zentimeter lang, dicker und schwerer als das normale. Ungünstig sind Teflonhölzer; mit ihren scharfen seitlichen Rändern zerschneiden sie den Teig.

*Dann einen Mehlkranz formen und mit Wasser und Salz vermischen*

*Zu einer Kugel geformt und in Folie geschlagen, kommt der Teig für eine Stunde in den Kühlschrank*

*Der ausgerollte Teig läßt sich mit einem Rollholz gut zur Form transportieren*

*Damit sich der Teig beim Backen nicht wölbt, mit einer Gabel mehrmals hineinstechen*

## GEMISCHTER SALAT AUS ROHEN GEMÜSEN MIT NUSSÖLSAUCE

*ZUTATEN FÜR 4 PERSONEN:*

*SAUCE*

*Saft von 1/2 Zitrone · Salz und Pfeffer aus der Mühle · 1 EL Walnußöl · 3 EL Sonnenblumenöl · 1 Bund Kerbel, feingehackt, etwas zum Garnieren beiseite legen*

*SALAT*

*1 Bund glattblättrige Petersilie · je 1 Handvoll feine Julienne (Streifen) von Sellerie, Kohlrabi, Champignons, Möhren, hellem Lauch und Chicorée*

*Da kommt der Apfel ins Schwitzen*

*Für die Apfelschnitze Karamelsirup kochend heiß über die Früchte geben und im Ofen pochieren*

FÜR DIE Sauce den Zitronensaft, das Salz und den Pfeffer verrühren.

DIE BEIDEN Öle sowie den Kerbel und die Petersilie dazugeben.

DIE GEMÜSE waschen, frisch schneiden und kurz vor dem Essen mit der Sauce mischen.

MIT dem zurückbehaltenen Kerbel garnieren.

TIP:

Walnuß- oder Haselnußöl allein ist für viele Leute zu aufdringlich im Geschmack. Deshalb mit »neutral« schmeckendem Öl im Verhältnis 1 : 3 mischen.

## KARAMELISIERTE APFELSCHNITZE MIT SAUERRAHMGLACE

*ZUTATEN FÜR 4-6 PORTIONEN:*

*1,2 kg säuerliche Äpfel (Boskop, Glocken) · 400 g Zucker · 1 EL Vanillezucker · 200 ccm Weißwein · 100 ccm Champagner · Saft von 1 Zitrone · Saft und Schale von einer unbehandelten Orange · 2 EL Calvados · 1 EL Orangenlikör*

*SAUERRAHMGLACE:*

*500 g saure Sahne · 150 g Zucker · 1 Zitrone, Saft und Schale (nur das Gelbe abgerieben) · 50 ccm Schlagsahne · 50 g Pistazien, gehackt, und 50 g Krokant (Mandeln, Zucker) zum Überstreuen*

ÄPFEL schälen, entkernen und in gleichmäßige Schnitze teilen.

DEN ZUCKER mit dem Vanillezucker schmelzen, einmal aufschäumen lassen und mit 600 ccm Wasser und Weißwein ablöschen. Aufkochen, damit sich der karamelisierte Zucker löst.

DIE APFELSCHNITZE in den Sirup legen und im Backofen bei 220 Grad etwa 15 Minuten pochieren.

400 CCM Sirup durchsieben, mit Champagner, Zitronensaft, Orangensaft und -schale, Calvados und Orangenlikör abschmecken.

DEN SIRUP einkochen, bis er dickflüssig ist.

FÜR DIE Glace alle Zutaten zusammen gut verrühren. In der Eismaschine gefrieren lassen.

DIE APFELSCHNITZE mit Sirup zur Glace anrichten.

MIT PISTAZIEN und Krokant überstreuen.

*FÜR FORTGESCHRITTENE*

## ZITRONEN-TARTE

*ZUTATEN FÜR 10-16 STÜCK, JE NACH GRÖSSE:*

*TEIG*

*100 g Zucker · 80 g Butter und etwas zum Fetten · 1 Ei · abgeriebene Schale von 1 Zitrone (nur Gelbes) · 1 Prise Salz · 250 g Mehl und etwas zum Ausrollen · 1 Eiweiß, verquirlt · Hülsenfrüchte zum Blindbacken*

*FÜLLUNG*

*3 Zitronen · 1 Orange · 3 ganze Eier · 1 Eigelb · 150 g Zucker · 150 ccm Crème double · 1 EL Quittengelee · 100 ccm Schlagsahne*

*ZUM GARNIEREN*

*1 Zweig Pfefferminze · 200 g Himbeeren · Puderzucker*

Den Zucker und die Butter schaumig rühren, bis eine luftige, helle Masse entsteht und der Zucker sich aufgelöst hat.

Das verquirlte Ei mit der Zitronenschale, dem Salz und dem Mehl daruntermischen, den Teig sorgfältig zusammendrücken und zu einer Kugel formen. Nicht länger als 30 Minuten kühl stellen.

Den Backofen auf 225 Grad vorheizen.

Springform buttern, mit etwas Mehl ausstreuen, dreiviertel des kühlen Teiges rund ausrollen. Den Boden des Backblechs damit belegen. Am Teigrand mit Eiweiß bepinseln.

Den restlichen Teig zu einer Rolle formen und dem Rand entlang auf den Teig legen. Sorgfältig an den Rand des Backblechs drücken und mit einer Gabel einen Rand hochziehen.

Den Teigboden mit einer Gabel mehrmals einstechen, die Hülsenfrüchte auf den Teigboden verteilen. (So kann der Teig während des Backens nicht aufgehen.)

Die Form auf der zweituntersten Einschubleiste in den Backofen schieben und den Teigboden 20 Minuten blindbacken.

Hülsenfrüchte entfernen (sie können viele Male gebraucht werden).

Für die Füllung: Zitronen und Orange auspressen, eventuell durch ein Sieb gießen.

Eier, Eigelb und Zucker zusammen verquirlen und kurz schaumig rühren. Die Crème double dazugeben. Gut mischen, den Fruchtsaft zugießen.

Den Backofen auf 180 Grad vorheizen.

Den ausgekühlten Tortenboden auf der zweituntersten Einschubleiste zu zwei Dritteln in den Ofen schieben. Die flüssige Masse daraufgießen, Tortenboden ganz in den Ofen schieben. 30 Minuten backen, d. h. die Füllung stocken und leicht Farbe annehmen lassen.

Den Kuchen auf einem Tortengitter auskühlen lassen.

Quittengelee mit 1 TL heißem Wasser verrühren, auf die fest gewordene Fläche verteilen. Eine Stunde in den Kühlschrank stellen.

Schlagsahne kurz vor dem Aufschneiden steif schlagen. In einer hauchdünnen Schicht mit dem Spachtel über die Zitronen-Tarte verteilen.

Nach Belieben mit Pfefferminze, ganzen Himbeeren und Puderzucker garnieren.

## HIMBEER-SORBET MIT FRISCHEN BEEREN

*ZUTATEN FÜR 6-10 PORTIONEN:*

*500 g frische Himbeeren · 300 ccm Champagner · 300 g Zucker · 2 EL Zitronensaft · 1 EL Orangenlikör oder Himbeergeist · einige frische Beeren als Garnitur*

Die Himbeeren im Mixer pürieren und durch ein feines Sieb streichen.

200 ccm Wasser zusammen mit dem Champagner, Zucker und Zitronensaft sirupartig einkochen. Abkühlen lassen.

Mit der Beerenmasse mischen, den Orangenlikör oder Himbeergeist dazugeben und in der Sorbetière cremig fest werden lassen. (Wer keine Sorbetière hat, füllt die Menge in eine Chromarganschüssel, stellt sie ins Gefriergerät und rührt öfter mal um. Kurz vor dem Servieren mit dem Schneidstab des Handrührgeräts aufmixen, damit die Konsistenz schön cremig wird.)

Zur Zitronen-Tarte servieren.

*Fürs Menü brauchen Sie:*
*diverse Pfannen*
*diverse Messer*
*evtl. Käsereibe*
*Springform Ø 24 Zentimeter*
*Rollholz*
*Apfelschäler*
*ofenfeste Glasform*
*Sieb*
*Eismaschine*

Zugegeben, der Saucenwürfel hat seine Vorteile: Das Industrieprodukt hilft in der Küche Zeit und auch Geld sparen. Saucenfonds – die Fundamente für feine Saucen – selbst zu kochen, ist dagegen mit viel Aufwand verbunden. Das Resultat aber läßt die ganze Plackerei in der Küche schon nach der ersten Kostprobe vergessen.

Ein hausgemachter Fond besteht aus vielen Zutaten, die trotz der verschiedenen Fond-Variationen oft die gleichen sind: Knochen, Karkassen, Gemüse, Kräuter, Gewürze.

Das Prinzip ist einfach: Die Knochen und die anderen Zutaten werden durch langes – oft stundenlanges – Sieden ausgelaugt. Die Knochen liefern ein natürliches Bindemittel, das für unser Endprodukt sehr wichtig ist.

Ich vertrete die vielleicht etwas extreme Ansicht, daß man den Fond so zubereiten sollte, daß er einen für das Gericht typischen Charakter bekommt. Das heißt: zu Perlhuhn nicht einfach Geflügel-, sondern eben Perlhuhnfond, zu Fasan nicht einfach Wild-, sondern Fasanenfond, der übrigens einen ganz anderen Grundgeschmack besitzt.

Zum Kochen von Fonds braucht man einen großen Kochtopf und einen Schmortopf zum Anbraten, wenn es um braunen Fond geht. Für hellen Fond werden die Zutaten, mit Wasser bedeckt, bei milder Hitze gekocht. Für dunklen Fond werden sie im Bräter erst rundum angebraten, danach auf der untersten Einschubleiste in den Backofen geschoben und immer mal wieder gewendet. Nach 50 Minuten füllen wir mit Wasser auf, bis die Knochen vollständig bedeckt sind.

Drei bis fünf Stunden lassen wir die Flüssigkeit köcheln, dann gießen wir alles durch ein Sieb ab. Dieses langsame Reduzieren ist wichtig und gilt für alle Fonds (mit Ausnahme von Fischfonds). Aus fünf Litern Flüssigkeit werden so 300 bis 500 ccm.

*Grundlage für den Fischfond: Gräten der Seezunge*

## FELCHENFILETS MIT WEISSWEIN UND KARTOFFELPERLEN

*ZUTATEN FÜR 4 PERSONEN:*

*1 Flasche (0,7 l) Dézaley (trockener Weißwein aus dem Kanton Waadt, ersatzweise ein anderer trockener Weißwein) · 1/2 Lorbeerblatt · 1 kleine mit einer Gewürznelke besteckte Zwiebel · einige Petersilienstiele · 1 kleine Möhre, in Scheiben geschnitten · 4 frische Felchen oder Saiblinge (vom Fischhändler filiert, Gräten und Köpfe mitnehmen) · Salz und Pfeffer aus der Mühle · 20 g Mehl · 30 g Butter · 100 ccm Schlagsahne · frischer Dill, fein gehackt, zum Bestreuen · 6 Kartoffeln*

DEN WEIN in einem flachen Topf mit Lorbeerblatt, Zwiebel, Petersilienstielen und den Möhrenscheiben aufkochen. 15 Minuten ziehen lassen.

DIE ABGESPÜLTEN und von den Kiemen befreiten Köpfe und Gräten zur Weinflüssigkeit geben und etwa 30 Minuten ziehen lassen. Durch ein Sieb gießen.

DIE FISCHFILETS salzen und pfeffern. In die Flüssigkeit legen und ein bis zwei Minuten vor dem Siedepunkt ziehen lassen. Vorsichtig herausheben. Gut abtropfen lassen und auf einer vorgewärmten Platte mit Aluminiumfolie bedeckt bei 60 Grad im Backofen warm stellen.

DIE FLÜSSIGKEIT durch ein Sieb gießen, wenn nötig mit Wasser auf 300 ccm ergänzen.

DIE MÖHRENSCHEIBEN zum Garnieren zurückbehalten.

MEHL und weiche Butter zusammen verkneten, flockenweise in den Fond geben. Mit dem Schneebesen gut verrühren, ein paar Minuten einkochen lassen. Die Sauce soll dabei binden. Mit der Sahne verfeinern. Wieder einkochen.

DIE FLÜSSIGKEIT, die sich auf der Fischplatte angesammelt hat, zur Sauce gießen. Nach Geschmack nachwürzen, mit dem Dill verfeinern und mit den Karottenscheiben garnieren.

# AUF DIE BASIS KOMMT ES AN

*Man braucht für sie Zeit und noch mehr Geduld: Fonds, hergestellt aus Knochen oder Gräten, mit Gemüsen und Gewürzen, sind die Vorstufe jeder feinen Sauce*

# Menu

## Felchenfilets mit Weißwein

## Perlhuhnbrust mit Honigessigsauce und Lauchgemüse

## Aprikosenkuchen

*Weshalb dieses Menü? Weil wir hier gleich dreimal das Reduzieren üben können – jedesmal auf eine andere Art. Beim Fisch bereiten wir einen Fond zu, der zusammen mit Schlagsahne eine feine Sauce ergibt. Bei der Sauce für die Perlhuhnbrust schwenken wir den Fond mit Butter auf; der Honigessig übernimmt die Rolle des Alkohols. Beim Lauchgemüse reduzieren wir mit Weißwein, geben Sahne dazu und lassen längere Zeit (etwa 50 Minuten) köcheln. Zu Perlhuhn Lauch? Beides hat einen süßlichen Geschmack und harmoniert ganz ausgezeichnet. Und den Aprikosenkuchen habe ich ausgewählt, weil wir das letzte Mal mit dem Backen begonnen haben. Wir bereiten den Kuchen zum Dessert ohne Guß zu, bestreuen den Teigboden mit geriebenen Haselnüssen. Servieren Sie ihn lauwarm, die Früchte entwickeln bei dieser Temperatur den optimalen Geschmack. Übrigens: Anstelle der Felchen können Sie auch Filets von Forellen oder Seeforellen oder Saiblingen pochieren, und statt der Aprikosen können Sie andere Früchte verwenden, zum Beispiel Zwetschgen, Birnen oder Äpfel*

Aus den geschälten Kartoffeln kleine Kugeln ausstechen, in wenig Salzwasser garen und dazu servieren.

PS: Für andere Fischsaucen muß der Fischfonds manchmal vorbereitet werden. Dann arbeiten Sie nach dem Grundrezept.

## GRUNDREZEPT FÜR FISCHFOND

*ZUTATEN FÜR ETWA 500 CCM:*

*2 Möhren · 1 kleines Stück Knollensellerie mit Kraut · 5 Petersilienstiele · 100 g Champignons · 2 Schalotten oder 1 Zwiebel mit Schale · 1 EL Olivenöl · etwa 2 kg Seezungengräten (evtl. auch Köpfe von anderen Edelfischen) · 200 ccm trockener Weißwein · 1 Zweig frischer Dill · 4 schwarze Pfefferkörner, zerdrückt · 1 kleines Lorbeerblatt · 1 Nelke*

Die Gemüse und Pilze waschen und ungeschält fein schneiden.

Schalotten oder Zwiebel mit der Schale grob hacken.

Das Olivenöl erhitzen, die Gemüse und Pilze darin andünsten.

Die Gräten putzen, kalt abspülen und mit der Küchenschere in kleine Stücke schneiden. Zum Gemüse geben und kurz mit erhitzen.

Mit Weisswein ablöschen, die Flüssigkeit eindampfen lassen und mit vier Liter Wasser auffüllen, bis alles großzügig bedeckt ist.

Dill, Pfefferkörner, Lorbeerblatt und Nelke dazugeben.

30 Minuten vor dem Siedepunkt ziehen lassen, dabei mehrmals abschäumen, da der Fond sonst bitter wird. Er darf deshalb auch nicht länger gekocht werden.

Absieben, die Flüssigkeit so lange einkochen lassen, bis etwa ein halber Liter Flüssigkeit übrigbleibt.

TIPS:
Der Fond wird am besten, wenn er in großen Mengen zubereitet wird. Ich dünste die Gemüse in Olivenöl an, weil der Fischfond dadurch einen besonders feinen Geschmack bekommt. Fond für Süßwasserfische auf gleiche Art, aber mit Gräten von Süßwasserfischen zubereiten. Geschmacklich am besten werden Fischfonds aus Gräten von frischer Seezunge oder Lachs, wobei alle Innereien weggeschnitten werden müssen. Fischhäute sollte man nicht verwenden, da sie oft tranig schmecken.

# PERLHUHNBRUST MIT HONIGESSIG-SAUCE UND LAUCHGEMÜSE

*ZUTATEN FÜR 4 PERSONEN:*

*10 g Butter · 1 Zwiebel, fein gehackt · 400 g Lauch, zarte Teile quer in Streifen oder Ringe geschnitten · 100 ccm trockener Weißwein · 100 ccm Crème double · Salz und Pfeffer aus der Mühle · 1 Prise frischgeriebener Muskat · 4 Perlhuhnbrüste · 1/2 TL Dijon-Senf · 10 g Butterschmalz · 300 ccm Perlhuhnfond (siehe das folgende Rezept) · 3 EL Honigessig · 50 g Butter, schaumig gerührt*

DIE BUTTER erwärmen. Zwiebel und Lauch dazugeben. So lange erhitzen, bis alles aromatisch duftet und der Lauch zusammenfällt. Mit Weißwein ablöschen, die Flüssigkeit bei starker Hitze einkochen lassen.

DIE CRÈME double zugießen, alles vor dem Siedepunkt 50 Minuten köcheln lassen. Der Lauch soll dabei musartig werden. Mit Salz, Pfeffer und Muskat abschmecken, eventuell zum Schluß einen Schuß Wasser dazugeben. Das Gemüse warmhalten.

DIE HAUT von den Perlhuhnbrüsten abziehen. Das Fleisch mit einem Hauch Senf einreiben; er soll völlig eindringen.

DAS BUTTERSCHMALZ in einer Pfanne zerfließen lassen. Die Brüstchen mit Salz und Pfeffer würzen und unter Wenden behutsam anbraten.

NACH ungefähr fünf Minuten die Brustspitzen auf die dicken Teile der Brüstchen legen, damit sie saftig bleiben. Die dickeren Teile auf den Punkt braten. Bei 70 Grad im Backofen eine Stunde ruhen lassen. Inzwischen den Essig zum Fond geben, um ein Drittel einkochen lassen.

DIE SCHAUMIGE Butter nach und nach darunterschwenken. Die Sauce wird dabei heller und wirkt leicht.

JE NACH Geschmack des Fonds mit Salz und Pfeffer nachwürzen.

TIP:
Der Lauch kann Stunden vorher zubereitet werden, vor dem Servieren langsam erhitzen.

*Hier entsteht ein Fond*

*Fischköpfe und zerkleinerte Gräten zum angedünsteten Gemüse geben*

# PERLHUHNFOND

*ZUTATEN FÜR ETWA 1 LITER:*

*8-10 Karkassen von Perlhühnern (Hälse, Knochengerüst, evtl. Flügelteile), ersatzweise 1 kg Geflügelklein und die Karkassen der verwendeten Perlhühner · 2 EL Öl · 4 Möhren · 2 Zwiebeln mit Schale · 2 Knoblauchzehen · evtl. 100 g Pilze oder Pilzabschnitte · 200 g Knollensellerie · 1 Lauchstange · 10 zerdrückte schwarze Pfefferkörner · 2 Nelken · Petersilienstiele · 1 Bund Thymian · 200 ccm Rotwein (oder Madeira, Portwein)*

DIE KARKASSEN säubern, klein hacken und in heißem Öl rundum kräftig anbraten, aber nicht zu dunkel werden lassen. Die Gemüse zugeben und miterhitzen. Zuletzt Kräuter, Gewürze und Lauch dazugeben. Alles gut mischen. Mit Wein oder anderer Flüssigkeit ablöschen. Einkochen.

MIT SOVIEL Wasser auffüllen, daß alles bedeckt ist.

IN DEN Ofen schieben und bei mittlerer Hitze drei bis vier Stunden offen sieden lassen. Zwischendurch abschäumen.

SOBALD Knochen und Gemüse genügend ausgekocht sind und die Flüssigkeit um etwa zwei Drittel verdampft ist, die restliche Flüssigkeit absieben. Eventuell nochmals kurz einkochen, bis der Fond schwerflüssig ist. Entfetten. Den Fond niemals salzen.

*Alles zusammen erhitzen, mit Weißwein ablöschen, eindampfen und mit Wasser auffüllen*

*Die Brühe 30 Minuten ziehen lassen und vor dem Reduzieren durch ein Sieb gießen*

So wird der Lauch zu Mus

Feingeschnitten andünsten und 50 Minuten einkochen lassen

TIPS FÜR FONDS UND SAUCEN:

Wildfond bekommt einen typischen Charakter, wenn Sie außer Wildknochen und -abschnitten, Gemüse und Gewürzen auch Pilze, ein Tannenzweiglein und geronnenes Blut beigeben.

Geben Sie Lauch erst später dazu. Wenn Sie ihn am Anfang mitrösten, gibt er dem Fond einen bitteren Geschmack.

Eine Gemüsebrühe können Sie raffiniert ergänzen, wenn Sie von dem Gemüse, für das sie bestimmt ist, etwas mehr dazugeben, so daß dieser Geschmack im Fond überwiegt.

Geflügelfond wird mit etwas Basilikum und/oder Thymian, manchmal auch Knoblauch (mit der Schale) besonders würzig.

Wenn Sie Fonds mit Butter aufschwenken, kann es vorkommen, daß sie gerinnt. Der Stabmixer mit dem Schneidemesser schafft Abhilfe.

Honigessig können Sie selbst herstellen. Sie kochen einen Liter Apfelessig und 200 g Waldhonig einmal auf und lassen die Flüssigkeit über Nacht ziehen. Dann füllen Sie den Essig in Flaschen ab. Honigessig paßt ausgezeichnet zu Geflügel, Wild, Schweinefleisch, Bries und Kaninchen.

## FRAGEN RUND UM DEN FOND

WO BEKOMME ICH KNOCHEN, KARKASSEN ODER GRÄTEN?

Beim Metzger beziehungsweise Fischhändler oder Wild- und Geflügelhändler. Wichtig: Diese Zutaten müssen frisch sein.

KANN MAN FONDS NICHT AUCH IM SCHNELLKOCHTOPF HERSTELLEN?

Nein. Fonds sollen einkochen können, wir müssen sie überwachen und häufig abschäumen; aus diesem Grund kochen wir Fonds in hohen Töpfen.

WAS BEWIRKT DER ALKOHOL, MIT DEM MAN ABLÖSCHT?

Er bringt Geschmacksstoffe. Für dunkle Saucen kann man mit Rotwein, rotem Portwein oder Madeira ablöschen, für helle Saucen mit Weißwein, Champagner oder Sherry.

LÄSST MAN BEIM GEFLÜGELFOND DIE HAUT AN DEN ABSCHNITTEN?

Ich verzichte darauf, weil sie zuviel Cholesterin enthält. Dasselbe gilt für die Haut von Gänsen und Enten.

WAS HEISST...

...MIT BUTTER AUFSCHWENKEN?

Am Schluß wird dem Fond zur Saucenzubereitung frische Butter zugegeben. Bewegen Sie die Pfanne leicht auf der Herdplatte, so daß der Inhalt sich gut vermischt. Sie können auch einen Schneebesen verwenden, doch verbindet sich auf diese Weise die Butter weniger gut.

...NAPPIEREN? Fleisch und Fisch ein wenig mit Sauce überziehen.

...PARÜREN? Häute, Sehnen, Fett- und Fleischanteile, Fleischstränge usw. bei zarten Fleischsorten vor der Zubereitung wegschneiden.

...JUS? Saft, der während des Bratens entsteht. Eine Mischung aus Fleischsaft und Fett.

...KURZE SAUCE, LANGE SAUCE? Die kurze Sauce ergibt sich aus dem Fleischsaft. Die lange Sauce ist auf Fond aufgebaut.

## APRIKOSENKUCHEN

*ZUTATEN FÜR EINE FORM VON ETWA 26 CM Ø:*

TEIG

*250 g Mehl (Type 405) · 100 g weiche Butter und etwas für die Form zum Fetten · 1/2 TL Salz · 50 g Zucker · 1 Ei, verquirlt · 2 EL Schlagsahne · 1 Msp. abgeriebene Zitronenschale (nur Gelbes)*

BELAG

*50 g Haselnüsse, gerieben · 1,5 kg Aprikosen · 1 EL Vanillezucker · 2 EL Zucker · 200 ccm Schlagsahne, steif geschlagen · 1 Vanilleschote, längs aufgeschnitten, das Mark herausgeschabt*

FÜR DEN Teig das Mehl in eine Schüssel sieben. Die weiche Butter dazugeben und beides mit den Händen verreiben, bis eine griesige Masse entsteht. In der Mitte eine Vertiefung machen und Salz, Zucker, das verquirlte Ei, Schlagsahne und Zitronenschale zufügen. Den Teig mischen, zusammendrücken und im Kühlschrank mindestens 30 Minuten ruhen lassen.

MIT WENIG Mehl zwei Millimeter dick ausrollen.

Die Form mit der Butter ausstreichen und mit dem Teig auslegen.

Den Boden mit einer Gabel einstechen, mit Backpergament abdecken und Kirschsteine oder getrocknete Erbsen darauf verteilen, damit der Teig nicht zu sehr in die Höhe geht (»blind« backen).

In den auf 200 Grad vorgeheizten Ofen schieben und 15 Minuten backen.

Herausnehmen, die Kirschsteine entfernen und den Boden mit den geriebenen Haselnüssen bestreuen.

Die beim Entsteinen halbierten und eingeschnittenen Aprikosen darauf legen. Mit Vanillezucker bestreuen und nochmals 20 Minuten backen. Herausnehmen, noch warm zuckern. Vanillemark unter die steifgeschlagene Sahne mischen und zum lauwarmen Aprikosenkuchen servieren.

*FÜR FORTGESCHRITTENE*

# RINDERFILETGULASCH MIT BRATKARTOFFELN

*ZUTATEN FÜR 4 PERSONEN:*

*50 g Butter · 800 g neue kleine Kartoffeln, geschält und in kleine, gleichmäßige Würfel geschnitten · Salz · 1 EL Butterschmalz · 500 g Rinderfilet, in gleichmäßige Würfel von ca. 2 cm geschnitten, von Sehnen befreit · 1 Schalotte, fein gewürfelt · 1 Msp. Knoblauchzehe, gepreßt · 200 ccm guter Rotwein (Burgunder) · 200 ccm brauner Kalbsfond · 3 geschälte, entkernte Tomaten, kleingeschnitten · 1 EL Cognac · 100 ccm Schlagsahne · 1 kleiner Zweig Thymian, Blätter abgestreift · Salz, weißer Pfeffer aus der Mühle · 1 Bund Petersilie, fein gehackt*

Die Butter in einer flachen großen Teflonpfanne schmelzen. Die auf Küchenpapier getrockneten Kartoffelwürfel dazugeben. Sie sollen nicht aufeinanderliegen. Bei mittlerer Hitze 30 Minuten (je nach Größe) knusprig braun braten. Mit Salz bestreuen.

Butterschmalz in einer Gußeisenpfanne rauchheiß erhitzen. Die Filetwürfel minutenschnell anbraten. Sie sollen innen blutig bleiben.

Aus der Pfanne nehmen, mit Folie abdecken.

Im Bratensatz Schalotte und Knoblauch dünsten. Mit Rotwein ablöschen und zur Hälfte einkochen.

Den Kalbsfond beigeben, ebenso die Tomaten. Alles zusammen 15 Minuten leise kochen lassen.

Cognac und Schlagsahne zufügen, wieder fünf Minuten kräftig einkochen. Die Tomatenstückchen sollen nicht mehr sichtbar sein.

Den Thymian darunterziehen.

Das Fleisch mit Salz und weißem Pfeffer würzen.

Mit dem Fleischsaft unter die kochende Sauce ziehen. Erhitzen.

In einer vorgewärmten Schüssel anrichten und die knusprigen Kartoffeln darüber verteilen, mit Petersilie überstreut servieren.

# BRAUNER KALBSFOND

*ZUTATEN:*

*3 kg Kalbsknochen · 50 g Öl oder Butterschmalz · 1 Zwiebel mit Schale, halbiert, Schale und Schnittstelle auf der Herdplatte hellbraun angeröstet · 1/4 Knollensellerie, mit Schale, grob geschnitten · 3 Karotten, in Stücke geschnitten · 3 Tomaten, geviertelt · 1 Lorbeerblatt · 1 Nelke · 1 TL Pfefferkörner, zerdrückt · 300 ccm guter Rotwein · 2 Lauch, aufgeschnitten · ca. 20 Petersilienstiele*

Viel Wasser in einem großen Topf erhitzen. Die Kalbsknochen hineingeben und blanchieren. Abschütten, die Knochen auskühlen lassen.

Öl in einem Bräter erhitzen.

Die Kalbsknochen dazugeben und den Bräter in den 220 Grad heißen Backofen stellen. Die Knochen 50 Minuten rundum hellbraun anrösten.

Die Gemüse (außer Lauch) und Gewürze (außer Petersilienstiele) beigeben. Kurz mitrösten.

Mit Rotwein ablöschen und die Flüssigkeit eindampfen lassen.

Mit Wasser auffüllen, bis alles bedeckt ist. Bei 180 Grad 4 bis 5 Stunden ziehen lassen.

Zuletzt den aufgeschnittenen Lauch und die Petersilienstiele beigeben. Kurz miterhitzen.

Nach weiteren 30 Minuten die Knochen und Gemüse herausnehmen, passieren und als Grundsauce verwenden.

*Fürs Menü brauchen Sie:*
*Pfannen*
*Messer*
*Sieb*
*Schneebesen*
*Kugelausstecher*
*Kuchenform von etwa 26 cm Ø*

*Zur Herstellung von Fonds:*
*Braisière (großer Bräter), am besten eckig, (großer Kochtopf bei größeren Mengen)*
*Küchenschere*
*Spitzsieb*
*diverse Messer*
*Passiertuch*
*Schaumkelle*
*Bratenwender*

Saucen gehören zur hohen Kunst des Kochens. Nicht ohne Grund rangiert der Saucier in der Küchenhierarchie ganz oben, gilt als wahrer Meister, der über viel Fingerspitzengefühl verfügen und alle Tricks und Kniffe am Herd beherrschen muß.

Im vorigen Kapitel haben wir gelernt, Fonds zuzubereiten, die Basis feiner Saucen. Heute widmen wir uns den »Saucenköniginnen«, wie die Hollandaise und auch die Sauce Béarnaise genannt werden. Beide basieren auf Butter und Eiern. Und binden bei einer Temperatur von 70 bis 80 Grad. Womit wir schon beim heikelsten Punkt sind. Etwas kälter, und es tut sich nichts. Etwas wärmer, und schon gerinnen unsere Saucen.

Deshalb gehen wir auf Nummer Sicher, arbeiten nicht direkt auf dem Herd, sondern in einem heißen Wasserbad. Und das geht so: Wir nehmen einen Topf, legen zwei, drei Lagen Küchenkrepp rein und füllen mit soviel Wasser auf, daß die Form, die wir später hineinstellen, etwa zu drei Vierteln im Wasser stehen wird. Dann bringen wir das Wasser zum Sieden, füllen unsere Form mit dem jeweiligen Gargut und setzen sie ins »Bad«. Eigentlich kann so nichts schiefgehen, vorausgesetzt, das Wasser fängt nicht an zu kochen. Anfänger sollten bei dieser Methode mit einem Thermometer arbeiten. Wer keines zur Hand hat, muß genau aufpassen. Noch mal: Auf dem Wasser dürfen sich keine Blasen bilden, es darf sich nicht mal bewegen.

Genaue Garzeiten lassen sich im Wasserbad nur schwer bestimmen, das hängt ganz vom Rezept, aber auch von dem Material ab, aus dem unsere Form ist. Glas leitet besser als Gußeisen, Edelstahl besser als Porzellan.

## GEFLÜGELLEBER-PATÉ MIT FEIGEN

*ZUTATEN FÜR 8-10 PORTIONEN ALS VORSPEISE:*

*200 g Geflügelleber · 25 g Mehl · 2 Eier · 2 Eigelb · 50 ccm Schlagsahne, steifgeschlagen · 200 ccm Vollmilch · 2 TL Salz · Pfeffer und Muskat · 1 kleines Salbeiblatt, fein gehackt · etwas Knoblauch, gepreßt · 2 EL guter Cognac · 100 ccm Madeira-Sülze (halb Madeira, halb Wasser, darin 2 Blatt Gelatine aufgelöst) · 4 frische Feigen*

Eine ofenfeste Form mit Butter ausstreichen.

Die Leber putzen, im Mixer ganz fein pürieren. Das Mehl dazusieben und nach und nach zwei ganze Eier, zwei Eigelb und die Sahne dazugeben. Die Milch daruntermischen und mit Salz, Pfeffer und einer Prise Muskat kräftig würzen.

Zuletzt Salbei, Knoblauch und Cognac der flüssigen Masse zufügen. Alles in die Form gießen, mit einem Deckel oder mit Folie gut abdecken, ins heiße Wasserbad stellen und auf der untersten Einschubleiste in den auf 150 Grad vorgeheizten Backofen schieben. Das Wasserbad wird so 80 Grad warm. 60 bis 70 Minuten lang pochieren.

Sobald sich der Rand von der Form löst oder eine lange Nadel stehen bleibt, ist die Terrine gar.

Vor dem Servieren möglichst einen Tag kühl stellen. Mit Madeira-Sülze übergießen. Nochmals kühl stellen. Mit Feigen garnieren.

# WIE KÖNIGINNEN BADEN GEHEN

*Sie sind die Krönung aller Saucen: die Hollandaise und die Béarnaise. Beide gelingen am besten im heißen Wasserbad. Wie auch die Geflügelleber-Paté, die es als Vorspeise gibt*

*Ein feines Paar: frische Feigen mit Geflügelleber-Paté*

*Weshalb dieses Menü? Die Geflügelleber-Paté können wir vorbereiten. Trotz der vielen Zutaten ist sie relativ schnell zu machen. Ein weiterer Vorteil: Sie ist kalorienarm. Die frischen Feigen harmonieren gut mit der Leber. Leicht ist auch das Hauptgericht mit dem pochierten Zander. Deshalb dürfen unsere Sauce und auch der Nachtisch etwas »schwerer« ausfallen*

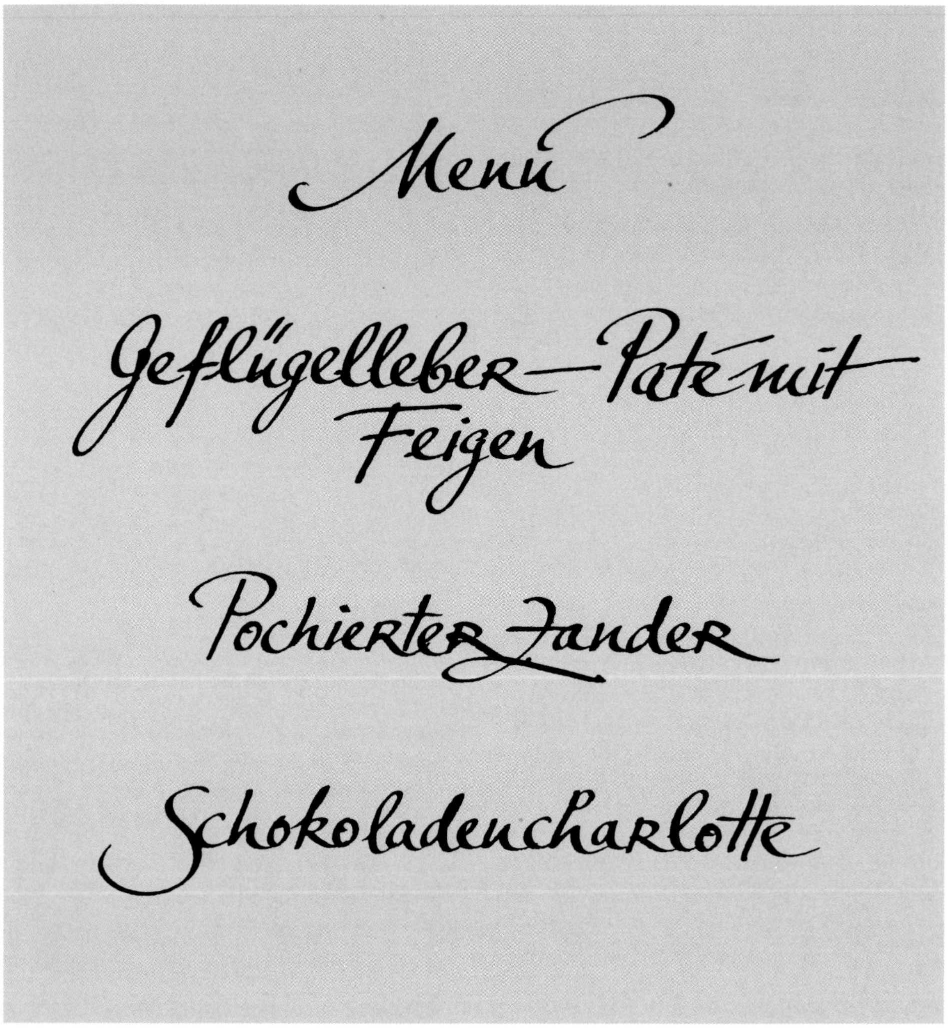


TIP:

Gelatine ist ein Bindemittel, das aus Knochen besteht. Agar-Agar ist pflanzlichen Ursprungs. Gelatineblätter legen wir erst in kaltes Wasser ein, am besten immer einzeln in einer flachen Form. Wenn sie zusammengefallen sind, drücken wir sie aus. Dann lösen wir die Gelatine zusammen mit zwei bis drei Eßlöffeln Wasser in einem feuerfesten Geschirr im warmen Wasserbad, bis eine klare Flüssigkeit entsteht.

Die Gelatine darf nur mäßig warm gelöst werden, sonst bekommt sie einen leimigen Beigeschmack.

## POCHIERTER ZANDER MIT SAUCE HOLLANDAISE

*ZUTATEN FÜR 4-6 PERSONEN:*

*1 Zander, 1,5 bis 1,8 kg, ganz frisch · Salz und Pfeffer*

*SUD*

*10 g Butter · 1 Möhre, grob geschnitten · 1 Stück weißer Lauch, grob geschnitten · 5 Petersilienstiele · 10 weiße Champignons, in Scheiben geschnitten · 300 ccm Weißwein, trocken · 1/2 Zwiebel · 3 schwarze Pfefferkörner, zerdrückt · 1 kleines Lorbeerblatt*

DEN AUSGENOMMENEN Zander kalt ausspülen. Mit Küchenpapier trocknen. Mit Salz und Pfeffer würzen.

Den Fischsud folgendermaßen ansetzen: Die Butter erhitzen, Möhre, Lauch, Petersilienstiele und Champignons andünsten. Mit Weißwein ablöschen, kurz einkochen lassen und mit eineinviertel Liter Wasser auffüllen. Zwiebel, Pfefferkörner und Lorbeerblatt zufügen. Alles zusammen 30 Minuten ziehen lassen.

Den Backofen auf 150 Grad vorheizen.

Den Zander in den Fond legen und 15 Minuten bei 120 bis 150 Grad im Ofen pochieren. Zwischendurch mit Sud übergießen.

Den Ofen auf 70 Grad runterschalten und den Fisch etwa eine Stunde ruhen lassen.

Herausnehmen, häuten und mit der zubereiteten Sauce Hollandaise servieren.

Tips:
Wer keinen Fischtopf hat, pochiert in der Saftpfanne des Backofens. Dabei den Fisch häufig begießen oder nach halber Garzeit einmal wenden.

Zander, der größte europäische Barsch, ist geschätzt, weil er wenig Gräten hat und ein festes, mageres, gut schmeckendes Fleisch. Da sein Kopf dem des Hechts ähnlich ist, wird er auch Hechtbarsch genannt. Der Zander kann 50 Zentimeter und mehr messen.

Lorbeer, fester Bestandteil des Kräutersträußchens (Bouquet garni), ist das Blatt des Lorbeerbaums, der im Mittelmeerraum wächst. Die Blätter sind frisch, getrocknet und auch in Pulverform auf dem Markt.

## HOLLÄNDISCHE SAUCE – SAUCE HOLLANDAISE

*ZUTATEN:*

*250 g Butter · 1 EL Essig · 5 Pfefferkörner, zerdrückt · 20 g Schalotten, gehackt · 100 ccm Weißwein · 2 Eigelb · Salz · 1 TL Zitronensaft · Cayennepfeffer*

Die Butter in einem Pfännchen schmelzen, bis sie flüssig ist, etwas stehen lassen, bis sich die Molke abgesetzt hat, dann den klaren Teil der Butter abgießen und beiseite stellen.

Den Essig, die Pfefferkörner und die Schalotten in einen Topf geben und zusammen mit dem Weißwein um zwei Drittel einkochen.

Durch ein Sieb gießen, einen Eßlöffel kaltes Wasser und Eigelb in die reduzierte Essig-Weißwein-Mischung geben.

Im Wasserbad bei mäßiger Hitze zu einer Creme aufschlagen.

Nach und nach in dünnem Strahl die geklärte Butter unter ständigem Rühren mit dem Schneebesen einlaufen lassen.

Vorsichtig salzen und mit Zitronensaft sowie einer Prise Cayennepfeffer abschmecken.

*Für die Hollandaise*

*Gewürzreduktion durch ein Sieb geben*

*Im Wasserbad mit dem Eigelb verquirlen*

Tips:
Cayennepfeffer ist benannt nach Cayenne in Französisch Guyana, wo die roten Chilischoten, aus denen er hergestellt wird, angeblich beheimatet waren. Was wir als Cayennepulver kaufen, ist meist mit Salz und anderen Gewürzen gemischt. Vorsicht! Gehen Sie mit diesem Pfeffer sehr sparsam um, er ist sehr viel schärfer als der gewöhnliche.

Mögliche Pannen:
Die Hollandaise bindet nicht, obwohl wir die Mengenangaben genau eingehalten haben (ein Ei bindet 100 ccm Flüssigkeit)? Dann war das Wasserbad zu kalt. Abhilfe: Das Wasserbad gut erhitzen oder eine Schüssel aus besser leitendem Material nehmen.

Die Buttersauce gerinnt. Dann war unser Wasserbad zu heiß. Oder wir haben die Butter zu rasch dazugegeben. Möglicherweise können wir die Sauce retten, wenn wir einige Tropfen eiskaltes Wasser von der Mitte her kreisförmig mit dem Schneidstab einrühren oder ein bis zwei Eiswürfel und etwas Zitronensaft zufügen. Oder wir schlagen ein Eigelb und zwei Eßlöffel kaltes Wasser in einer Schüssel auf und rühren die geronnene Sauce nach und nach ein.

Kalte Buttersauce aufzuwärmen mißlingt. Buttersaucen lassen sich nicht aufwärmen. Wir können sie, nur kurz, in warmem Wasser warm halten. Wenn auch dies nicht hilft, bleibt uns nichts anderes übrig, als eine neue Sauce zu machen.

Wasserbäder

Das eine für Profis mit Keramikeinsatz...

... das andere für Spontis, selbst zusammengestellt

## SAUCE BÉARNAISE

ZUTATEN:

200 g Butter · 2 EL Estragonessig · 1 Schalotte, gehackt · 5 schwarze Pfefferkörner, zerdrückt · 50 ccm Weißwein · 2 Eigelb · 1/2 TL Salz · 1 TL Zitronensaft · 1 Prise Cayennepfeffer · 3 EL Bratenjus, zum Abschmecken (ersatzweise Fleischbrühe) · 6 Estragonblätter, gehackt

DIE BUTTER bei Zimmertemperatur weich werden lassen.

ESTRAGONESSIG, Schalotte, Pfefferkörner und Weißwein auf einen Eßlöffel einkochen und erkalten lassen.

DIE DABEI entstandene Reduktion mit zwei Eßlöffel Wasser mischen, durch ein Sieb in eine Chromstahlschüssel gießen und gut ausdrücken.

DAS EIGELB dazugeben und über dem Wasserbad zu einer schaumigen Creme schlagen.

BEI MÄSSIGER Wärme die weichgewordene Butter darunterarbeiten.

MIT SALZ, Zitronensaft, Pfeffer, Bratenjus und Estragonblättern würzen.

## SCHOKOLADENCHARLOTTE MIT NUSS-SAUCE

ZUTATEN FÜR 6 PORTIONEN:

SCHOKOLADENCHARLOTTE

5 Blatt Gelatine · 1/4 l Milch · 100 g bittere Schokolade · 2 Eigelb · 100 g Zucker · 1/2 Packung Löffelbiskuits · 100 g zerstoßener Krokant (Zucker und Mandeln geröstet) · 1/2 l Schlagsahne

DIE GELATINE in kaltem Wasser einweichen.

DIE MILCH mit der zerbröckelten Schokolade in einer Schüssel im Wasserbad erwärmen, bis die Schokolade sich auflöst.

EIGELB und Zucker in einer Schüssel ebenfalls über heißem Wasserbad schaumig rühren.

DIE GELATINE ausdrücken und in der warmen Schokoladenmilch auflösen, dann zur Eigelbmasse gießen.

ALLES zusammen langsam auf 80 Grad erhitzen.

LÖFFELBISKUITS am Rand von Portionsförmchen aufstellen.

DIE MASSE abkühlen und leicht gelieren lassen.

DEN KROKANT und 400 ccm geschlagene Sahne darunterziehen.

IN DIE FÖRMCHEN füllen, glattstreichen und im Kühlschrank fest werden lassen.

KURZ vor dem Servieren die restliche Schlagsahne steifschlagen.

## NUSS-SAUCE

200 g Vanillecrème (siehe Rezept) · 100 g geröstete Walnußkerne, 2/3 davon fein gemahlen, 1/3 grob gehackt · 100 ccm Schlagsahne, steifgeschlagen · 2 EL Nußlikör

DIE VANILLECRÈME mit den gerösteten, feingemahlenen Walnüssen mischen.

ETWA 30 Minuten ziehen lassen, dann durch ein feines Sieb gießen.

DIE GEHACKTEN Nüsse mit der geschlagenen Sahne und dem Likör darunterziehen.

AUF DESSERTTELLER etwas Nuß-Sauce anrichten.

DIE SCHOKOLADENCHARLOTTE stürzen und darauf anrichten. Mit der steif geschlagenen Schlagsahne garnieren.

## VANILLECRÈME

*ZUTATEN FÜR 4-6 PERSONEN:*

*2 Eier · 2 Eigelb · 60 g Zucker · 1 Prise Salz · 10 g Speisestärke · 1/2 l Milch · 2 Vanilleschoten*

EIER und Eigelb, Zucker und Salz im heißen Wasserbad solange schaumig rühren, bis die Masse hell wird, sich verdoppelt und der Zucker sich gelöst hat.

SPEISESTÄRKE mit wenig kalter Milch anrühren.

RESTLICHE Milch erhitzen.

VANILLESCHOTEN längs aufschneiden, das Mark ausschaben, mit der Schote zur Milch geben, etwas ziehen lassen.

VANILLESCHOTEN aus der Milch nehmen, die Hälfte der Milch unter kräftigem Rühren langsam in die Eimasse einlaufen lassen. Angerührte Speisestärke in der restlichen Milch aufkochen.

BEIDES mischen, dann unter ständigem Rühren auf dem Wasserbad so lange erhitzen, bis die Masse schaumig und dicklich ist. Sie darf auf keinen Fall kochen, sonst gerinnt das Eigelb.

SOFORT in ein kaltes Gefäß umschütten und unter zeitweiligem Rühren abkühlen lassen, so verteilt sich auch das Vanillemark gut in der Crème.

TIP:
Übrige Crème mit Schlagsahne verfeinern. Hält sich mehrere Tage im Kühlschrank.

## ZABAIONE

Zabaione besteht aus einer Masse von Eigelb, Zucker und Flüssigkeit. Die Flüssigkeit gibt ihr das Aroma und auch den Namen. Klassisch ist Marsala, möglich sind auch Weißwein, Champagner, Muskateller, Gewürztraminer, Orangensaft – sogar Bier.

Ei oder Eigelb? Ich nehme zum Eigelb noch ein ganzes Ei, das schafft Volumen. Warm servieren oder kalt? Beides läßt sich machen. Wenn wir die Zabaione (frz.: Sabayon) warm servieren, schlagen wir sie im Wasserbad auf, bis dicker Schaum entsteht. Sofort auftragen, sonst fällt sie zusammen. Wir können den Eischaum auch kalt schaumig rühren und ihm mit ein wenig aufgelöster Gelatine und wenig steifgeschlagener Sahne Halt geben. Sabayon glacé ist einem Parfait ähnlich.

Wenn die Zabaione nicht fest wird? Sie wird nicht schaumig, wenn das Wasser im Bain-marie (Wasserbad) nicht heiß genug ist. Andererseits fällt sie bei zuviel Hitze zusammen oder sie gerinnt.

*FÜR FORTGESCHRITTENE*

## MARSALA-ZABAIONE

*ZUTATEN FÜR 4 PERSONEN:*

*200 ccm Marsala · 80 g Zucker · 3 Eigelb · 1 Ei*

ALLE ZUTATEN in einer tiefen, hitzebeständigen Schüssel verrühren.

IN EIN heißes Wasserbad stellen.

UNTER ständigem Schlagen mit dem Schneebesen zuerst zu einer schaumigen und dann zu einer dickflüssigen Masse aufschlagen.

SOBALD die Zabaione steigt und sich durch und durch in dicken Schaum verwandelt hat, sofort anrichten.

TIP:
Noch mal: Das Wasserbad darf nie kochen, sonst wird die Masse zu heiß und fällt zusammen oder sie gerinnt uns.

*Was Sie fürs Menü brauchen:*
*Ofenfeste Form (Terrine oder Kuchenform)*
*Mixer*
*Sieb*
*Alu-Folie*
*große, weite Pfanne, evtl. Bräter (entsprechend der Größe der Schüssel bzw. Form) als Wasserbad*
*langer Fischtopf oder Saftpfanne des Backofens*
*diverse Messer*
*Küchenpapier*
*Saucentopf*
*Chromstahlschüssel*
*6 Portionsförmchen*
*Schneebesen*

# DELIKATES UNTER EINER DECKE

*Eine leichte Kruste auf frischer Grundlage: So hat man Gratins und auch Aufläufe am liebsten*

Schlimm, wenn Aufläufe oder Gratins ohne viel Nachdenken als Deponie für Küchenreste genutzt werden. Entsorgt wird dabei so ziemlich alles, was ein paar Tage alt ist und weg muß. Und wird dann hübsch mit Industriekäse überbacken, so daß bei Tisch keiner mehr rausschmeckt, was er eigentlich vor sich hat.

In der feinen Küche dagegen gibt man sich viel Mühe mit Aufläufen und Gratins. Hier werden Reste sinnvoll verwertet (Teigwaren mit Butter anbraten, Gemüse mit Kräutern auffrischen, Reis als Einlage in Suppen) und ansonsten nur frische Zutaten verwendet.

Was unterscheidet das Gratin vom Auflauf? Nicht viel. Mit Gratin bezeichnen wir ein im Backofen oder unter dem Grill überkrustetes Gericht. Beim Auflauf handelt es sich um ein Essen, das »aufläuft«, also aufgeht, oft mit Hilfe von steifgeschlagenem Eiweiß. Sowohl Aufläufe als auch Gratins können pikant oder süß sein. Und weil wir Aufläufe meist auch überbacken können, ist es schließlich fast egal, ob wir die deutsche oder französische Bezeichnung wählen. Gratin klingt vielleicht etwas feiner.

Die Zeiten, die Gratins und Aufläufe zum Garwerden im Backofen benötigen, sind sehr unterschiedlich. Hummer und zarter Fisch können bereits in drei bis fünf Minuten überbacken sein. Bis ein Nudelauflauf durchgebacken ist, dauert es 30 bis 50 Minuten. Sind die Zutaten eines Auflaufs roh, müssen wir mit 50 Minuten und mehr rechnen.

Was wir in die Form füllen, wird zuvor oft blanchiert. Unter Blanchieren verstehen wir ein kurzes Vorgaren in fast kochendem Salzwasser (vor dem Siedepunkt). Blanchiert werden Fleisch und Knochen für Fonds, damit das trübende Eiweiß weggeschwemmt wird. Aus dem gleichen Grund blanchieren wir auch Fischgräten. Am häufigsten jedoch verwenden wir diese Kochmethode bei Gemüse. Kohl, Sellerie, Endivie oder Chicorée verlieren beim Vorgaren ihren aufdringlichen, manchmal auch bitteren Geschmack.

Da wir heute für alle drei Gerichte den Backofen brauchen, müssen wir die Arbeit entsprechend einteilen. Das Dessert können wir vorbereiten: die Kiwis schneiden, Eigelb und den Zucker schaumig rühren. Daraufhin machen wir das Nudelgratin fertig. Während das im Ofen gart, bereiten wir den Spinat vor.

Wie halten wir das Nudelgratin warm, während die Vorspeise im Ofen ist? Da gibt es verschiedene Möglichkeiten. Wir können es mit Alufolie abdecken. Oder wir machen es, kurz vor dem Auftragen, im Mikrowellengerät heiß. Oder aber wir schieben das Nudelgratin auf der untersten Einschubleiste ein und die Förmchen mit dem Spinat darüber, damit sie bei Oberhitze kurz gratinieren. Das Kiwi-Gratin bereiten wir à la minute zu. Wir stellen den Ofen auf Oberhitze (wer keine Oberhitze schalten kann, schiebt das Dessert auf der obersten Einschubleiste in den Backofen), ziehen den kühlen, steifgeschlagenen Rahm unter die Ei-Zucker-Masse und überbacken kurz; fünf bis sechs Minuten genügen.

*Spinat im Siebdruck*

*Gedämpften Spinat in einen Durchschlag geben und mit der Schaumkelle ausdrücken*

*Im gemachten Bett: Kiwischeiben überbacken*

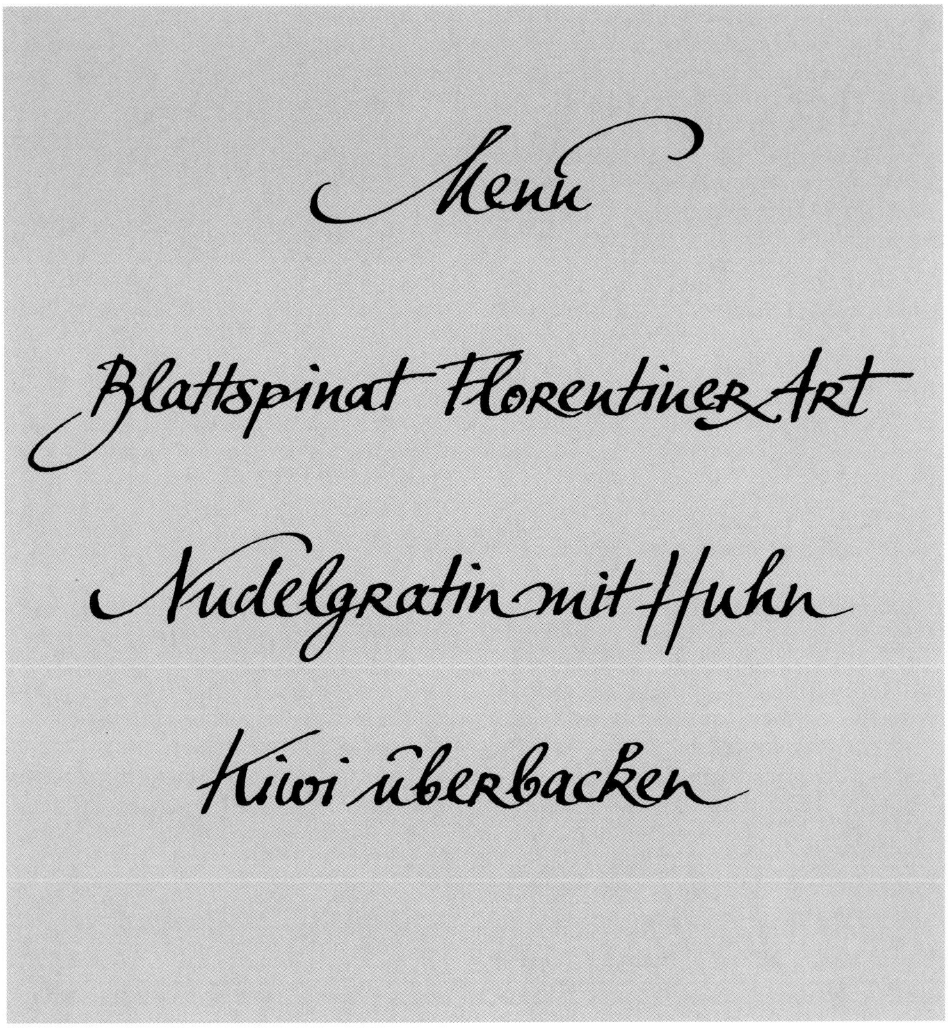


*Weshalb dieses Menü? Weil wir bei jedem der drei Gerichte eine andere Art des Gratinierens lernen. Damit die drei Gänge verschieden aussehen, wählen wir für den Spinat als Vorspeise und für das Dessert Portionsförmchen; das Nudelgratin mit Huhn bereiten wir in einer großen Auflaufform zu*

## BLATTSPINAT FLORENTINER ART MIT SPIEGELEI

*ZUTATEN FÜR 4 PERSONEN:*

*800 g Blattspinat · 70 g Butter · 1 Schalotte, gehackt · 1/2 Knoblauchzehe, gepreßt · 100 g Parmesan, frisch gerieben · 4 Eier*

Den Spinat verlesen, grobe Stiele abbrechen und so oft waschen, bis das Wasser sauber bleibt.

Zehn Gramm Butter in einem Topf schmelzen, Schalotten und Knoblauch kurz andünsten.

Den Spinat dazugeben. Kurz dünsten, bis er zusammenfällt. Dann leicht ausdrücken.

In gebutterte Gratinförmchen verteilen und dicht mit Käse bestreuen.

Butterflocken darüber verteilen.

Den Backofen auf 180 Grad vorheizen.

Die Förmchen auf mittlerer Einschubleiste einschieben und den Spinat etwa zehn Minuten bei Grillhitze (notfalls bei normaler Oberhitze auf der obersten Leiste) goldbraun überbacken.

Die Spiegeleier separat zubereiten und auf den Spinat setzen.

# NUDELGRATIN MIT HUHN

*ZUTATEN FÜR 4-6 PERSONEN:*

*1 frisches Suppenhuhn von etwa 1,3 kg mit Innereien · Salz · 3-4 Blätter frischer Estragon, fein gehackt · 1 Bouquet garni aus 1 Möhre, 1 Lauch, wenig Sellerie, Petersilienstengel, 1 mit Lorbeerblatt und Nelke besteckte Zwiebel · 1 1/2 l Hühnerbrühe, entfettet · 500 g Bandnudeln, wenn möglich frisch zubereitet · Muskatnuß, frisch gerieben · Pfeffer aus der Mühle · 40 g Butter für die Form und als Flocken · 3 Eier · 400 ccm Milch · 100 g Greyerzer, frisch gerieben · 80 g Parmesan, frisch gerieben*

DIE INNEREIEN aus dem Huhn entfernen, gut abspülen. Das Huhn sorgfältig waschen, mit wenig Salz und etwas Estragon würzen und mit dem Bouquet garni und den Innereien in den Kochtopf legen. Die heiße Hühnerbrühe darübergießen.

DAS HUHN vom Siedepunkt an eineinhalb Stunden bei mäßiger Hitze ziehen lassen.

DAS HUHN herausnehmen und etwas abkühlen lassen.

DIE BRÜHE durch ein Sieb gießen und mit etwa einem Liter Salzwasser vermischen. Zum Kochen bringen und die Nudeln darin knapp gar kochen. Abschütten, mit Wasser überbrausen, abgetropft mit Salz, Muskat und Pfeffer würzen.

DEN BACKOFEN auf 225 Grad vorheizen.

DAS HUHN häuten. Das Fleisch von den Knochen lösen und in feine Streifen schneiden.

LAGENWEISE mit den Nudeln in eine ausgebutterte Gratinform füllen.

FÜR DEN GUSS Eier und Milch mit Salz, Pfeffer und Muskat würzen und alles zusammen verquirlen. Über die Nudeln gießen.

DIE BEIDEN Käsesorten mischen und den Auflauf damit bestreuen. Die Butterflocken darauf verteilen.

DIE FORM auf der untersten Einschubleiste des Backofens einschieben und etwa 25 Minuten lang goldbraun überbacken.

TIP:
Für Gratins und Aufläufe eignen sich grundsätzlich nur Käsesorten, die keine Fäden ziehen.

Zum Binden von Aufläufen hervorragend geeignet ist die Béchamelsauce, benannt nach Louis Béchamel, dem Oberhofmeister des Sonnenkönigs Ludwig XIV. Das Grundrezept:

*Eine königliche Sauce*

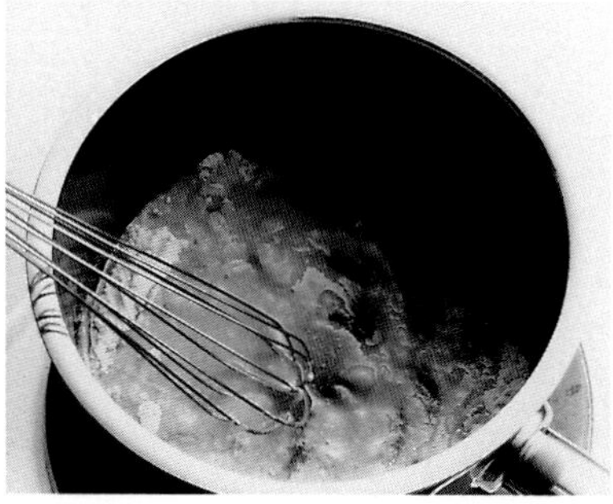

*Butter und Mehl zusammen erhitzen und kurz bei mäßiger Hitze dünsten*

# BÉCHAMELSAUCE

*ZUTATEN FÜR 400 CCM:*

*20 g Butter · 20 g Mehl · 300 ccm Milch · Salz · 1 Prise Muskat · 100 ccm Schlagsahne*

BUTTER und Mehl bei mäßiger Hitze kurz anschwitzen.

DEN TOPF (am besten aus Chromstahl) von der Herdplatte ziehen und mit der kalten Milch ablöschen, unter Rühren mit dem Schneebesen langsam zum abgekühlten Mehl geben.

DIE SAUCE aufkochen und mit Salz und Muskat würzen, bei milder Hitze köcheln lassen.

SCHLAGSAHNE nach 10 bis 15 Minuten Kochzeit dazugeben und einmal aufkochen lassen.

*Unter Rühren Milch dazugeben*

*Nach etwa 10 bis 15 Minuten die Schlagsahne unterrühren*

Tip:

Eine feine Variante zur Béchamelsauce ist die Sauce Mornay (Gratiniersauce):

Unter die Béchamelsauce 50 Gramm geriebenen Parmesan, 1 Eigelb und zusätzlich etwas Schlagsahne mischen.

## KIWI ÜBERBACKEN

*ZUTATEN FÜR 4 PERSONEN:*

*20 g Butter für die Förmchen · 6 Kiwis · 2 EL Kirschwasser · 2 Eigelb · 2 EL Vanillezucker · 10 g Zucker · 200 ccm Schlagsahne, steif geschlagen · Puderzucker*

Den Backofen auf 250 Grad vorheizen.

Vier Portionsförmchen von acht bis zehn Zentimeter Durchmesser ausbuttern.

Die Früchte schälen und in zwei Millimeter dicke Scheiben schneiden. Dachziegelartig in die Förmchen legen und mit Kirschwasser beträufeln.

Fünf Minuten in den Ofen stellen, damit sich die Früchte erwärmen.

Das Eigelb mit zwei Eßlöffel Wasser, Vanillezucker und Zucker in einer Schüssel im heißen Wasserbad schaumig rühren, bis die Masse hell wird. Aus dem Wasserbad nehmen, in ein kaltes Wasserbad stellen und kalt schlagen. Dann die geschlagene Sahne locker darunterziehen.

Die Kiwis mit der Eicreme überziehen.

In den vorgeheizten Backofen oder unter den Grill stellen. Fünf bis sechs Minuten überbacken. Das Gratin soll goldbraun werden.

Warm mit Puderzucker bestäuben und nach Belieben mit einem Sorbet servieren.

*FÜR FORTGESCHRITTENE*

## GRATIN DAUPHINOIS À MA FAÇON

*ZUTATEN FÜR 4 PERSONEN:*

*1 Knoblauchzehe · 20 g Butter · 1 kg Kartoffeln, mehlig kochende Sorte · 700-1000 ccm Schlagsahne, je nach Größe der Form · Salz · Pfeffer · Muskat, frisch gerieben · 50 g Greyerzer Käse, gerieben · 20 g Butter für Flöckchen*

Den Backofen auf 200 Grad vorheizen.

Die Gratinform mit einer längs halbierten Knoblauchzehe ausreiben. Anschließend großzügig mit Butter ausstreichen.

Die Kartoffeln schälen und in sehr dünne Scheiben schneiden. Auf Küchenpapier oder auf einem Küchentuch trocknen.

Die Kartoffelscheiben in eine Schüssel geben, mit Rahm übergießen und kräftig mit Salz und Pfeffer und Muskat würzen. Mit den Fingern so mischen, daß jede Kartoffelscheibe von der Sahne umhüllt ist und deshalb beim Backen nicht klebt.

In die Gratinform verteilen, die in der Schüssel zurückgebliebene Sahne darübergießen. Die Kartoffeln sollen völlig mit Sahne bedeckt sein.

Den Käse darüberstreuen und ein paar Butterflocken darauf verteilen.

Die Gratinform auf der untersten Einschubleiste in den heißen Ofen schieben. Die Hitze auf 120 Grad zurückschalten und die Kartoffeln 20 Minuten garen. Hitze auf 80 Grad reduzieren, Kartoffeln in 1 Stunde weich werden lassen. Sie sollen dabei saftig bleiben.

Den Ofen auf 200 Grad Oberhitze schalten und den Gratin 15 Minuten goldbraun überkrusten lassen.

Auf diese Art bleibt der Kartoffel-Gratin saftig; die Kartoffeln geben einen Teil ihrer Stärke ab, und der Rahm bindet leicht. Es ist die beste mir bekannte Zubereitungsart für einen perfekten Gratin dauphinois, wobei die Höhe der Form in jedem Fall eine Rolle spielt, d. h. der Gratin sollte möglichst flach in einer Schicht von 2-3 cm Höhe eingefüllt werden.

## GRATIN DAUPHINOIS NACH FERNAND POINT

*ZUTATEN FÜR 4-6 PORTIONEN:*

*800-1000 g Kartoffeln · 1 Knoblauchzehe · 30 g Butter · 1 EL Salz, gestrichen voll · schwarzer Pfeffer aus der Mühle · 600 ccm Milch · 3 ganze Eier · 2 EL Crème double*

Den Backofen auf 225 Grad vorheizen.

Die Kartoffeln waschen, schälen und in hauchdünne Scheiben schneiden. Auf Küchenpapier oder einem Küchentuch trocknen.

Eine Gratinform mit einer Knoblauchzehe ausreiben, buttern und mit etwas Salz ausstreuen.

Die Kartoffelscheiben mit Salz und einer Spur Pfeffer leicht gewürzt in die Form verteilen.

Die Milch mit den Eiern und der Crème double gut verquirlen.

Den Guss über die Kartoffeln verteilen (keinen Käse verwenden).

Die restliche Butter in Flocken über die Kartoffeln geben.

Die Form auf unterster Einschubleiste in den Backofen schieben und 30 Minuten backen.

Nach dieser Zeit den Backofen auf 80 Grad schalten und das Gratin mindestens 1 Stunde warm ruhen lassen. Soll es mehr Farbe bekommen, so kann man die Hitze in den letzten 10 Minuten nochmals hochschalten.

## GNOCCHI VERDI

*ZUTATEN FÜR 4 PERSONEN:*

*40 g Butter · Salz · Pfeffer und Muskat · 170 g Mehl (Type 405) · 30 g Parmesan, frisch gerieben · 30 g Emmentaler, frisch gerieben · 4 Eier · 4 EL Spinatpüree, gut ausgedrückt*

*ZUM ÜBERBACKEN*

*50 g Butter · 50 g Parmesan, frisch gerieben*

300 ccm Wasser, Butter, Salz, Pfeffer und eine Prise Muskat zusammen in einem Topf aufkochen.

Das Mehl »im Sturz«, d. h. alles auf einmal beigeben. Mit einer Holzkelle gut mischen, damit ein Teigkloß entsteht, der sich vom Topf löst.

Von der Herdplatte nehmen, den gemischten Käse und die verquirlten Eier mit dem möglichst trockenen Spinatpüree unter die Masse ziehen.

Viel Salzwasser zum Kochen bringen.

Den Gnocchiteig in einen Spritzbeutel mit glatter Tülle füllen. Kleine Würstchen oder mit größerer Tülle Kugeln auspressen, abschneiden und ins heiße Wasser fallen lassen. Nicht zuviel auf einmal in den Topf geben.

Die Gnocchi solange ziehen lassen, bis sie an die Oberfläche steigen (3 bis 4 Minuten).

Eine Gratinform ausbuttern. Die Gnocchi lagenweise hineinlegen.

Mit Käse überstreuen und mit angebräunter Butter begießen.

Im auf 250 Grad vorgeheizten Backofen auf der obersten Einschubleiste überbacken. Sofort servieren.

*Was Sie fürs Menü brauchen:*
*diverse Messer*
*diverse Kochtöpfe*
*Portions-Gratinförmchen*
*Käsereibe*
*Knoblauchpresse*
*Teflonpfanne*
*Muskatnußreibe*
*Gratinform, hoch*
*Sieb zum Abschütten*
*Geflügel- oder Küchenschere*
*1 Topf (für das Wasserbad)*
*1 kleine Schüssel*
*1 Schneebesen*
*1 Tranchierbrett*
*1 Fleischgabel*

Ja, ich weiß. Fritieren, das bringt zusätzliche Kalorien. Außerdem soll heißes Fett nicht gerade gesund sein. Und der Geruch, der dabei entsteht, läßt sich nur mühsam aus der Wohnung vertreiben.

Trotzdem: Es schmeckt. Wie groß der Appetit auf Knuspriges ist, zeigt der Erfolg vieler Fast-Food-Läden, die mit Fritten und Hähnchen Geld machen. Und selbst wer nur in besseren Restaurants ißt, ordert gerne mal fritierten Fisch oder Kroketten.

Fritieren ist erlaubt, wenn man mit Fetten bester Qualität arbeitet, diese höchstens zwei-, dreimal wiederverwendet und sich exakt an die angegebenen Temperaturen hält. Der Hitzeschock bewirkt, daß sich sofort eine Kruste bildet, die wichtige Nährstoffe nicht verlorengehen läßt. So kann sich das Fritiergut auch nicht mit Fett vollsaugen. Pommes frites beispielsweise sind – sachgemäß zubereitet – weniger fetthaltig als in der Pfanne gebratene Kartoffeln.

Mit billigem, schlechtem Fett verderben wir unser Essen. In meiner Züricher Kochschule verwenden wir meist ungehärtetes Pflanzenfett. Bestens bewährt hat sich Erdnußöl. Je nach Art des Fritiergutes können wir auch mit Olivenöl oder Kokosfett ausbacken. Von einem deutschen Spitzenkoch weiß ich, daß er mit geklärter Butter fritiert – ein kostspieliges Verfahren, das allerdings einen wunderbaren Geschmack bringt. Ungeeignet sind Fettmischungen und Margarine. Außerdem ist dabei wichtig:

Gebrauchtes Fett oder Öl nicht mit neuem »auffrischen«.

Die angegebenen Temperaturen genau einhalten. Ist das Öl überhitzt, oxidiert es und schadet der Gesundheit. Ist das Öl nicht heiß genug, saugt sich das Fritiergut voll mit Fett und fängt erst später zu backen an.

# SCHNITZEL OHNE SCHNITZER

*Das echte Wiener Schnitzel kriegt man nur noch selten. Grund genug, beim Thema Fritieren ein Wort darüber zu verlieren*

Nach dem Fritieren das flüssige, etwas abgekühlte Fett durch ein feines Sieb gießen und so alte Rückstände entfernen.

Eine andere Methode, das Fett zu klären: Wir lassen es in der Friteuse fest werden, erwärmen es 20 Sekunden und stürzen es dann wie einen Kuchen. Die Rückstände sammeln sich unten und lassen sich wegschneiden.

Wer sich eine Friteuse anschaffen will, sollte sich beraten lassen und nicht das billigste Gerät kaufen. Wir können uns aber auch mit einem Chromstahltopf mit Kupferboden behelfen, der hohe Temperaturen verträgt. Er sollte sicher stehen und einen Stiel haben, der nicht heiß wird. Dann brauchen wir noch: ein Fett-Thermometer, einen flachen Schaumlöffel aus Drahtgeflecht, einen Backkorb für Pommes frites, ein Sieb zum Abtropfen, saugfähiges Küchenpapier oder Papierservietten.

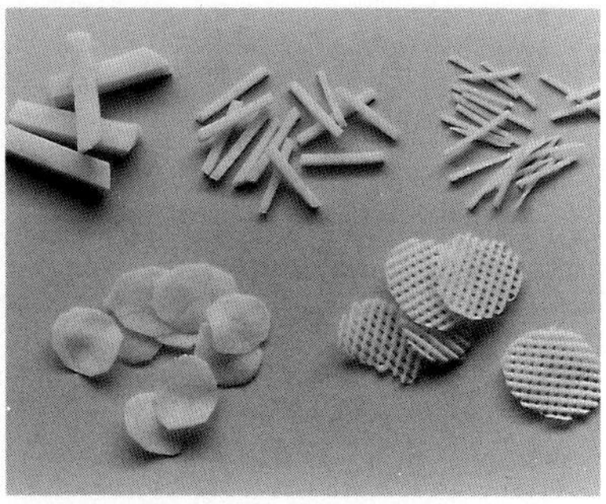

*Aus Kartoffeln geschnitten: Pommes frites, Streichholzkartoffeln, Strohkartoffeln, Kartoffelchips und Kartoffelwaffeln*

In der chinesischen Küche wird übrigens seit Hunderten von Jahren fritiert. Um Duft und Geschmack zu verbessern, marinieren die Chinesen die Zutaten erst mit Sojasauce und Sherry. Sie fritieren zweimal, tauchen das Fritiergut erst ins heiße Öl, bis es von blaßgoldener Farbe ist, nehmen es dann heraus, lassen es abkühlen, erhitzen das Öl nochmals und fritieren kurz ein zweites Mal. Frühlingsrollen werden meist dreifach ausgebacken.

*Warm im Tuch serviert: Wiener Schnitzel mit der klassischen Zitronenscheibe*

*Weshalb dieses Menü? Den Anfang macht die Cassolette, die aus Champignonscheiben und Tomatenconcassé besteht. Cassolette heißt: serviert wird in Portionsgeschirr, nicht zu verwechseln mit Cassoulet, dem französischen Eintopf aus Lamm und weißen Bohnen. Was allgemein als Wiener Schnitzel serviert wird, verdient diese Bezeichnung oftmals nicht, deshalb lernen wir es klassisch zuzubereiten: ein möglichst großes, möglichst dünnes Kalbsschnitzel aus der Keule, das paniert wird. Wir halten es warm, während die Pommes frites in der Friteuse garen. Und am Nachtisch können wir noch einmal üben, was wir in der vorigen Folge beim Gratinieren gelernt haben*

Menu

Cassolette mit Pilzen

Wiener Schnitzel mit Pommes frites

Apfelgratin mit Apfelsorbet

## CASSOLETTE MIT PILZEN

*ZUTATEN FÜR 4 PERSONEN:*

*1 EL Olivenöl · 1 Schalotte, fein gewürfelt · 1 Msp. Knoblauch, gepreßt · 400 g Feldchampignons, geputzt und in Scheiben geschnitten · Salz und Pfeffer · 2 Tomaten, geschält, entkernt und in Würfelchen geschnitten · glattblättrige Petersilie zum Bestreuen*

Das Olivenöl langsam erhitzen, die Schalotte und den Knoblauch darin andünsten.

Die Pilze zufügen, kurz mitdünsten und würzen, Flüssigkeit einkochen lassen.

Die Tomatenwürfelchen daruntermischen und mit gehackter Petersilie bestreuen.

In vorgewärmten Portionsschalen anrichten.

## WIENER SCHNITZEL

*ZUTATEN FÜR 4 PERSONEN:*

*4 dünne, große Kalbsschnitzel aus der Keule · Salz und etwas Pfeffer aus der Mühle · 1 EL Mehl · 2 Eier · 3-4 EL Paniermehl · Pflanzenfett zum Fritieren · 4 Zitronenscheiben · 1 Bund Petersilie, fein gehackt · 1 TL Paprikapulver*

Die Schnitzel vom Metzger ganz dünn schneiden, zusätzlich noch klopfen lassen. Mit Salz und Pfeffer würzen. Beidseitig sparsam bemehlen. Überschüssiges Mehl abschütteln.

Die Eier verquirlen, eventuell leicht würzen, die Schnitzel zuerst in Ei und dann im Paniermehl wenden.

DIE PANIERUNG leicht andrücken und die Schnitzel im 180 Grad heißen Fett zwei bis drei Minuten ausbacken. Wenn Sie keine Friteuse und kein Thermometer haben, geben Sie einen kleinen Brotwürfel ins heiße Fett. Steigt er sofort an die Oberfläche und ist schön braun, dann stimmt die Temperatur.

AUF EINER vorgewärmten und mit einer Serviette belegten Platte schön anrichten.

DIE ZITRONENSCHEIBEN je zur Hälfte mit feingehackter Petersilie sowie mit Paprikapulver bestreuen. Jedes Schnitzel damit garnieren.

TIPS:

Paniermehl besteht aus getrocknetem und geriebenem Brot mit Rinde. Unter »Mie de pain« versteht man geriebenes getrocknetes Weißbrot ohne Rinde. Süßes Paniermehl wird aus Biskuit-, Zwieback- und Kuchenresten hergestellt. Im Handel ist auch gewürztes Paniermehl, das Paniergut brauchen wir dann nur noch knapp zu würzen. Ich rate Ihnen zu selbstgemachtem Paniermehl aus trockenem weißen Brot.

»À la milanaise« heißt, daß wir je zur Hälfte feines Paniermehl und geriebenen Parmesan zum Panieren verwenden. Auch mit Nüssen können wir panieren (mit Splittern oder Blättchen von Mandeln, Hasel- oder Walnüssen). Kleine Gemüsekuchen schmecken gut mit einer Panierung aus je einem Drittel Haselnüssen, Pinienkernen und Haferflocken.

Die Backzeit hängt von der Menge, der Größe des Fritiergutes und von der Temperatur des Fettes ab. Sind die Zutaten bereits gekocht (Kroketten, gekochtes Gemüse im Teig), ist die Backzeit kurz. Muß das Backgut (Backhendl, Apfelküchlein) in der Friteuse noch gar werden, ist die Backzeit etwas länger. Beispiele: Gekochtes Gemüse in Ausbackteig: 3-4 Minuten; panierte Schnitzel: 2-3 Minuten; Kroketten: 3-4 Minuten; Fischfilet ohne Teig: 1-2 Minuten.

## POMMES FRITES

*ZUTATEN FÜR 4-6 PERSONEN:*

*1 kg Kartoffeln · Öl zum Fritieren · Salz*

DIE KARTOFFELN schälen und waschen. In ein Zentimeter dicke Scheiben und diese in Stifte schneiden. Dann mit einem Tuch trocknen.

DIE POMMES frites vorbacken: Das Öl auf etwa 170 Grad erhitzen und die Pommes frites portionsweise im Öl schwimmend ausbacken, bis sie weich werden, die Farbe aber nicht ändern. Auf einem mit Küchenpapier ausgelegten Backblech ausbreiten.

KURZ VOR dem Servieren die Pommes frites im 180 Grad heißen Fett das zweite Mal ausbacken. Sie sollen dabei schön knusprig und goldbraun werden. Lagenweise auf Küchenpapier ausbreiten und salzen. Sofort servieren.

TIP:

Fertig gebackene Pommes frites können auch im offenen Backofen warm gehalten werden. Die Pommes frites dürfen jedoch nie zugedeckt werden, sonst werden sie weich.

A PROPOS...

... Fisch: Zum Fritieren besonders gut geeignet sind kleinere Sorten. Große Fische müssen wir bei sinkender Hitze backen. Wir tauchen sie bei 190 Grad ins heiße Öl und gehen dann zurück auf 160 Grad. So schließen sich die Poren gleich zu Beginn, und der Fisch gart, ohne fettig zu werden.

... Kartoffeln: Da sie, ähnlich den Fischen, viel Wasser enthalten, arbeiten wir mit höheren Temperaturen. Am populärsten sind Pommes frites, die innen weich und außen knusprig sein sollten. Wir erreichen das mit dem doppelten Fritieren. Wichtig: Die Stäbchen sollten gleich groß sein.

*Geschmackvoll verhüllt*

*Schnitzel beidseitig sparsam bemehlen, überschüssiges Mehl abpinseln*

*Bemehlte Schnitzel mit verquirltem Ei anfeuchten*

*Dann in Paniermehl wenden und leicht andrücken*

... Wiener Schnitzel: Das Fleisch dazu stammt aus der Kalbskeule, am besten aus dem inneren Teil, den die Wiener Schlachter den »Kaiserteil« nennen. Er ist zart, saftig und feinfaserig. Beim Panieren müssen die Brösel gleichmäßig verteilt sein. Das echte Wiener Schnitzel sollte übrigens so groß sein, daß der Tellerrand darunter nicht zu sehen ist.

... Backhendl: Was für die Aristokratie das Wiener Schnitzel, war für das Kleinbürgertum das Backhendl. Man nannte es auch »Huhn im Schlafrock«. Die Brathähnchen werden so zubereitet: In Teile schneiden, häuten, mit Salz und Pfeffer würzen und panieren. Nach dem Ausbacken kann man die Hähnchen bei 80 Grad im Ofen ruhen lassen.

## APFELGRATIN MIT APFELSORBET

*ZUTATEN FÜR 4-6 PORTIONEN:*

*APFELSORBET*
*1 kg Äpfel, mit Schale und Kernen in Viertel geschnitten · 300 ccm Zuckersirup aus: 1/2 l Wasser, 100 g Zucker, 2 EL Vanillezucker und Saft von 1/2 Zitrone · 300 ccm Apfelsaft · 50 ccm Calvados*

Die Apfelviertel mit Schale und Kernen in Zuckersirup weich kochen. Alles durch ein Sieb streichen.

Den Apfelsaft dazugießen und die Masse gefrieren. Während des Gefrierens den Calvados unterrühren. Bis zum Gebrauch im Gefriergerät aufbewahren.

Kurz vor dem Servieren mit dem Schneidstab des Handrührgerätes aufrühren.

## APFELGRATIN

*100 ccm Weißwein · 2 EL Zucker · 1 EL Vanillezucker · 1 kleine Zimtstange · 3 große oder 4 kleine Äpfel (Jonathan, Glocken, Boskop) · 2 Eier · 1 EL Calvados · 200 ccm Schlagsahne*

200 ccm Wasser, Weißwein, einen Eßlöffel Zucker und Vanillezucker mit der Zimtstange 15 Minuten kochen.

Die Äpfel entkernen und in Schnitzchen teilen und im Sirup etwa vier bis fünf Minuten (je nach Sorte) weich garen. Herausnehmen und in Gratinschälchen verteilen. Den Saft auf 50 ccm einkochen lassen. Durch ein Sieb gießen.

Den Backofen auf 180 Grad vorheizen.

Eier, restlichen Zucker und Calvados mit dem eingekochten Apfelsaft in einer kleinen Schüssel, die ins heiße Wasserbad gestellt wird, mit dem Mixer schaumig rühren, etwas abkühlen, dann die Schlagsahne locker darunterziehen und die Äpfel damit begießen.

In den vorgeheizten Ofen schieben und etwa 15 Minuten bei 225 Grad überbacken (oberste Einschubleiste).

Mit dem Sorbet servieren.

*FÜR FORTGESCHRITTENE*

## BERLINER PFANNKUCHEN

*FÜR CA. 25 STÜCK:*

*HEFETEIG*
*350 g Mehl, gesiebt · 30 g Hefe, mit 1 TL Zucker angerührt · 50 g Butter, flüssig · 150 ccm Milch · 2 Eier, verquirlt · 80 g Zucker · 1 Zitrone, abgeriebene Schale davon (nur Gelbes) · 1/2 EL Rum · 1/2 TL Salz*

*Mehl zum Ausrollen und fürs Backblech*

*FÜLLUNG*
*3-4 EL dicke Aprikosen- oder Himbeerkonfitüre · 1 Eiweiß, verquirlt · Pflanzenöl zum Fritieren*

*ZUM WENDEN*
*50 g Zucker*

Im gesiebten Mehl eine Vertiefung hineindrücken.

Die angerührte Hefe mit der abgekühlten Butter, der Milch, den Eiern, Zucker, Zitronenschale und Rum in die Mehlmitte geben.

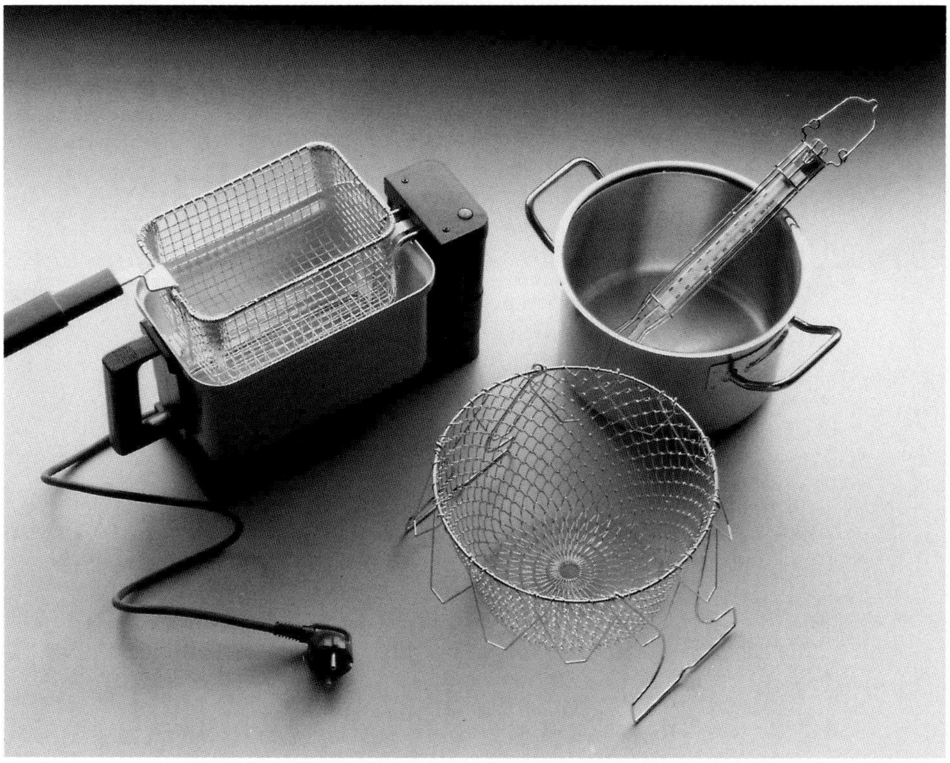

*Die Geräte zum Fritieren: eine elektrische Friteuse für kleinere Einzelportionen. Ein Draht-Allzweckkorb aus dem Fachgeschäft kann in einen beliebigen Topf mit Fritieröl oder -fett gehängt werden (links im Bild). Sehr wichtig beim Fritieren ist auch das Fett-Thermometer*

*Was Sie sonst noch fürs Menü brauchen:*
*diverse Messer*
*Knoblauchpresse*
*Sparschäler*
*Metallschüssel für das Wasserbad*
*Schneidstab des Handrührers*
*Backblech*
*Schaumkelle*
*Stoffserviette*
*Gefriergerät*

DAS SALZ rund um den Mehlkranz streuen.

DEN TEIG von der Mitte aus verrühren und kräftig kneten. Die Teigkugel bei Zimmertemperatur abgedeckt um etwa das Doppelte aufgehen lassen, wieder zusammenkneten. Portionsweise auf wenig Mehl 1 cm dick ausrollen.

PLÄTZCHEN von ca. 6 cm Durchmesser ausstechen.

AUF DIE Hälfte der Plätzchen in die Mitte wenig Konfitüre geben.

DIE RÄNDER mit dem verquirlten Eiweiß bestreichen.

JE EIN ZWEITES Plätzchen darauflegen und am Rand gut zusammendrücken.

AUF EINEM leicht bemehlten Backblech etwa 50 Minuten bei Zimmertemperatur (oder bei 30 Grad im Ofen) aufgehen lassen.

DAS ÖL in einer Friteuse auf etwa 170 Grad erhitzen.

NUR SO viele Berliner Pfannkuchen hineingeben, daß sie gut schwimmen können und nicht aneinander kleben (untere Seite nach oben), goldbraun ausbacken, dabei wenden. Die Friteuse zu Anfang einen Moment zudecken, damit die Berliner Pfannkuchen schön aufgehen! Sie sollen gut durchgebacken sein, aus diesem Grunde darf man sie nicht zu schnell und nicht zu heiß backen.

ZUR PROBE einen Berliner Pfannkuchen durchschneiden.

GUT ABTROPFEN lassen und, noch warm, in Zucker wenden.

# GANZ EINFACH FEUERN

*Flambieren, lange als überflüssiges Theater bei Tisch verpönt, kommt wieder in Mode. Weil es Spaß und das Essen wirklich einen Tick feiner macht*

Flambieren war Ende der sechziger, Anfang der siebziger Jahre groß in Mode. Landauf, landab wurde in Kochschulen das Spiel mit dem Feuer geübt. Und in den feinen Restaurants, wo gerade die französische Küche eingezogen war, pflegten mehrmals am Abend die Lichter zu erlöschen, wenn es der Oberkellner mal wieder brennen und zischen ließ.

Industrie und Handel stellten sich darauf ein, produzierten Flambiertische und das nötige Accessoire (in bester Ausführung einige hundert Mark teuer). Plötzlich aber war Schluß mit dem Spuk, die Flammen erloschen.

Zwei Vorteile hatte das Flambieren. Zum einen konnte man während der Zubereitung bei den Gästen sein (was wenig später auch beim Fondue möglich war). Zum anderen wird bei dieser Garmethode Alkohol so ausgebrannt, daß nur seine Aromastoffe zurückbleiben. Flambiertes schmeckt eben einfach einen Tick feiner.

Daran scheint man sich heute wieder zu erinnern. Köche in Spitzenrestaurants entfachen erneut Feuer vor den Gästen. Ich halte das für ein wenig Theater, aber warum nicht? Schließlich ist die Erlebnis-Gastronomie gefragt.

## DAS SPIEL MIT DEM FEUER

Wer so ein kleines Gast-Spiel zu Hause aufführen will, sollte das Wichtigste über das Flambieren wissen: Den Alkohol aus der Flasche über das Flambiergut gießen (vorher abmessen: etwa einen Eßlöffel pro Person). Dann die Flambierpfanne so kippen, daß die Spiritus- oder Gasflammen in die Pfanne schlagen. Schütteln, das Flambiergut bewegen, bis der Alkohol verdunstet ist.

Zum Flambieren geeignet sind aromagebende harte Spirituosen wie Cognac, Whisky, Rum und Kirschwasser. Süße Spirituosen, wie etwa Liköre, verwenden wir zum Abschmekken nach dem Flambieren der Desserts, am Schluß des Rituals.

Ist das Ganze denn nicht gefährlich? Nicht, wenn wir uns an folgende Regeln halten:

*Feuer und Flamme für Scampi*

Niemals in einer leicht brennbaren Umgebung (Holzwände, Vorhänge, Lampenschirm, Trockensträuße usw.) flambieren.

Den Spiritus bereits in der Küche in den Brenner füllen und ihn dort auch anzünden (riecht anfänglich unangenehm). Am Tisch Rechaud auf maximale Hitze stellen.

Die Flasche mit dem hochprozentigen Alkohol nach dem Übergießen sofort verschließen und aus der Umgebung der Flamme entfernen.

## KANINCHENSALAT MIT ZUCKERSCHOTEN IN HASELNUSSÖL-SAUCE

*ZUTATEN FÜR 4 PERSONEN:*

*1 ganzer Kaninchenrücken oder 2 Filets vom Kaninchenrücken · Salz und Pfeffer · 10 g Butterschmalz · wenig Portwein (rot) · 250 g Zuckerschoten · 1 Prise Zucker · 8 Cherry-Tomaten, geschält · 1 Bund Kerbel, zum Garnieren*

*SAUCE*

*1 EL Zitronensaft · Salz und Pfeffer · 2 EL Haselnußöl · 1 EL Sonnenblumenöl*

DAS KANINCHENFLEISCH würzen und in heißer Butter à point braten. Bei 70 Grad im Ofen mindestens 40 Minuten ruhen lassen, dann in dünne Scheiben schneiden.

FÜR DIE Sauce alle Zutaten mischen.

DEN BRATSATZ mit Portwein ablöschen, durch ein Sieb gießen und zur Sauce geben. Die Zuckerschoten in Salzwasser mit einer Prise Zucker knackig garen.

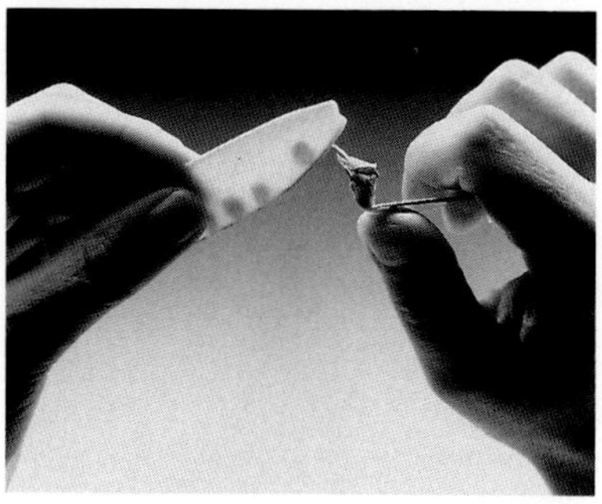

*Wie Zuckerschoten den Faden verlieren*

EIN DRITTEL davon portionsweise auf die Tellermitte geben. Mit dem Fleisch belegen und mit erwärmter Salatsauce übergießen.

DIE RESTLICHEN Zuckerschoten dekorativ anrichten und mit Sauce beträufeln.

MIT CHERRY-TOMATEN und Kerbel, nach Belieben auch mit Salatblättern garnieren.

Menü

Kaninchensalat mit Zuckerschoten in Haselnußsauce

Scampi flambiert mit Wildreis

Ananas flambiert mit Vanille-Eis

*Warum dieses Menü? Grundsätzlich läßt sich alles flambieren. So gibt es auch die flambierte Zwiebelsuppe und das brennende Wurstbrot, das flammende Kassler und das flambierte Truthahnschnitzel. Da wir unseren Gästen dieses nicht antun wollen, beschränken wir uns auf Feines. Unsere Scampi (Kaisergranat, Kronenhummer, Meereskrebs) sind fast so köstlich wie Hummer. Wir kaufen sie schockgefroren und in der Schale. Frische Scampi sind manchmal problematisch, ihr Eiweiß verdirbt rasch. Wildreis, kostbar auch er, wird am besten in Geflügelbouillon gekocht. Für das Dessert lassen sich statt der im Menü vorgesehenen Ananas auch Bananen, Pfirsiche, Aprikosen oder Zwetschgen mit dem dazu passenden Alkohol verwenden. Für die Vorspeise kaufen wir einen Kaninchenrücken und lösen das Filet aus. Aus den Knochen können wir gleich einen Fond machen und den dann einfrieren*

## FLAMBIERTE SCAMPI MIT WILDREIS UND CURRYSAUCE

*ZUTATEN FÜR 4 PERSONEN:*

*CURRYSAUCE*
*10 g Butter · 1 Schalotte, fein gehackt · 1 Knoblauchzehe, gepreßt · 1-2 EL Curry-Pulver · 100 ccm Weißwein · 300 ccm entfettete Geflügelbrühe · 1/2 Apfel, mit der Schale gerieben · abgeriebene Schale von 1/2 unbehandelten Orange · Saft von 1 Orange · 1 TL Worcestershire-Sauce · 5 Tropfen Tabasco · 1 EL Kokosflocken*

*SCAMPI*
*8 große Scampi · Meersalz und Pfeffer, beides aus der Mühle · 50 ccm schottischer Whisky · 50 ccm trockener Sherry · 10 g Butter*

*ZUM GARNIEREN*
*1 Banane, in kleine Würfel geschnitten · 10 g Mandelblättchen, geröstet · 2 EL Schlagsahne, geschlagen*

DIE BUTTER mit Schalotte und Knoblauch erhitzen. Das Curry-Pulver zufügen und andünsten, bis es aromatisch duftet.

MIT WEISSWEIN ablöschen, einkochen lassen, dann die Geflügelbrühe darübergießen.

ALLE ANDEREN Zutaten dazugeben und die Sauce bei mäßiger Hitze etwa 30 Minuten köcheln lassen.

DURCH ein Sieb gießen und auf der Flambierplatte bereitstellen.

DIE AUFGETAUTEN Scampi aus den Schalen lösen, auf eine Platte legen und mit Salz, Pfeffer, Whisky und Sherry bereitstellen. Ebenso die Garnierung.

AM TISCH die Flambierpfanne mäßig erhitzen.

DIE BUTTER zerfließen lassen und die Scampi würzen. In der Butter ein bis zwei Minuten, je nach Größe, rundum anbraten.

MIT DER Mischung aus WHISKY und Sherry flambieren.

SOBALD die Flamme ausgebrannt ist, die Curry-Sauce dazugießen und alles zusammen bei milder Hitze drei bis vier Minuten köcheln lassen.

NACH BELIEBEN mit Schlagsahne verfeinern. Die Garnituren darüberstreuen.

MIT WILDREIS servieren.

TIP:
Was wir an Zutaten für das Flambieren brauchen, legen wir genau nach Rezept bereit (»mise-en-place«). Die Sauce können wir auch vorkochen.

FEHLER BEIM FLAMBIEREN:
Der Alkohol in der Flambierpfanne brennt nicht, wenn wir damit zu sparsam umgehen und wenn die Pfanne zu feucht ist, sich also zuviel Sauce oder Fruchtsaft darin befindet. Oder wenn die Pfanne und das Flambiergut nicht heiß genug sind.

Das Flambiergut wird zu weich, wenn wir beim Vorkochen nicht berücksichtigen, daß es beim Flambieren etwa eine Minute weitergart.

WILDREIS
Wildreis hat kaum etwas mit herkömmlichem Reis zu tun. Es handelt sich dabei um eine Grasart, die im Wasser wächst. Seit Jahrhunderten gedeiht die Pflanze um die Fünf Großen Seen zwischen den Vereinigten Staaten und Kanada. Indianer ernten sie teilweise noch heute von Hand. Auf Düngemittel wird weitgehend verzichtet. Inzwischen gibt es auch eine Zuchtvariante, die zwar erheblich billiger ist, aber im Geschmack an echten Wildreis nicht rankommt. »Paddy grown« wird dieser Wildreis im Verkauf gekennzeichnet. Seine Körner platzen beim Garen komplett auf. Beim wildwachsenden Wildreis hingegen öffnen sich nur leicht beide Enden.

Auf eine Tasse Wildreis rechnet man vier Tassen Flüssigkeit, die aus Hühnerbouillon oder halb Hühnerbouillon, halb Weißwein bestehen kann. Man läßt ihn 45 Minuten bei milder Hitze quellen. Gesalzen wird, wenn überhaupt, erst nachher.

Ob echter Wildreis genügend gekocht ist, erkennt man an der Farbe. Sind die Stäbchen noch braun, ist er noch nicht gar. Der weiße Kern muß sichtbar sein, darf aber nicht heraustreten.

## FLAMBIERTE ANANAS MIT VANILLE-EIS

*ZUTATEN FÜR 4 PERSONEN:*

*2 EL Mandelsplitter · 1 EL Kokosflocken · 30 g Butter · 10 Stückchen Würfelzucker · 1 frische Ananas, geschält und in dicke Scheiben geschnitten · Cognac zum Flambieren · Saft von 1/2 Zitrone · Saft von 1 Orange · 100 ccm Ananassaft · etwa 4 EL Maraschino zum Abschmecken · 4 Portionen Vanille-Eis*

DIE MANDELSPLITTER in einer Teflonpfanne unter Wenden rösten. Die Kokosflocken mitrösten, bis sie hellbraun sind. In eine kleine Schale füllen.

DIE BUTTER in der Flambierpfanne erhitzen. Den Zucker dazugeben, zerdrücken und schmelzen lassen.

DIE ANANASSCHEIBEN darin beidseitig wenden. Mit dem Cognac flambieren. Die Fruchtsäfte dazugießen und nochmals erhitzen, mit Maraschino abschmecken.

VANILLE-EIS auf Tellern anrichten.

MIT ANANASSCHEIBEN bedecken, Saft dazugießen.

DIE KOKOSFLOCKEN mit den Mandelsplittern darüberstreuen.

## VANILLE-EIS

*FÜR ETWA 1 LITER, MUSS VORBEREITET WERDEN:*

*8 Eigelb · 125 g Puderzucker · 100 ccm Vollmilch · 1 Vanilleschote, längs aufgeschnitten, das schwarze Mark ausgeschabt · 1 Prise Salz · 400 ccm Schlagsahne*

EIGELB, Puderzucker und drei Eßlöffel Wasser in eine hitzefeste Schüssel geben, in das heiße Wasserbad stellen und die Mischung mit dem Schneidestab oder den Quirlen des Handrührgerätes schaumig rühren. Die Masse soll dabei hell werden, sich vergrößern und eine dickliche Konsistenz bekommen.

Aus dem Wasserbad nehmen, und die Crème von Zeit zu Zeit rühren, bis sie kalt ist.

Unterdessen die Milch mit dem Vanillemark, der Vanilleschote und Salz aufkochen. Etwas abkühlen lassen, die Vanilleschote herausnehmen.

Die Sahne dazugießen und die Eicrème mit der Vanillemilch mischen.

Unter ständigem Rühren im Wasserbad mit dem Kochlöffel »zur Rose« kochen, das heißt, so lange bei sehr milder Hitze ziehen lassen, bis sich auf der Oberfläche wellenartige Linien bilden, wenn man daraufpustet. Dann hat die Crème die richtige Konsistenz.

Sofort aus der Schüssel in eine andere umgießen, abkühlen lassen.

In der Eismaschine gefrieren.

## DIE GERÄTE ZUM FLAMBIEREN

Grundsätzlich kann in jeder flachen Pfanne und über jeder Feuerstelle flambiert werden. Die spezielle Flambierpfanne, oft oval, besteht aus Kupfer, im Innern aus Chromstahl. In Luxusausführung ist sie innen versilbert. Dazu gehört

ein Pfannendeckel zum Köcheln der Saucen;

ein Rechaud (Spiritus, Gas) mit Unterlage und zwei bis drei Brennern, da beim Flambieren genügend Hitze erforderlich ist. Drei Brenner brauchen wir, wenn wir größere Mengen flambieren, der Pfannenboden kühlt sonst zu schnell ab;

Flambierbesteck mit langen Griffen, die vor Verbrennungen schützen;

eine Platte, auf der sich die Zutaten arrangieren lassen (sie können auch ein großes Servierbrett mit einer Stoffserviette auslegen);

einen kleinen Tisch für den Rechaud. Für Profis gibt es einen speziellen, mit Propangas beheizbaren Servierwagen mit Arbeitsplatte und Abstellfläche.

*FÜR FORTGESCHRITTENE*

## SCHWEINEFILET FLAMBIERT, MIT MORCHELN

*ZUTATEN FÜR 4 PERSONEN (MISE-EN-PLACE):*

*MORCHELSAUCE*
*50 g getrocknete Morcheln, in Wasser eingelegt · 1 Schalotte, feingehackt · 1/2 Knoblauchzehe, gepreßt · 10 g Butter · 100 ccm trockener Weißwein · 200 ccm Schlagsahne · Salz und Pfeffer aus der Mühle · wenig Zitronensaft*

*SCHWEINEFILET*
*1 Schweinefilet, ca. 450 g · 1 TL Senf · Salz und Pfeffer aus der Mühle · 20 g Butterschmalz*

*ZUM FLAMBIEREN*
*2 EL Cognac*

Die Morcheln kurz abbrausen, in 350 ccm Wasser einweichen und dabei öfter bewegen. 3-4 Stunden aufquellen lassen, damit der Sand aus den Kammern fallen kann. Herausnehmen und das Einweichwasser filtern.

Schalotte und Knoblauch in Butter andünsten. Die Morcheln zufügen und kurz miterhitzen. Mit Weißwein ablöschen.

Einkochen lassen, dann das Morchelwasser dazugeben. Wieder kurz einkochen lassen.

Die Sahne zufügen und die Sauce sämig einkochen lassen. Mit Salz, Pfeffer und dem Zitronensaft abschmecken.

Die Sauce in eine Saucière gießen und bereitstellen.

Das Fleisch mit Senf einstreichen, mit Salz und Pfeffer würzen und mit dem Butterschmalz und dem Cognac ebenfalls bereitstellen.

Am Tisch die Flambierpfanne erhitzen. Butter dazugeben und das Filet rundum ca. 10 Minuten braten.

Den Cognac darübergießen und flambieren.

Sobald das Feuer erlischt, die Morchelsauce dazugießen und das Fleisch bei mittlerer Hitze in der Sauce ein paar Minuten ziehen lassen.

Das Fleisch in Scheiben schneiden und mit der Sauce anrichten.

*Mise-en-place für die flambierte Ananas. Alle Zutaten, die wir brauchen, stehen griffbereit. So entfällt zusätzliche Arbeit, die beim Flambieren nur stören würde*

# CRÊPES SUZETTE NACH ALTER ART

*ERGIBT 12-15 CRÊPES, JE NACH GRÖSSE:*

*CRÊPES-TEIG*

*50 g Butter · 300 ccm Milch · 150 g Mehl (Type 405) · 1 Prise Salz · 1 Prise Muskatnuß, frisch gerieben · abgeriebene Schale (ohne das Weiße) von 1 Orange · 4 Eier, verquirlt · 50 g Butter zum Backen*

*CRÊPES-FÜLLUNG*

*50 g Butter · 50 g Zucker · 300 ccm Orangensaft, frisch gepreßt · abgeriebene Schale (ohne das Weiße) von 3 Orangen · 2 EL Orangenlikör*

*ZUM FLAMBIEREN*

*50 g Butter · 1 EL Vanillezucker · 50 g Zucker · 4 EL Cognac zum Flambieren · 200 ccm Orangensaft, frisch gepreßt · 1 EL Zitronensaft · 2 EL Orangenlikör*

*4 Portionen Vanille-Eis*

FÜR DEN Teig die Butter schmelzen, mit der kalten Milch mischen.

DAS MEHL in eine Schüssel sieben, in der Mitte eine Vertiefung anbringen und Salz sowie Muskat, die Butter, Milch, Orangenschale und Eier dazugeben.

DEN TEIG von der Mitte aus anrühren, durch ein feines Sieb geben.

WENIG Butter in einem kleinen Teflonpfännchen (16-18 cm Durchmesser) schmelzen und nach und nach möglichst kleine Crêpes ausbacken, aufeinandersetzen. Warm stellen.

FÜR DIE FÜLLUNG die Butter erhitzen, den Zucker dazugeben und hellbraun aufschäumen lassen. Mit Orangensaft ablöschen, die Schale dazugeben und alles zusammen mindestens 45 Minuten lang bei mäßiger Hitze sirupartig einkochen lassen. Mit Orangenlikör abschmecken. Abkühlen lassen.

DIE CRÊPES mit der Füllung bestreichen.

JEDEN Crêpe zweimal überschlagen, so daß ein Fächer entsteht.

ZUM FLAMBIEREN die Butter in der Flambierpfanne zerfließen lassen.

DEN VANILLEZUCKER und den Zucker dazugeben, kurz mischen und die Crêpes hineinlegen (je nach Größe der Pfanne erst nur die Hälfte der Crêpes einlegen), bei mäßiger Wärme erhitzen. Einmal wenden, den Cognac darübergießen und flambieren.

DEN ORANGEN- und Zitronensaft dazugießen, kurz einköcheln lassen und mit Orangenlikör beträufeln.

DIE CRÊPES auf Teller verteilen. Mit Orangensauce umgießen und Vanilleeis dazu servieren.

*Fürs Menü brauchen Sie:*
*Bratpfanne*
*Teflonpfanne*
*diverse Messer*
*diverse Schüsseln und Schälchen*
*Knoblauchpresse*
*Orangen- und Zitronen-Reibe*
*Kochlöffel aus Holz*
*Schneebesen*

Es ist immer das gleiche. Komme ich auf das Thema »Blätterteig« zu sprechen, gucken mich die Leute fast mitleidig an und sagen: »Was, den machen Sie noch selbst?« Blätterteig gibt's heute fast überall als Fertigprodukt zu kaufen. Warum? Weil die Zubereitung nicht nur viel Handfertigkeit und Sorgfalt, sondern auch einiges an Zeit verlangt.

Aber was für ein Unterschied! Sie merken das sofort beim ersten Probieren. Blätterteig aus der Fabrik basiert meist auf billiger Margarine, die wesentlich maschinenfreundlicher ist als gute Butter.

Blätterteig besteht aus Fett, Mehl und Flüssigkeit, genau wie geriebener Teig. Um daraus Blätterteig zu machen, geben wir noch mehr Fett dazu und bringen ihn auf »Touren«, er wird mehrmals ausgerollt und übereinandergefaltet.

Wichtig bei der Zubereitung sind ein kühler Raum und kühle Zutaten. Butter hat einen tiefen Schmelzpunkt; wenn der Teig warm ist, fällt er auseinander, er wird matschig. Als Arbeitsfläche eignet sich am besten eine Marmorplatte. Dies gilt auch für andere butterhaltige Teige, die kühl bearbeitet werden müssen.

Bevor wir den Grundteig das erste Mal ausrollen, stellen wir ihn 30 Minuten kalt. Auch nach den einzelnen Touren – eine einfache und vier doppelte – müssen wir den Teig jeweils 30 bis 60 Minuten kühlen. Dazu hüllen wir ihn in ein Stück Folie und legen ihn in den Kühlschrank. Am Schluß lassen wir ihn ein bis zwei Tage darin liegen, damit er sich entspannen kann. So wird der Teig fest und läßt sich gut formen. Ist er zu frisch, zieht er sich beim Ausrollen zusammen.

Blätterteig können wir auch problemlos tiefkühlen. Wir bereiten ihn dann in einer größeren Menge zu und packen ihn in Portionen zu 200 oder 500 Gramm ab. Bevor wir ihn weiterverwenden, sollte er innerhalb 24 Stunden im Kühlschrank auftauen.

## LINSENSCHAUMSUPPE

*ZUTATEN FÜR 4 PERSONEN:*

*10 g Butterschmalz · 50 g geräucherte Speckwürfel · 1 Zwiebel, gewürfelt · 125 g Knollensellerie · 2 Möhren, geputzt · 1 Lauch, nur Gelbes · 200 g Linsen (blanchiert) · 100 ccm Madeira · 1 l Fleischbouillon, entfettet · 1 Lorbeerblatt · 1 Thymianzweig · Salz und schwarzer Pfeffer aus der Mühle · 1 EL Obstessig · 100 ccm Schlagsahne, geschlagen*

BUTTER und Speckwürfel erhitzen, die Zwiebel dazugeben und mit den Speckwürfeln glasig dünsten.

SELLERIE, Möhren und Lauch grob zerteilen und mit Küchenschnur zusammenbinden.

DIE LINSEN andünsten. Mit Madeira ablöschen, kurz einkochen lassen und die Fleischbouillon mit dem zusammengebundenen Gemüse, dem Lorbeerblatt und dem Thymianzweig zufügen. 40 Minuten lang kochen lassen.

DAS GEMÜSEBOUQUET aus der Brühe nehmen, ebenso Lorbeerblatt und Thymian.

SUPPE mit dem Schneidstab fein pürieren. Wieder erhitzen, mit Salz, Pfeffer und Essig abschmecken.

DIE SUPPE durch ein Sieb geben, mit Schlagsahne mischen.

UNTER Rühren mit dem Schneebesen erhitzen. Anrichten.

# GANZ SCHÖN EINGEWICKELT

*Luftig verhüllt präsentiert sich diesmal unser Hauptgang, das Schweinefilet. Sein Kleid besteht aus Kräutern und Blätterteig – handgemachtem natürlich*

*Eine dicke Schicht Kräuter gibt dem Schweinefilet im Blätterteig den großen Geschmack*

Menü

Linsenschaumsuppe

Schweinefilet im Teig

Orangensalat mit Feigen, Datteln und Nüssen

Zum Nachmittagskaffee:

Birnenkuchen mit Blätterteig

*Weshalb dieses Menü? Die eiweißreichen Linsen eignen sich gut für eine Suppe. Als einzige Hülsenfrucht brauchen sie nicht eingeweicht zu werden. In größerer Menge serviert und ergänzt mit gebratener Wachtelbrust und Wachtelspiegelei wird daraus ein Hauptgericht. Das Schweinefilet packen wir in Blätterteig ein, damit es geschützt ist und saftig bleibt. Der Teig ersetzt andere kohlehydrathaltige Beilagen. Das Gemüse – Zucchini, Karotten, Sellerie – schneiden wir in dekorative Stäbchen (Bâtonnets). Je nach Saison reichern wir den leichten, fruchtigen Orangensalat mit Datteln und Feigen an. Beim Kuchen können wir die Birnen durch Äpfel ersetzen*

## SCHWEINEFILET IM TEIG

*ZUTATEN FÜR 4-6 PERSONEN:*

*FLEISCH*

*1 Schweinefilet (400-600 g) · Salz · schwarzer Pfeffer aus der Mühle · 20 g Butterschmalz*

*FÜLLUNG*

*je 1 Zweig Estragon, Kerbel, Thymian, feinblättrige Petersilie, ein paar Schnittlauchhalme, etwas Pimpernelle, wenig Liebstöckel · Schale von 1/2 Zitrone, fein abgerieben (nur Gelbes) · 1 EL Senf · 1 EL Balsam-Essig · 1 EL Weißwein · 100 g Spinatblätter, in Salzwasser kurz blanchiert · 1 Schalotte, fein gewürfelt · 1 Knoblauchzehe, gepreßt · 10 g Butter*

*HÜLLE*

*200 g Butterblätterteig (siehe Rezept) · etwas Mehl zum Ausrollen · 2 Eigelb · 1 Prise Salz · 1/2 TL Öl*

Das Fleisch mit Salz und Pfeffer würzen.

Butterschmalz erhitzen und das Filet darin bei mäßiger Hitze rundum hellbraun anbraten. Abkühlen lassen.

Die Kräuter fein hacken, mit Zitronenschale, Senf, Balsam-Essig und Weißwein zu einer festen Paste verrühren.

Grobe Stiele von den Spinatblättern entfernen, den Rest gut waschen. Blätter in wenig kochendem Salzwasser minutenschnell blanchieren. Die Spinatblätter herausnehmen und mit kaltem Wasser überbrausen, auf einem Küchentuch flach auslegen und gleichzeitig etwas trocknen. Das Spinatbett soll so breit sein, daß das Schweinefilet damit umwickelt werden kann.

Die Schalotte mit der Knoblauchzehe in wenig Butter dünsten. Die Kräuterpaste dazugeben, die Pfanne vom Herd ziehen. Alles gut mischen.

Das vorbereitete Schweinefilet mit der Kräuterpaste rundum bestreichen und auf das Spinatbett legen. Mit Hilfe eines Tuches so einrollen, daß die Spinatblätter die Kräutermasse umhüllen. Gut andrücken. Mindestens 30 Minuten kühl stellen.

Den Teig zwei Millimeter dünn ausrollen, gut doppelt so groß wie das Schweinefilet.

Eigelb, Salz und Öl verrühren.

Das Filet in den Teig packen, die Enden mit Eigelb bestreichen und sanft andrücken. Das Ganze auf ein Backblech legen, mit Eigelb bestreichen und nach Belieben mit Teigresten garnieren.

Vor dem Backen mindestens 30 Minuten kühl stellen.

Den Backofen auf 200 Grad vorheizen und das Filet bei gleicher Temperatur etwa 20 Minuten backen. Die Backofentür öffnen und den Ofen auf 80 Grad abkühlen lassen. Wieder schließen, und das Fleisch bei dieser Temperatur 30 Minuten bis eine Stunde ruhen lassen.

In Scheiben schneiden und mit den Gemüsestäbchen servieren.

## BUTTERBLÄTTERTEIG

*ZUTATEN FÜR ETWA 500 GRAMM:*

*250 g Mehl (Type 405) · 100 g Butter aus dem Kühlschrank · 10 g Salz · Mehl zum Ausrollen · 100 g Butter zum Einpacken, zimmerwarm*

Das Mehl in eine Schüssel oder auf ein Backbrett (Marmor) sieben. In der Mitte eine Vertiefung anbringen.

Die Butter in Flocken geschnitten hineingeben.

Von Hand mit dem Mehl zerdrücken. Dann mit beiden Händen verreiben, bis die Masse bröselig wird.

Das Salz in 100 ccm Wasser auflösen, zur Mehl-Butter-Mischung gießen und den Teig von der Mitte aus anrühren. Zusammendrücken. Nicht kneten, da der Teig sonst zäh wird.

In Folie schlagen und mindestens 40 Minuten in den Kühlschrank legen.

Den Teig mit möglichst wenig Mehl zu einem Streifen von etwa 40 Zentimeter Länge und etwa 15 Zentimeter Breite ausrollen.

Die weiche Butter auf die Teigmitte legen und die Teigenden zuerst von der einen Seite über die Butter schlagen. Dann die andere Seite über das eingeschlagene Teigstück legen. So entsteht eine »einfache Tour«.

Mit dem Rollholz sanft andrücken, dann den Teig in Folie schlagen und 50 Minuten in den Kühlschrank legen.

Nun wieder zu einem etwa 40 Zentimeter langen und etwa 15 Zentimeter breiten Teigstreifen gerade ausrollen. Den Teig dabei zuerst mit dem Rollholz andrücken, damit sich die Butter gleichmäßig verteilt.

Beide Teigenden bis zur Mitte legen, dann nochmals überschlagen. So entsteht die »doppelte Tour«.

Mit dem Rollholz sanft andrücken und wieder in Folie geschlagen eine Stunde im Kühlschrank verwahren.

Die doppelte Tour dreimal wiederholen, so daß eine einfache und vier Doppeltouren entstehen. Dazwischen den Teig jedesmal eine Stunde kühl stellen.

*Doppelt gemoppelt*

*Schweinefilet mit Hilfe eines Geschirrtuchs in blanchierten Spinat wickeln*

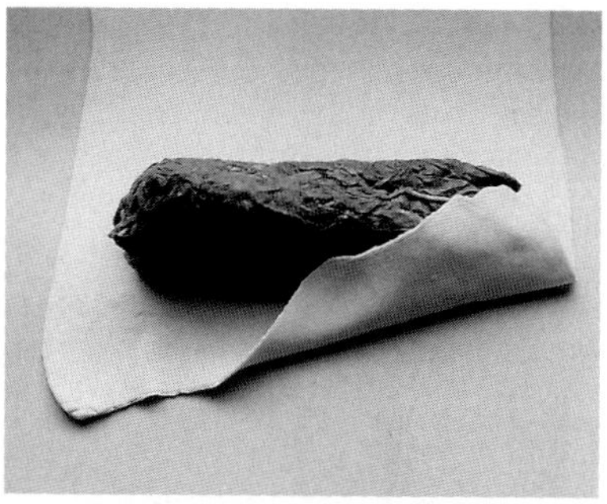

*Umwickeltes Filet in Blätterteig einschlagen und vor dem Backen kühl stellen*

## GEMISCHTE GEMÜSESTÄBCHEN (BÂTONNETS)

*ZUTATEN FÜR 4-6 PERSONEN (ALS BEILAGE ZU FLEISCH ODER FISCH):*

*2 frische Kohlrabi · 2-4 Zucchini (je nach Größe) · 2-4 Möhren (je nach Größe) · 60 g Butter · 1 Bund Kerbel, feingehackt · 1 Prise Zucker · 100 ccm Mineralwasser · etwas abgeriebene Zitronenschale (nur Gelbes)*

Die Gemüse putzen, so zuschneiden, daß Stäbchen (vier bis fünf Zentimeter lang, einen halben Zentimeter breit) entstehen. Die Zucchini ungeschält verarbeiten.

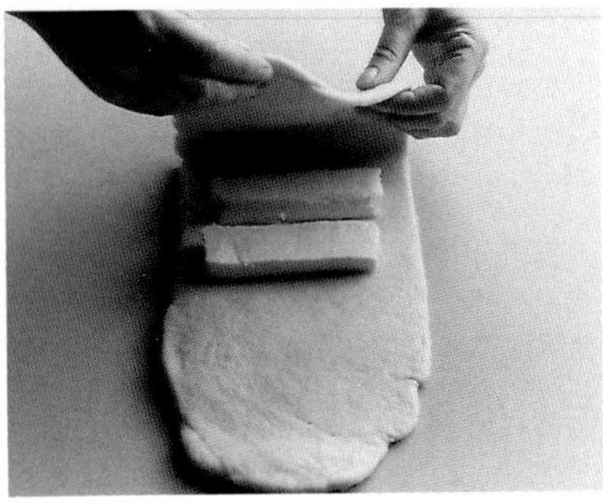

*Teig zu einem Streifen von ca. 40 cm Länge und 15 cm Breite ausrollen. Weiche Butter auf die Teigmitte legen. Die Teigenden von links und rechts überschlagen, 50 Minuten ruhen lassen*

Die Stäbchen sortengetrennt in wenig Salzwasser oder über Dampf knapp weichkochen.

In drei Pfännchen je 20 g Butter erhitzen. In einem den Kerbel andämpfen und die Kohlrabi darin schwenken. Beiseite stellen.

Im zweiten Pfännchen die Karottenstäbchen mit Butter und Zucker erhitzen. Mit Mineralwasser ablöschen und die Karotten so glasieren. Beiseite stellen.

Im dritten Pfännchen zur Butter etwas Zitronenschale und dann die Zucchinistäbchen geben. Schwenken, gut heiß werden lassen.

Alle drei Gemüse mischen und als Häufchen angerichtet servieren.

## ORANGENSALAT MIT FEIGEN, DATTELN UND NÜSSEN

*ZUTATEN FÜR 4 PERSONEN:*

*5 EL Zucker · Saft von 1 Zitrone · 100 ccm Orangenlikör · 1,5 kg Orangen, geschält · 150 g Feigen, in Würfel geschnitten · 50 g frische Datteln · 70 g Walnüsse, geröstet*

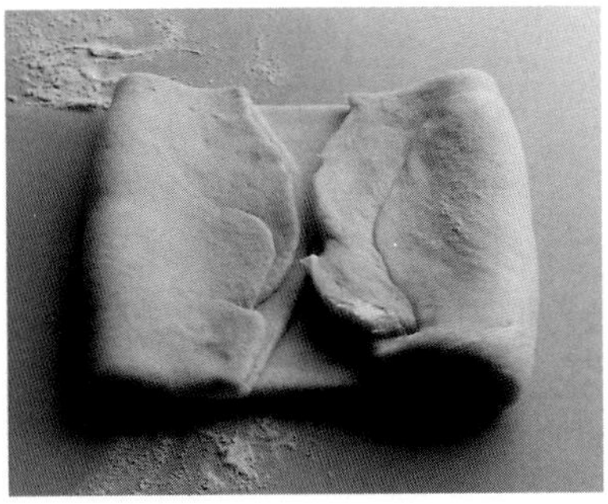

*Die »einfache Tour« wieder zu einem 40 x 15 cm Streifen ausrollen. Dann wieder beide Teigenden bis zur Mitte legen und nochmals zusammenlegen*

*Mit dem Rollholz leicht zusammendrücken und ruhen lassen*

Einen viertel Liter Wasser und Zucker fünf Minuten kochen lassen. Noch warm mit dem Zitronensaft und dem Orangenlikör mischen. Wieder sirupartig einkochen.

Die Orangen in drei Millimeter dicke Scheiben schneiden. Lagenweise mit Feigenwürfeln und Dattelstücken in eine Glasschüssel füllen.

Den warmen Zuckersirup darübergießen und die gerösteten Nüsse darauf streuen.

Mindestens eine Stunde kühl stellen.

Tip:
Die marinierten Orangenscheiben lagenweise mit Vanilleeis in Gläser füllen.

## BIRNENKUCHEN MIT BLÄTTERTEIG

*ZUTATEN FÜR 4 PERSONEN:*

*200 g Butterblätterteig · Mehl zum Ausrollen · 200 g geschälte, geriebene Mandeln · 3 EL Honig · 6-8 weiche Birnen (je nach Größe) · 200 ccm Schlagsahne · 2 Eier · 30 g Vanillezucker*

Den Blätterteig auf etwas Mehl rund ausrollen und die ausgespülte Kuchenform damit belegen. Den Boden mit einer Gabel mehrmals einstechen und die Kuchenform kühl stellen.

Die geschälten, geriebenen Mandeln mit dem Honig zu einer Paste verarbeiten, auf den Kuchenboden streichen.

Die Birnen schälen, halbieren, das Kerngehäuse herausschneiden. Mit einem scharfen Messer so in feine Fächer schneiden, daß die Hälften nicht auseinanderfallen.

Die Birnenhälften auf die Mandelmasse legen. Der Kuchenboden soll dicht bedeckt sein.

Den Backofen auf 200 Grad vorheizen.

Die Sahne mit den Eiern verquirlen und mit dem Vanillezucker abschmecken.

Den Guss über die Birnen verteilen und den Kuchen auf der untersten Einschubleiste in den Ofen schieben.

Erst 20 Minuten bei 200 Grad backen. Dann 20 Minuten bei 160 Grad weiterbacken, den Kuchen danach im ausgestellten Backofen noch 15 Minuten ruhen lassen.

*FÜR FORTGESCHRITTENE*

# GEFÜLLTER ZANDER IN BLÄTTERTEIG MIT KERBELSAUCE

*ZUTATEN FÜR 6-8 PERSONEN (BLEIBT IN GRÖSSEREN MENGEN ZUBEREITET SAFTIGER):*

*10 g Butter · 1 Schalotte, feingehackt · 100 g Champignons, geputzt und in Scheiben geschnitten · 400 g frischer Salm oder Lachsforelle, filiert, entgrätet und gehäutet · 2 EL Crème double · Meersalz und Pfeffer · etwa 12 größere, aber zarte Sauerampferblätter oder Spinat · Salz · 550 g hausgemachter Blätterteig · 2-4 Filets vom Zander (je nach Größe), längs halbiert · 1 Eiweiß · 2 Eigelb · 1 Prise Salz · 1 TL Sonnenblumenöl*

*SAUCE*

*300 ccm konzentrierter Fischfond (Grundrezept auf 300 ccm eingekocht) · 100 ccm Noilly Prat (trockener französischer Vermouth) · 1 Bund Kerbelstiele · 100 ccm Crème double · Meersalz · 50 ccm Schlagsahne, geschlagen · 1 Bund Kerbel, fein gehackt*

Die Butter erhitzen, die Schalotte mit den Champignonscheiben darin andünsten. Abkühlen lassen.

Das rohe Salmfleisch mit der Crème double im Mixer ganz fein pürieren, die Masse mit Meersalz und Pfeffer würzen, mit den Champignons mischen.

Die Sauerampferblätter von den großen Blattrippen befreien und sekundenschnell durch kochendes Salzwasser ziehen. Abkühlen lassen.

Die Hälfte des Blätterteiges millimeterdünn ausrollen. Den Rest kalt stellen.

Ein Backblech buttern und den Teig darauflegen.

Die Hälfte der blanchierten Blätter in Fischform darauflegen, die Hälfte der Fischfiletstreifen auf die Sauerampferblätter legen, mit Meersalz und Pfeffer würzen und etwa 2 cm dick mit dem Salmmus bestreichen.

Die restlichen Zanderfilets ebenfalls würzen und das Salmmus damit bedecken.

Mit dem zweiten Teil der Sauerampferblätter belegen und den Rand des Teiges mit verquirltem Eiweiß bestreichen.

Die zweite Blätterteighälfte, ebenfalls millimeterdünn, eher etwas größer als das erste Stück, ausrollen.

Locker über den Fisch schlagen.

Den Rand rundum andrücken, mit einem scharfen Messer entsprechend der Fischform zuschneiden.

Eigelb mit Salz und Öl mischen. Die Oberfläche des Teiges damit bestreichen, nach Belieben mit Blätterteigplätzchen, als Schuppen geformt, belegen und den Kopf markieren.

Mindestens 30 Minuten lang kühl stellen.

Den Backofen auf 180 Grad vorheizen.

Das Backblech aus dem Kühlschrank nehmen und den Fisch nochmals mit Eigelb bepinseln.

Auf der zweituntersten Einschubleiste in den Ofen schieben und 20 Minuten backen.

Für die Sauce den Fischfond mit dem Noilly Prat und den Kerbelstielen um ein Drittel einkochen.

Die Crème double zufügen, wieder etwa zehn Minuten kochen.

Mit Meersalz nach Geschmack würzen, mit dem Schneidstab aufrühren, durch ein Sieb gießen. Die Sauce wieder ganz heiß werden lassen, kurz vor dem Servieren die geschlagene Sahne und den Kerbel darunterziehen. Heiß zum Fisch servieren.

Variante: Kerbel kann durch Sauerampfer, Basilikum oder Estragon ersetzt werden.

*Fürs Menü brauchen Sie:*
*Küchentuch*
*diverse Messer*
*Sparschäler*
*Schneidstab des Handrührgerätes*
*Passierstab*
*Schneebesen*
*Teigbrett oder noch besser Marmorplatte*
*Haushaltsfolie*
*Rollholz*
*Zitronenreibe*
*Knoblauchpresse*
*diverse Pfannen/Bräter*
*flache Kuchenform, etwa 24 Zentimeter Durchmesser (Tarteform)*
*Backblech*

# DAS KANN JA LUFTIG WERDEN

*Es sieht schwierig aus und ist doch ganz einfach: Gebäck aus Brandteig für süße oder pikante Füllungen*

Gebäck aus Brandteig wirkt so leicht und luftig, daß viele meinen, das könne man selbst nie hinkriegen. Nur so erkläre ich mir, weshalb Brandteig zu Hause verhältnismäßig selten zubereitet wird, obwohl er den Vergleich mit anderen Backwaren nicht zu scheuen braucht.

Brandteiggebäck ist sehr variabel und läßt sich auf unzählige Arten füllen, nicht nur süß, sondern auch pikant. Es bringt Abwechslung in unsere Vor- und Nachspeisen, in kleinerem Format ersetzt es Salzstangen oder Chips zum Aperitif. Schließlich ist Brandteig in Wahrheit einfach und schnell zuzubereiten, schon weil das Ausrollen entfällt. Sogar vorbereiten und kühlstellen können wir ihn.

Brandteig kommt auf eine andere Weise zustande als die üblichen Teige. Erst wird gekocht, dann gebacken. Wir rühren die Butter nicht mit Zucker schaumig, sondern wir bringen sie im Wasser zum Kochen. Das Mehl geben wir »im Sturz« dazu, also alles auf einmal. Der Teig ist fertig, wenn sich der Kloß vom Topfboden löst. Man sagt dann: Er ist abgebrannt, daher der Name Brandteig. Die Eier – relativ viele – verquirlen wir mit Zucker und arbeiten sie nach und nach in den Teigkloß. Für pikantes Gebäck lassen wir den Zucker weg.

Anders als bei anderen Teigen verläuft auch die weitere Verarbeitung. Da Brandteig zu sehr klebt und brüchig ist, wird er nicht ausgerollt, sondern mit Hilfe von zwei Löffeln oder mit dem Spritzbeutel auf das Backblech gegeben. In runder oder länglicher Form, kleiner oder größer, je nachdem, was daraus werden soll. Ein einfacher Vorgang also, in einer Viertelstunde zu bewerkstelligen. Viel kann da nicht schiefgehen.

Da Brandteig nahezu problemlos ist, lernen wir zusätzlich Mousses herzustellen, diese lockeren Leckereien, die auf der Zunge zergehen und die es ebenfalls in süßer oder pikanter Variante gibt. Die Mousse gehört weder ins Kapitel der Koch- noch in das der Backprozesse. Mousse wird nie gekocht, gekocht sind höchstens die Grundprodukte.

Süße Mousse läßt sich aus dunkler und heller Schokolade, aus Mokka, Beeren oder Nüssen zubereiten. Pikante Varianten sind aus Gemüse (zum Beispiel Brokkoli), aus Fisch, Fleisch oder Meeresfrüchten in pürierter Form. Püriert wird mit der Moulinette oder dem Mixer. Wenn die Masse sehr fein sein soll, streichen wir sie zusätzlich durch ein Sieb. Wichtig: Wir müssen die Masse gewürzt haben, bevor wir den Rahm darunterziehen.

Am meisten für die Mousse spricht unser Gaumen, der sie immer besser als das jeweilige Grundprodukt findet. Auch fürs Auge läßt sich eine Mousse schön anrichten: Etwa dann, wenn wir mit einem heißen Löffel Klößchen ausstechen. Bindemittel sind in den meisten Fällen nicht nötig. Ausnahmen: Wenn Grundprodukte viel eigene Flüssigkeit haben (beispielsweise Spargel), binden wir mit geschmacksneutraler Gelatine.

*Platz für die Fülle in lockerer Hülle: aufgeschnittenes Ofenküchlein*

*Weshalb dieses Menü? Nach der Vorspeise, die mal wirklich etwas anderes ist, lernen wir eine Lammkeule zuzubereiten. Und da ist es wie beim Brandteig. Weniger Geübte scheuen sich oft davor, obwohl der Braten eigentlich keine Probleme macht, vorausgesetzt die Fleischqualität ist einwandfrei. So sollte die Lammkeule etwa zwei Kilo wiegen, sind es mehr, handelt es sich um ein älteres Tier, und das Fleisch schmeckt weniger fein. Wenn Sie der gut gewürzten und gebratenen Keule die Gelegenheit geben, im Backofen bei 80 Grad zu ruhen, garantiere ich für feinsten Genuß. Da wir bereits zur Vorspeise etwas Kohlehydratreiches servieren, können wir beim Hauptgang darauf verzichten. Statt einem Berg Nudeln oder Kartoffeln servieren wir speckumwickelte grüne Bohnen und Zwiebel-Konfitüre. Abrunden könnten wir auch mit Spinat, Tomaten oder Ratatouille. Die Mousse au chocolat, einst ein exklusives Dessert, erlebte das Schicksal aller Gerichte, die allzu populär werden: Wir bekommen sie, oft vorfabriziert, meist in eher fragwürdiger Qualität. Aus diesem Grund beenden wir das Essen mit einer hausgemachten Mousse au mocca*

Menu

Ofenküchlein mit Schinken-Käse-Füllung

Gegrillte Lammkeule mit Pfefferminz-Sauce, Zwiebelkonfitüre und grünen Bohnen in Speck

Mocca-Mousse mit Orangensauce

## OFENKÜCHLEIN MIT SCHINKEN-KÄSE-FÜLLUNG

*ZUTATEN FÜR 14 PORTIONEN, JE NACH GRÖSSE UND FORM:*

*Salz · 50 g Butter · 125 g Mehl (Type 405), auch halb Vollkornmehl · 3 Eier · Butter für das Backblech*

200 ccm Wasser in einem Topf mit Salz und Butter zum Kochen bringen. Von der Platte ziehen und das Mehl »im Sturz« hineinschütten. Mit einem Holzlöffel (oder Handrührgerät) kräftig rühren (abbrennen), bis die Masse glatt ist.

Die Eier verquirlen und nach und nach unter den Teigkloß arbeiten.

Den Backofen auf 180 Grad vorheizen.

Ein Backblech leicht buttern und den Teig mit Hilfe von zwei Eßlöffeln (oder mit einem Spritzbeutel mit glatter Tülle) in walnußgroßen Häufchen im Abstand von etwa vier Zentimetern darauf setzen.

Das Backblech auf der zweituntersten Einschubleiste in den Backofen schieben. Bei 180 Grad Hitze 25 Minuten backen.

Jetzt auf 200 Grad schalten und je nach Größe und Form des Gebäcks nochmals fünf bis zehn Minuten weiterbacken.

Bei 50 Grad warm halten.

Brandteig-Tips:
Es ist wichtig, daß Brandteiggebäck lange genug gebacken und daß die Ofentüre während der Backzeit nicht geöffnet wird.

Wenn das Wasser mit der Butter siedet, sofort vom Herd nehmen, damit es nicht verdampft. Die Mengen würden dann nicht mehr stimmen.

Bevor wir die Eier zugeben, lassen wir die Masse etwas abkühlen, damit das Eigelb nicht gerinnt.

Soll das Gebäck möglichst gleichmäßig sein, dann vor dem Backen 30 Minuten kühlstellen. Das Gebäck glänzt schön, wenn Sie es mit einer Mischung aus Ei, etwas Öl und einer Prise Salz bestreichen.

Brandteig kann man in größeren Mengen herstellen. Er läßt sich, locker in Plastikbeutel gefüllt, ein paar Tage im Kühlschrank aufbewahren.

## SCHINKEN-KÄSE-FÜLLUNG (SAUCE MORNAY)

*ZUTATEN:*

*30 g Butter · 30 g Mehl · 300 ccm Milch · 1 Prise Muskat, frisch gerieben · 30 g Parmesan, frisch gerieben · 100 g gekochter Schinken, fein gehackt · 1 Msp. Senf · 3 Tropfen Zitronensaft · Salz · 200 ccm Schlagsahne, steif geschlagen*

Butter und Mehl bei mäßiger Hitze anschwitzen, ohne daß sich die Farbe ändert.

Topf beiseite ziehen und mit Milch unter Rühren ablöschen, wieder bei mittlerer Hitze langsam aufkochen. Alle anderen Zutaten beigeben.

Von der Platte ziehen und die Schlagsahne darunterheben.

Die warmen Ofenküchlein mit einer Schere quer aufschneiden, mit der Sauce füllen und warm servieren.

## GEGRILLTE LAMMKEULE MIT PFEFFERMINZSAUCE

*ZUTATEN FÜR 6-8 PERSONEN:*

*LAMMFOND*

*500 g bis 1 kg Lammknochen · etwas Olivenöl · etwas Lauch und Sellerie · 1 besteckte Zwiebel · 2 Möhren · 1 Zweig Thymian · 1 Knoblauchzehe · 1 Stück Speckschwarte · 2-3 Steinpilze · 100 ccm Madeira · 100 ccm Rotwein*

*LAMMKEULE*

*1 Lammkeule · 1 TL Salz · schwarzer Pfeffer aus der Mühle · etwas Paprikapulver · 1 EL Senf · 2 EL Olivenöl · 1 Knoblauchzehe, gepreßt · 1 Zweig Thymian, Blättchen abgestreift und fein gehackt*

*SAUCE*

*50 g Butter, gut gekühlt · 1 Zweig Estragon · 1 Zweig Pfefferminze*

Die Knochen mit Olivenöl und den übrigen Zutaten zu einem Fond aufsetzen. Im Backofen in einem Topf etwa zwei Stunden köcheln lassen.

Die Gewürze mit Senf, Olivenöl, Knoblauch und Thymian mischen. Die gehäutete Lammkeule damit kräftig einreiben.

Den Backofen auf 225 Grad vorheizen. Lammkeule auf den Rost legen, die Saftpfanne darunterschieben. Unter Wenden auf der zweiten Einschubleiste von unten 20 Minuten garen. Danach weitere 20 Minuten grillen, ab und zu wenden.

Danach den Backofen auf 80 Grad Mittelhitze herunterschalten und die Keule mindestens drei Stunden ruhen lassen.

Fond durch ein Sieb gießen und mit Butter aufschwenken.

Feingehackte Estragon- und Pfefferminzblättchen darunterziehen.

Die Keule in dünne Scheiben schneiden und mit der Sauce servieren.

*Nur rein damit*

*Wasser, Butter und Salz in einem Topf aufkochen. Mehl auf einmal dazugeben*

*Mit dem Handrührgerät verrühren, bis ein Teigfilm auf dem Topfboden entsteht*

*Nach und nach verquirlte Eier unter den Teigkloß arbeiten*

# ZWIEBELKONFITÜRE MIT PORTWEIN

*ZUTATEN FÜR 8-10 PORTIONEN ALS BEILAGE:*

*1 kg frische Perlzwiebeln · 2 EL Olivenöl · schwarzer Pfeffer aus der Mühle · 3 Zweige Thymian, Blättchen abgestreift · 500 g Tomaten, geschält · 1/2 Salbeiblatt · 1 kleines Lorbeerblatt · 2 Knoblauchzehen, gepreßt · 1 Gewürznelke · 100 ccm roter Portwein · 1 EL Tomaten-Konzentrat · 10 Tropfen Tabasco oder 1 Msp. Cayennepfeffer · Salz*

DIE ZWIEBELN kurz in kochendes Wasser tauchen, damit sie sich leichter schälen lassen. Auf Küchenpapier trocknen und schälen.

IM HEISSEN Olivenöl portionsweise goldbraun andünsten. Zusammen mit den Tomaten wieder in die Pfanne geben, mit Pfeffer, Thymian, Salbei, Lorbeerblatt, Knoblauch und Nelke würzen.

MIT PORTWEIN ablöschen, 40 Minuten ohne Deckel sanft kochen lassen. Beiseite stellen.

DIE ZWIEBELN vor dem Servieren langsam erhitzen.

MIT TOMATEN-Konzentrat und Tabasco oder Cayenne abschmecken. Nochmals fünf bis sieben Minuten leise kochen lassen.

NACH GESCHMACK mit Salz nachwürzen und die Nelke und das Lorbeerblatt herausnehmen.

TIP:
Kann auf Vorrat zubereitet und in Gläser heiß eingefüllt werden. Paßt zu Lammgerichten, Pot-au-feu oder Fleischfondue.

*So wird die Mousse fest*

*Eingeweichte Gelatine direkt in die warme Eischaummasse rühren, sie löst sich darin auf*

*Eischnee oder Sahne mit dem Schneebesen locker unterheben, nicht rühren*

# BOHNEN, MIT SPECK UMWICKELT

*FÜR 6 PERSONEN:*

*1 kg Bohnen in Salzwasser kochen, abgießen und in 60 Gramm Schalottenbutter wenden. Nach Geschmack nachwürzen und bündelweise in kurz angebratenen Speckscheiben einwickeln.*

# MOCCA-MOUSSE MIT ORANGENSAUCE

*ZUTATEN FÜR 4 PERSONEN:*

*MOCCA-MOUSSE*

*4 Blatt Gelatine · 3 Eigelb · 70 g Zucker · 3 Eiweiß · 4 EL löslicher Kaffee (Instant-Kaffee), gestrichen voll · 1/4 l Schlagsahne · 2 EL Rum*

*ORANGENSAUCE*

*1 EL bittere Orangenkonfitüre · 6 Orangen zum Auspressen · 30 g Zucker · 1/2 TL Speisestärke · 1 EL Orangenlikör · 2 unbehandelte Orangen für Filets*

DIE GELATINE im kalten Wasser einweichen. Eigelb, 40 Gramm Zukker und ein Eßlöffel Wasser in eine hitzebeständige Schüssel geben. Die Schüssel in ein heißes Wasserbad stellen, und die Masse mit den Quirlen des Handrührers schaumig rühren, bis sie hell ist und sich das Volumen verdoppelt hat.

DIE GELATINEBLÄTTER aus dem Wasser nehmen, gut ausdrücken. Blatt für Blatt in der warmen Masse unter Rühren auflösen.

AUS DEM Wasserbad nehmen und kaltrühren.

INSTANT-KAFFEE in 100 ccm heißem Wasser auflösen, abkühlen lassen und zur Eigelbmasse mischen.

EIWEISS steifschlagen, den restlichen Zucker zufügen und weiterrühren, bis der Eischnee fest und glänzend wird.

DEN EISCHNEE locker unter die Crème ziehen. Die Crème in den Kühlschrank stellen und 40 Minuten gelieren lassen.

SCHLAGSAHNE steifschlagen, zusammen mit dem Rum locker unterheben.

In einer Schale anrichten, glattstreichen und wiederum drei Stunden kühl stellen. Die Mousse wird dabei fest.

Unterdessen die Orangenkonfitüre fein pürieren.

Die Schale einer Orange in feinen Streifen mit einem Spezialmesserchen (Zestenmesser) abziehen. 200 ccm Wasser aufkochen, die Orangenschale darin blanchieren. Abgießen und abtropfen lassen.

Alle Orangen auspressen.

Den Zucker erhitzen, bis er zerfließt und zu bräunen anfängt.

Den Orangensaft dazugießen und zehn Minuten dicklich einkochen lassen.

Die Speisestärke mit einem Eßlöffel Wasser anrühren und unter fortwährendem Rühren einlaufen lassen. Aufkochen, mit der Orangenkonfitüre und dem Orangenlikör mischen. Abkühlen lassen.

Die Orangen schälen, dabei die weiße Haut ablösen. Die Filets zwischen den Häutchen mit einem scharfen Messer auslösen.

Anrichten:
Die Mousse mit heißen Löffeln ausstechen. Auf Teller anrichten, dazu Orangensauce, mit Orangenfilets garnieren. Die Mousse mit Orangenschalen-Streifchen belegen.

*FÜR FORTGESCHRITTENE*

## PARIS-BREST MIT SCHOKOLADEN-FÜLLUNG

*ZUTATEN FÜR 12-15 STÜCKE:*

*BRANDTEIG*
*1/2 TL Salz · 70 g Butter · 190 g Mehl · 5 Eier · 30 g Zucker*

*FÜLLUNG*
*2 Eiweiß · 80 g Zucker · 100 g bittere Schokolade (Crémant) · 1 EL Schokoladepulver · 2 EL Rum · 2 Blatt Gelatine (eingeweicht) · 200 ccm Schlagsahne, steif geschlagen*

*Puderzucker zum Bestäuben*

300 ccm Wasser, Salz und Butter zusammen aufkochen, den Topf von der Herdplatte nehmen.

Das Mehl »im Sturz« hineinschütten. Rühren, bis sich ein glatter Teigkloß bildet.

Eier und Zucker zusammen verquirlen, nach und nach unter den Teig arbeiten. Abkühlen lassen und in den Spritzbeutel füllen.

Den Backofen auf 200 Grad vorheizen.

Einen Ring von ca. 20 cm Durchmesser auf das Backblech spritzen. In diesen Ring einen zweiten aufspritzen, so daß die beiden Ringe sich berühren. Auf die Nahtstelle einen dritten Ring spritzen.

Auf der zweiten Einschubleiste von unten in den Backofen schieben, 40 Minuten backen. Die Backofentüre nicht öffnen, sonst fällt das Gebäck zusammen.

Eiweiss für die Füllung steif schlagen, den Zucker in zwei Portionen dazugeben. Das Eiweiß jedesmal wieder gut aufschlagen.

Die Schokolade fein reiben. Mit dem Schokoladepulver und dem Rum locker unter den Eischnee ziehen.

Die Gelatine tropfnaß in einem Pfännchen bei milder Hitze auflösen, kurz abkühlen lassen und unter die inzwischen steif geschlagene Sahne ziehen.

Zuletzt das Schokoladen-Eiweiß sorgfältig unterheben. Kühl stellen. Den inzwischen gebackenen und ausgekühlten Ring quer durchschneiden, die Füllung hineinstreichen. Den Deckel auflegen und mit Puderzucker bestäuben.

*Was Sie fürs Menü brauchen:*
*Grill*
*Wiegemesser*
*Spitzsieb*
*Fleischbrett*
*diverse Pfannen*
*Topf für Fond*
*Holzlöffel*
*Schneidstab des Handrührgerätes*
*1 Backblech*
*Spritzbeutel mit glatter Tülle*
*Muskatreibe*
*Käsereibe*
*Knoblauchpresse*
*diverse Messer*
*diverse Schüsseln*
*Schneebesen*
*1 Zestenmesser zum Abziehen der Orangenschale*
*Pinsel*
*Pergamentpapier*
*Küchenpapier*

Wer den Biskuitteig erfand, läßt sich nicht mehr sagen. Vermutlich war es ein Franzose, dem es zu Beginn des 17. Jahrhunderts erstmals gelang, einen Teig nicht mit Treibmitteln, sondern mit Eiern zu heben. Damals eine große Sache, aus der ein ganz neuer Berufszweig wuchs. Es war die Patisserie, die nun zu experimentieren begann und von den Müllern verlangte, ihr Mehl künftig durch Seide zu sieben, damit es noch feiner wurde. Speziell für die neuen Konditoren wurden auch wesentlich kleinere Öfen (Petits Fours) entwickelt, in denen sie ihre Spezialitäten zubereiten konnten.

Wenn wir uns heute mit Biskuit beschäftigen, dann müssen wir uns streng ans Rezept halten. Sonst geht's schief. Wichtig dabei ist:

Bevor wir den Biskuit einschieben, muß der Backofen immer vorgeheizt werden; etwa zehn Minuten auf 180 Grad.

Die Form mit der Biskuitmasse auf der zweiten Einschubleiste von unten einschieben.

Gebäck in kleineren Formen nicht auf das Backblech legen, sondern auf das Backofengitter. Sonst stimmt, wegen des doppelten Bodens, die Temperatur der Unterhitze nicht mehr.

Während der ersten Zeit des Backens (etwa 20 Minuten) den Backofen nicht öffnen. Sonst fällt die Masse in sich zusammen.

Ist die Hitze zu groß, wird der Biskuit nicht gleichmäßig und zart; er steigt in der Mitte in die Höhe, sinkt danach ab und wird trocken. Ist die Hitze zu schwach, kann das Gebäck unter Umständen »käsig« werden. Gute Dienste leistet dabei ein Backofenthermometer.

Große Kuchen brauchen eine längere Backzeit bei niedriger Temperatur.

Biskuit ist gut gebacken, wenn er eine hellbraune Farbe hat und sich vom Rand so löst, daß ein kleiner Abstand entsteht.

## LEICHT ODER GERÜHRT

Es gibt eine klassische Biskuitmasse und eine gerührte Tortenmasse mit oder ohne Butter. Den klassischen Biskuit verwenden wir für leichte Biskuittorten und -schnitten, gerührte Tortenmassen eignen sich für Linzer- und Schokoladetorten.

Für den klassischen Biskuit nehmen wir ganze Eier (Eiweiß und Eigelb) und verrühren sie mit dem Zucker. Am besten mit dem Handrührgerät in einer hitzebeständigen Schüssel, die ins Wasserbad gestellt wird. Das Wasserbad sollte heiß sein, darf jedoch nicht kochen. Nach 15 bis 20 Minuten schlagen wir die Masse außerhalb des Wasserbades fünf Minuten lang weiter, damit sie – und das ist sehr wichtig! – wieder abkühlt. Erst dann ziehen wir das gesiebte Mehl, vielleicht mit Kartoffelmehl gemischt, sorgfältig darunter. Nie stark rühren, sonst fällt die Masse zusammen. Eventuell flüssige, abgekühlte Butter dazugeben. Sofort in die vorbereitete Springform füllen und backen.

Für gerührte Tortenmassen schlagen wir nur das Eigelb und den Zucker mit einem Eßlöffel Wasser schaumig, ebenfalls im Wasserbad oder in der Küchenmaschine. Die Masse muß hell und luftig sein, was zehn bis 15 Minuten dauert. Dann ziehen wir das Mehl löffelweise und abwechselnd mit dem steifgeschlagenen Eiweiß unter.

# EIN ECHTES SAHNE-STÜCK

*Von wegen hausbacken: Gefüllte Biskuittorten sind was Feines. Eine Herausforderung für alle, die es mit ihren Gästen gut meinen*

*Zum Abheben: Erdbeertorte mit Mandelblättchen*

*Weshalb dieses Menü? Die Kartoffelsuppe ist ein gutes Beispiel für ein eigenständiges Essen, das keinen Hauptgang mehr verlangt. Für die Suppe lassen sich auch andere Gemüse verwenden, so daß wir sie das ganze Jahr zubereiten können. Nach der Suppe leisten wir uns ein üppigeres Dessert in Form einer Erdbeertorte. Statt Erdbeeren lassen sich auch andere Beeren und Früchte verwenden*

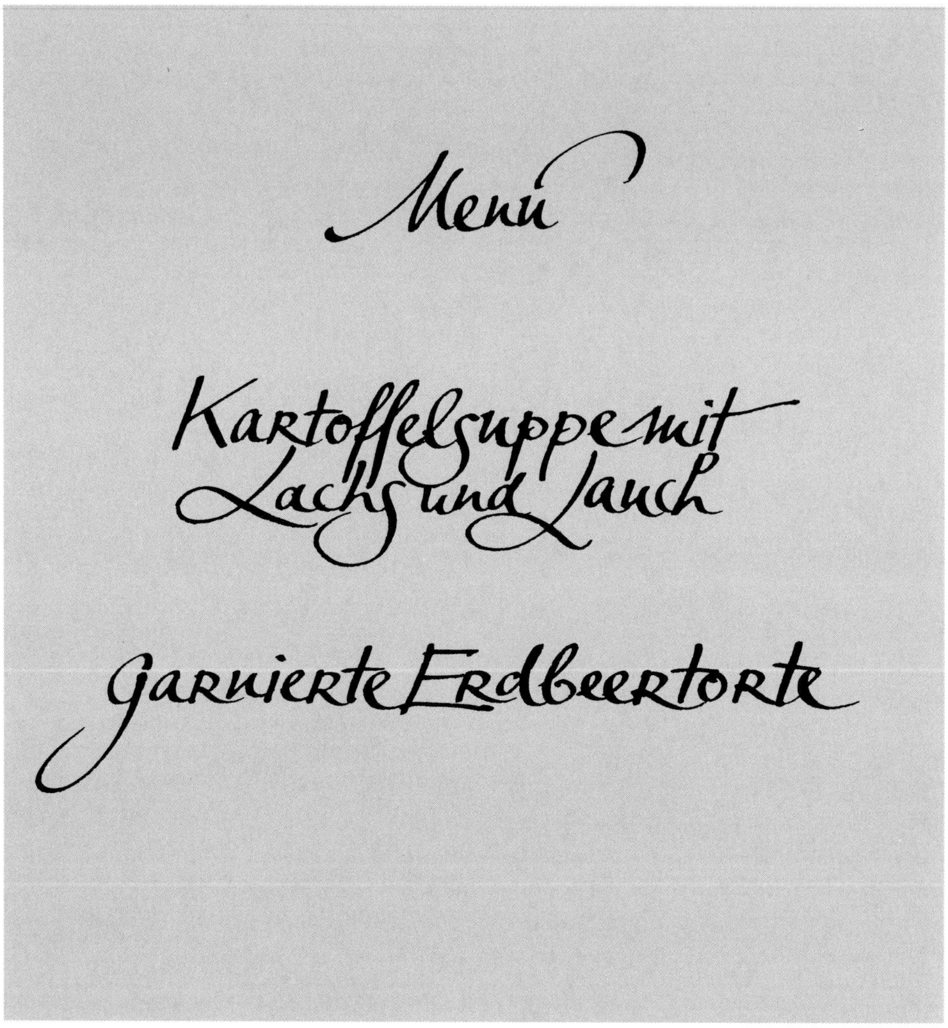


Ist die Torte gebacken, lösen wir sie mit einem dünnen Messer vom Blechrand. Daraufhin öffnen wir die Springform und nehmen den Rand weg. Mit einem Spachtel heben wir die Torte sorgfältig vom Blechboden ab und stürzen sie dann auf ein Kuchengitter. Damit die Torte vom Gitter nicht eingedrückt wird, legen wir einen Tortenkarton auf. Wenn das Gebäck einige Stunden lang richtig gekühlt wurde, läßt es sich leichter schneiden und füllen.

## KARTOFFELSUPPE MIT LACHS UND LAUCH

*ZUTATEN FÜR 4-6 PERSONEN:*

*400 g geschälte rohe Kartoffeln, grob geschnitten · 300 g Lauch, den weißen und hellgrünen Anteil · 2 l Hühnerbouillon · 150 ccm Schlagsahne · schwarzer Pfeffer, frisch gemahlen · Salz · 1 kleine Stange Lauch, in feine Julienne geschnitten · 10 g Butter · 200 g Räucherlachs, in Streifen geschnitten*

KARTOFFELN, Lauch und Hühnerbouillon zusammen 40 bis 50 Minuten kochen, bis die Gemüse weich sind.

MIT DEM Mixer pürieren und durch ein Haarsieb streichen.

DIE SUPPE in den Topf zurückgießen. Mit der Sahne verrühren und mit den Gewürzen abschmecken, gut mischen und etwas einkochen.

Die Lauchjulienne in Butter kurz andünsten und mit den Lachsstreifen als Suppeneinlage verwenden.

## GARNIERTE ERDBEERTORTE

*KLASSISCHER BISKUIT*
*(siehe Rezept)*

*ERDBEER-CRÈME*
*100 ccm Schlagsahne, steif geschlagen · 4-5 Blatt Gelatine, in kaltem Wasser eingeweicht · 250 g Erdbeeren, zum Pürieren · 80 g Zucker · 1 EL Vanillezucker · 500 g Erdbeeren*

*SIRUP*
*50 g Zucker mit 100 ccm Wasser und dem Saft von 1/2 Zitrone, sirupartig eingekocht · 50 g Mandelblättchen*

Den Biskuit vorbacken, er sollte ein paar Stunden ruhen.

Für die Erdbeer-Crème Schlagsahne mit der flüssigen Gelatine vermengen, die pürierten Erdbeeren, den Zucker und Vanillezucker unterheben.

Eine Stunde im Kühlschrank ruhen lassen, bis die Crème etwas fest geworden ist.

Biskuitboden quer halbieren.

Die eine Schnittfläche (oberer Teil) mit der Crème bestreichen und mit gewaschenen Erdbeeren belegen.

Den Boden der Torte als Deckel auflegen.

Die Torte rundum mit der restlichen Crème bestreichen.

Die Oberfläche mit halbierten oder in Scheiben geschnittenen Erdbeeren belegen, mit dem Zuckersirup überziehen.

Den Rand der Torte mit Mandelscheibchen garnieren und die Torte bis zum Servieren kalt stellen.

## KLASSISCHER BISKUIT

*FÜR EINE SPRINGFORM VON ETWA 26 ZENTIMETER DURCHMESSER:*

*80 g frische Butter · Butter und Mehl für die Springform · 5 Eier · 160 g Zucker · abgeriebene Schale von 1 unbehandelten Zitrone (nur Gelbes) · 80 g Mehl · 80 g Kartoffelmehl*

Die Butter erwärmen, bis sie flüssig ist. Abkühlen lassen.

Den Backofen auf 180 Grad vorheizen.

Die Springform buttern und mit Mehl hauchdünn ausstäuben.

Die Eier und den Zucker in einer Teigschüssel verrühren. In ein heißes Wasserbad stellen und mit Schneebesen oder den Quirlen des Handrührgerätes schaumig aufschlagen. Dabei soll sich der Zucker lösen, die Masse muß hell und luftig werden. Die Masse soll etwa dreimal so hoch sein wie zu Beginn. Jetzt auf dem Tisch (mit einem feuchten Lappen unter der Schüssel) weiterschlagen, bis sie wieder abgekühlt ist. Das ist sehr wichtig, sonst fällt die Biskuitmasse beim Mischen zusammen.

Die abgeriebene Zitronenschale dazugeben.

Mehl und Kartoffelmehl mischen. Zur Eimasse sieben. Mit einem Schneebesen leicht darunterziehen.

Die abgekühlte Butter langsam zur Biskuitmasse träufeln, sorgfältig mischen.

Sofort in die vorbereitete Springform einfüllen.

Auf der zweiten Einschubleiste von unten in den vorgeheizten Backofen schieben und etwa 55 Minuten backen.

*So entsteht der Biskuit*

*Mehl und Kartoffelmehl mischen, nach und nach auf die geschlagene Eimasse sieben und unterheben...*

*...dann die abgekühlte und flüssige Butter langsam zufügen...*

*...und den Teig in eine gefettete und mit Mehl ausgestäubte Springform füllen*

So wird geschnitten...
Wir stechen mit einem großen, spitzen Messer in den Rand, stoßen mit der Spitze bis in die Mitte und schneiden den Biskuit dann durch Drehen auseinander.

Oder wir legen einen starken Zwirn in drei bis vier eingeritzte Stellen am Biskuitrand und ziehen ihn zusammen. Diese Methode eignet sich vor allem, wenn Torten halbiert werden. Am einfachsten geht es mit einem Kuchendraht, den Sie im Fachgeschäft bekommen. Die einzelnen Scheiben heben wir am besten mit einem Kuchenheber ab; so vermeiden wir, daß sie brechen.

*Der richtige Schnitt*

*Das Messer bis zur Mitte in den Biskuit stechen, dann, die Torte drehend, rundum durchschneiden*

...so gefüllt...
Schaumige Buttercrèmes streichen wir mit einem langen Spachtel auf, den wir im heißen Wasser zuvor erwärmt haben. Dazwischen säubern wir ihn immer wieder mit einem kurzen Spachtel oder Messer. Damit die Torten schön feucht werden, können wir die einzelnen Böden erst mit einer Mischung aus Zuckerwasser und Likör oder Zitronensaft und Kaffee beträufeln. Die Oberfläche bestreichen wir ganz glatt mit Crème oder überziehen sie mit Glasur.

...und so garniert
Beim Garnieren der Torten gilt die Regel: Einfache, exakt ausgeführte Garnituren sind schöner als komplizierte. Garnieren können wir mit Puderzucker, Buttercrèmes, kandierten Früchten, Spritzglasuren, mit glasierten Mandeln, Nüssen oder Pistazien.

Den Rand garnieren wir je nachdem mit Mandelspänen, geriebenen Mandeln oder im Ofen gebräunten Nüssen, mit gehobelter Schokolade oder mit Schokoladenstreuseln.

Beispiele von einfacheren Garnituren:
Die Torte mit drei bis vier Papierringen oder -streifen (etwa zwei Zentimeter breit geschnitten) in gleich großen Abständen belegen und mit Puderzucker besieben. Vor dem Auflegen der Papierstreifen können wir die Tortenoberfläche eventuell mit Aprikosenkonfitüre bestreichen.

Die Füllungen
Zwei Grundmassen und geschlagene Sahne genügen, um Torten und Kuchen auf eine Vielzahl von Arten zu füllen und, mit Hilfe des Spritzbeutels, auch zu garnieren. Die klassische Buttercrème wird heute weniger verwendet, da sie sehr kalorienhaltig ist. Häufiger wird mit Backcrème gefüllt, die etwas leichter ist.

## BUTTERCRÈME-GRUNDREZEPT

*200 g Butter · 170 g Puderzucker · 3 EL Aromen, z. B. Kirschwasser, Rum, starker Kaffee*

Die Butter schaumig rühren. Puderzucker und das entsprechende Aroma daruntermischen.

Tip:
Gerinnt eine Buttercrème, dann rühren wir sie im Wasserbad so lange, bis sie wieder glatt ist. Wir können auch ein bis zwei Eßlöffel heißes Wasser daruntermischen. Weniger schwer wird die Crème, wenn wir eine Puddingmasse dazugeben: 100-150 ccm Milch mit 1 TL Kartoffelmehl, 1 EL Zucker und 1 Eigelb unter Rühren zum Kochen bringen. Am besten lauwarm zur Crème rühren. Die Buttermenge läßt sich so um etwa 50 Gramm reduzieren.

## BACKCRÈME-GRUNDREZEPT

*ZUTATEN FÜR ETWA 450 G CRÈME:*

*30 g Weißmehl (Type 405) · 100 ccm Vollmilch · 100 ccm Schlagsahne · 60 g Zucker · 1 Prise Salz · 1 Vanilleschote, längs aufgeschnitten, das Mark ausgeschabt · 1 Ei · 1 Eigelb · 30 g Butter · 100-200 ccm Schlagsahne, steif geschlagen*

Das Mehl in einen kleinen Topf geben und mit der Milch von der Mitte aus anrühren.

Sahne dazugeben, ebenso die mit Zucker, Salz und Vanillemark verquirlten Eier.

Alles unter Rühren bei mäßiger Hitze nicht zu stark aufkochen.

Etwas abkühlen lassen, dann die Butter darunterarbeiten.

Vor dem Füllen die geschlagene Sahne locker unter die Crème ziehen.

## BACKCRÈME-VARIATIONEN

Aus der Backcrème können auf ganz einfache Art andere Füllmassen abgeleitet werden. Die Grundcrème aber bleibt immer die gleiche.

Schokoladen-Füllcrème
80 g dunkle Schokolade (Crémant) in kleinen Stücken zur heißen Backcrème geben. Gut rühren, bis sich die Schokolade gelöst hat.

Mokka-Füllcrème
2-3 TL löslicher Kaffee (Instant-Kaffee) zur Backcrème geben. Er löst sich beim langsamen Erhitzen und Rühren auf.

Haselnuss-Füllcrème
50 g Zucker schmelzen lassen, beim Aufschäumen 100 g geschälte, grobgeschnittene Haselnüsse dazugeben. Mischen und die Masse sofort auf eine Aluminiumfolie oder ein beöltes Backblech gießen. Abkühlen lassen und fein mahlen. Unter die Backcrème ziehen.

*FÜR FORTGESCHRITTENE*

## SCHOKOLADEN-ROULADE

*ZUTATEN FÜR EINE ROULADE VON 30 CM:*

*FÜLLUNG*
*400 ccm Schlagsahne · 100 g Schokolade (Crémant) · 4 Blatt Gelatine, in kaltem Wasser eingeweicht*

*BISKUIT*
*4 Eier, getrennt · 70 g Zucker · 1 Prise Salz · 1 TL Vanillezucker · 70 g Mehl, gesiebt*

*PARISER CRÈME*
*150 g Schokolade · 150 ccm Schlagsahne*

Zuerst die Schlagsahne steif schlagen.

Die Schokolade zerbröckeln und mit 2 EL Wasser in eine Glasschale geben, ins Wasserbad stellen, die Schokolade flüssig werden und dann abkühlen lassen.

Die Gelatineblätter aus dem Wasser nehmen und tropfnaß bei mäßiger Hitze auflösen. Abgekühlt mit der Schokolade unter die Schlagsahne ziehen. Sorgfältig mischen und die Schokoladencrème mindestens 1 Stunde kühl stellen.

Den Backofen auf 180 Grad vorheizen.

Ein Backblech (ca. 30 x 40 cm) mit Pergamentpapier exakt belegen, gut buttern und bemehlen. Einen Bogen Pergamentpapier in gleicher Größe auf dem Tisch bereitlegen, ebenfalls buttern und Zucker darauf streuen.

Für die Biskuitmasse Eigelb, Zucker, Vanillezucker, Salz und 2 EL Wasser in einer Schüssel über heißem Wasserbad schaumig rühren. Herausnehmen und weiterrühren, bis die Masse kalt ist.

Eiweiss zu steifem Schnee schlagen und abwechselnd mit dem gesiebten Mehl locker unter die Eimasse ziehen, sofort auf dem vorbereiteten Backblech zentimeterdick ausstreichen.

Auf der mittleren Einschubleiste in den vorgeheizten Backofen schieben und 5 bis 8 Minuten backen, bis die Masse fest, jedoch nur leicht hellbraun ist.

Herausnehmen und sofort auf das gezuckerte Pergamentpapier stürzen. Papier vom Boden abziehen. Mit dem gezuckerten Papier aufrollen und darin kalt werden lassen.

Für die Pariser Crème die Schokolade (Crémant) mit der Schlagsahne in einem Schüsselchen im heißen Wasserbad lösen und glatt rühren.

Zum Füllen das Biskuit vorsichtig abrollen, mit der Biskuitfüllung bestreichen und wieder aufrollen.

Die Roulade mit der Pariser Crème überziehen und kühlstellen. Die Crème wird dabei fest.

Andere Garnituren:
Schokoladespäne, Schokoladebohnen, -Vermicelles, kandierte Früchte, Mandelspäne oder -scheiben, Zuckergarnituren oder Marzipan.

*Was wir zum Backen brauchen:*
*Teigschüssel aus Steingut, Chromstahl oder Pyrex. Wichtig: Sie muß tief sein und einen abgerundeten Boden haben*
*Handrührgerät evtl. Küchenmaschine*
*Schneebesen*
*Löffel zum Schaumigrühren von Butter (für Füllungen)*
*Mehlsieb (oder ein gewöhnliches Draht- oder Nylonsieb)*
*Springform mit abnehmbarem Rand, Durchmesser 24 bis 26 cm*
*Gummischaber*
*Kuchengitter (Drahtuntersatz), zum Auskühlen*
*Spachtel zum Lösen der Torten von Rand und Boden der Form und zum Aufstreichen von Füllcrème oder Glasur (Ersatz: Tranchiermesser)*
*evtl. Dressier- oder Spritzbeutel mit einer klein gezackten oder einer glatten Tülle zum Garnieren*
*Tortenkarton*
*hitzebeständige Schüssel fürs Wasserbad*
*Außerdem brauchen wir:*
*1 großen Kochtopf*
*diverse Messer*

# MIT VOLLDAMPF DABEI

*Wer will das nicht? Mehr Aroma, weniger Kalorien, mehr Vitamine und Mineralstoffe, weniger Aufwand. Dafür sorgt der Schnell- oder Dampfkochtopf*

Der Schnellkochtopf ist in den letzten Jahren immer langsamer geworden. Das hat seinen kulinarischen Grund. Alte Modelle, damals noch Dampfdrucktöpfe genannt, arbeiteten mit drei Kochstufen, hohem Druck und Temperaturen von über 120 Grad. Dabei wurde zwar alles blitzschnell gar, aber auch matschig, verkocht und geschmacklos. Die Vitamine verdampften. Und manches Mal entpuppte sich der Topf als Zeitbombe und flog dem Benutzer um die Ohren.

Moderne Schnellkochtöpfe haben solche Unarten verloren. Die Sicherheitsventile sind auch bei Billig-Fabrikaten narrensicher. Und es wird erheblich weniger Druck gemacht, also bei niedrigeren Temperaturen gekocht. Eine Schonstufe von 105 bis 107 Grad und die Normalstufe von 115 bis 119 Grad lassen Struktur, Aroma, Vitamine und Mineralstoffe der Lebensmittel weitgehend unbeschadet. Die Zeit- und Energieersparnis ist gegenüber den älteren Exemplaren zwar etwas geringer, liegt aber immerhin noch bei 30 bis 70 Prozent im Verhältnis zum üblichen Topf.

WAS FÜR DIE PRAXIS WICHTIG IST:

Schnellkochtöpfe immer nur bis zu dem Punkt füllen, der in der Geräteanleitung angegeben ist. Sie könnten sich sonst beim Öffnen verbrühen. Aus demselben Grund stark quellende oder schäumende Zutaten höchstens bis zur Hälfte des Topfes füllen.

Die Zutaten möglichst gleichmäßig zerkleinern oder gleichgroße Stücke auswählen. Sonst sind kleine Happen verkocht, bis die größeren gerade den richtigen Biß haben.

Es kommt auf jede Minute an. Also am besten den Küchenwecker einstellen, sobald das Ventil anzeigt, daß der Kochvorgang beginnt.

Bei Zutaten mit empfindlicher Struktur den Topf nicht unter kaltem Wasser abkühlen, sondern nach verkürzter Garzeit abwarten, bis der Druck fällt und das Ventil sich öffnen läßt. Das gilt insbesondere für Pellkartoffeln, die beim schockartigen Abkühlen aufreißen. Aber auch für Flans und Puddinge, die zusammenfallen könnten.

IDEAL IM SCHNELLKOCHTOPF BEI SCHONSTUFE:

Alle Gemüse mit mittlerer Garzeit, wie zum Beispiel

grob zerkleinerte Möhren, Kohlrabi, Wirsing, Fenchel und Sellerie,

unzerkleinerte grüne Bohnen, Rosenkohl und Schwarzwurzeln,

Salzkartoffeln und kleine Pellkartoffeln,

Fischkoteletts und kleinere ganze Fische,

ganze Hühnchen, Geflügelteile für Ragoûts.

NORMALSTUFE:

Große Bratenstücke,

sehnenreiche Fleischstücke wie Haxen, Putenunterkeulen, Hirsch- oder Lammstelzen,

Fleischgerichte mit langer Garzeit wie Gulasch oder Rouladen, Pökelzunge und Kutteln,

Steckrüben und Kohlgerichte, Gemüse, die für Pürees weichgekocht werden sollen, große Pellkartoffeln, Hülsenfrüchte.

*Gut für den Quark: eine Puddingform zum Garen im Dampf*

*Weshalb dieses Menü? Es ist fettarm. Die Rinderroulade ist ihrer längeren Zubereitungszeit wegen bestens geeignet für das Garen im Schnellkochtopf, und Salzkartoffeln sind die passende Beilage. Der Quarkpudding kommt in eine Timbale-Form, die wir in den Schnellkochtopf stellen. Was in einem gewöhnlichen Topf eine Stunde dauern würde, benötigt so nur etwa zehn Minuten. Übrigens: So ein Pudding ergibt mit Kompott oder Fruchtsauce ein ganzes Abendessen*

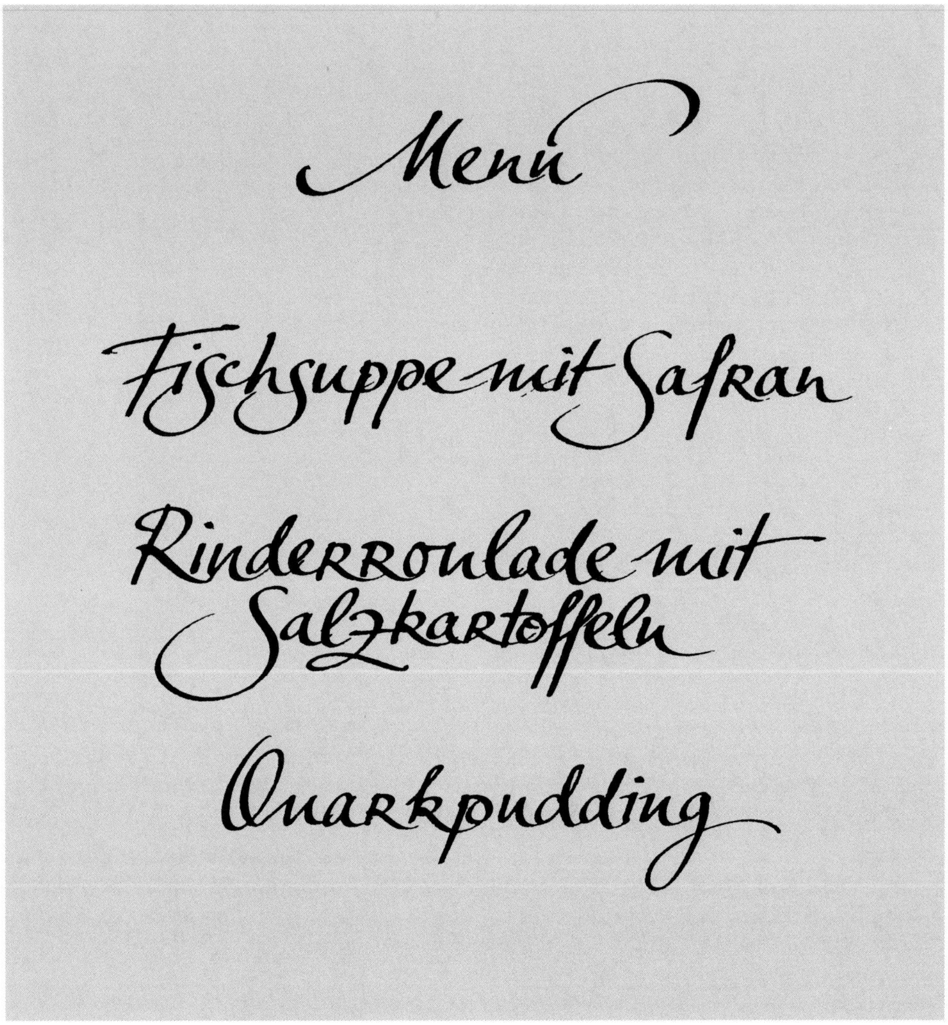


### Dämpfen ohne Druck

Logisch, daß empfindliche, feine Sachen im üblichen Topf noch schonender dämpfen. Das gilt ganz besonders für alles Zarte mit Garzeiten um 10 Minuten. Hier können Sie den richtigen Zeitpunkt im Schnellkochtopf kaum noch genau erwischen. Zu schnell sind solche Zutaten verkocht. So erreichen feingeschnittene Gemüse (Julienne), Brokkoliröschen und anderes junges Grünzeug im Siebeinsatz über kochendem Salzwasser gedämpft die beste Qualität. Auch bei Filets von Edelfischen bringt Dampf ohne Druck die beste Beschaffenheit und differenzierte Geschmacksnuancen zum Vorschein. Die Garzeiten sind ganz ähnlich wie beim Dünsten, denn hier wie dort entstehen etwa 100 Grad im Topf. Sie benötigen einen gelochten Dämpfeinsatz, damit die Zutaten nicht mit der Flüssigkeit in Berührung kommen. Gut und billig sind verstellbare Einsätze, die in jeden Topf passen.

Ideal ist das Vapeurgerät, das einen durchsichtigen Deckel aus Plexiglas hat. Während des Garens können wir so unser Essen überwachen. Außerdem reduziert sich die Kochzeit um 30 bis 50 Prozent gegenüber einem normalen Topf. Und sie sparen bis zu 40 Prozent Gas oder elektrischen Strom. Beim Garen im Vapeur behalten Gemüse, Fleisch, Fisch, Geflügel ihren Geschmack nicht nur, er wird sogar gefördert. Allerdings müssen die Produkte von absoluter Frische und allerbester Qualität sein, denn natürlich werden auch schlechte Eigenschaften durch diese Kochmethode betont.

Mit Dampf gewürzt
Ätherische Öle, die eigentlich Geschmacksträger der Kräuter und Gewürze sind, verduften beim üblichen Kochen schnell mit dem Wasserdampf. Dann riecht es zwar in der Küche verlockend, aber ein großer Teil der Würzkraft bleibt auf der Strecke. Aus einem hermetisch verschlossenen Topf können diese Aromaträger jedoch nicht entweichen. Im Gegenteil, sie durchdringen das Gargut besonders gleichmäßig und intensiv. Dasselbe gilt übrigens für Wein, Noilly Prat (trockener Vermouth), Sherry und andere alkoholische Würzflüssigkeiten. Es lohnt sich also, anstelle von simplem Salzwasser einen gewürzten Sud im Schnellkochtopf zu verwenden.

Einige Beispiele:
Zum Garen von Fisch eine Mischung aus Weißwein, Schalotten und Estragon oder feingeschnittenem Fenchel in den Topf geben.

Bei Rindfleisch und Geflügelgerichten bringen Rotwein, Thymian, Rosmarin, Knoblauch und Zwiebeln intensiven Geschmack.

Wild und Geflügel sollten Sie einmal mit einem Sud aus Wein, Schalotten, Lorbeerblättern, Wacholder und Nelken probieren.

Sie können übrigens ruhig großzügig würzen, beim Dämpfen wird so schnell nichts penetrant. Die Dämpfflüssigkeit jedoch höchstens in Miniportionen für eine Sauce verwenden. Sie ist sehr intensiv.

## FISCHSUPPE MIT SAFRAN UND KNOBLAUCH-CROÛTONS

*ZUTATEN FÜR 4 PERSONEN:*

*1 EL Olivenöl · 1 Knoblauchzehe, gepreßt · 1 Scheibe altbackenes Weißbrot, in Würfel geschnitten · 1 Fenchel · 1 Stange Staudensellerie · 1 Möhre · Salz · 600 ccm Fischfond · 200 ccm trockener Weißwein · 1 Msp. Safranpulver · 1 Prise Safranfäden · 1 EL Pernod oder Noilly Prat · 2 große oder 3 kleine Seezungenfilets · 1 Tomate, geschält und gewürfelt · 1 Zweig Dill*

Das Olivenöl mit der Knoblauchzehe erhitzen, Brotwürfelchen goldgelb darin anrösten, dann auf Küchenpapier abtropfen lassen.

Die Gemüse in feine Streifen schneiden. Über Salzwasser getrennt im Dampf vier bis fünf Minuten knapp weich kochen, eventuell leicht nachsalzen.

Den Fischfond mit Weißwein um ein Drittel einkochen lassen.

Den Safran, die Safranfäden sowie den Pernod dazugeben und alles nochmals einkochen lassen.

Die Seezungenfilets mit Salz würzen, in Streifen schneiden und mit Gemüse in heiße Suppentassen verteilen. Mit der kochendheißen Brühe auffüllen.

Ein paar Tomatenwürfel und die Knoblauchcroûtons einstreuen. Mit dem Dill garnieren.

Tip:
Möhre nach dem Schälen längs rundum mit dem Ziseliermesser einschneiden, so entstehen »Blüten«, wenn man sie in Scheiben schneidet.

*Schnellkochtopf mit vielseitig einsetzbarem Spezialdeckel*

*Vapeur mit drei verschiedenen Einsätzen (Fleisch, Fisch und Gemüse)*

## FISCHFOND (WIEDERHOLUNG)

*ZUTATEN FÜR ETWA 500 CCM KONZENTRIERTE FLÜSSIGKEIT:*

*2 Karotten · 1 kleines Stück Sellerie mit Kraut · 5 Petersilienstiele · 100 g Champignons · 2 Schalotten oder 1 Zwiebel mit Schale · 1 EL Olivenöl · etwa 2 kg Seezungengräten oder Abschnitte von anderen Fischen · 100 ccm trockener Weißwein · 4 l Wasser · 1 Zweig frischer Dill · 4 schwarze Pfefferkörner, zerdrückt · 1 kleines Lorbeerblatt · 1 Nelke*

Die Gemüse und Pilze putzen und ungeschält fein schneiden.

Schalotten oder Zwiebel mit der Schale grob hacken.

*Siebeinsatz mit flexiblen Seitenwänden*

Das Olivenöl erhitzen, die Gemüse und Pilze darin andämpfen.

Die Gräten putzen, alle Innereien entfernen, kalt abspülen und mit der Küchenschere in kleine Stücke schneiden.

Zum Gemüse geben und kurz miterhitzen.

Mit Weisswein ablöschen, die Flüssigkeit eindampfen lassen und mit Wasser auffüllen, bis alles großzügig bedeckt ist.

Dill, Pfefferkörner, Lorbeerblatt und Nelke beigeben.

Fünf Minuten vor dem Siedepunkt ziehen lassen, dabei mehrmals abschäumen, da der Fond sonst bitter wird. Er darf deshalb auch nicht länger gekocht werden.

Absieben, die Flüssigkeit so lange verdampfen lassen, bis sie schwer fließend wird, das heißt, etwa 500 ccm Flüssigkeit übrigbleiben.

Der Fond wird am besten, wenn er in großen Quantitäten zubereitet wird. Er läßt sich ohne Geschmackseinbuße tiefkühlen.

Tips:
Ich dämpfe die Gemüse in Olivenöl an, da der Fischfond dadurch einen besonders feinen Geschmack bekommt.

Fond für Süßwasserfische auf gleiche Art, aber mit Gräten von Süßwasserfischen zubereiten.

Geschmacklich am besten werden Fischfonds aus Gräten von frischer Seezunge und Salm, wobei alle Innereien weggeschnitten werden müssen. Fischhäute sollte man nicht verwenden, da sie oft tranig schmecken.

# RINDERROULADE

*ZUTATEN FÜR 4-6 PERSONEN:*

*800 g Rindfleisch aus der Keule (Kluftschale) · Senf · Salz · Pfeffer aus der Mühle · Paprikapulver · 100 g Magerspeck, in Scheiben · 50 g Weißbrot ohne Rinde · 1 Zwiebel, fein gehackt · 1 Bund Petersilie · 250 g Kalbsbrät · Küchenschnur · 2 EL Öl · 1 Zwiebel, mit Lorbeerblatt und Nelke besteckt · 1 Möhre · 1 Stück Sellerie · 100 ccm Apfelwein · 200 ccm Fleischbouillon · 1 TL Kartoffelmehl, gestrichen voll*

Das flache Fleischstück vom Metzger wie ein Cordon bleu einschneiden lassen, innen mit Senf bestreichen und mit Salz, Pfeffer und Paprikapulver (edelsüß) würzen. Die Speckscheiben auf das gewürzte Fleisch legen.

Das Brot in 200 ccm heißem Wasser einweichen.

Zwiebel und Petersilie in einer Teflonpfanne ohne Fett andünsten. Das Brot gut ausdrücken und dazugeben. Solange dünsten, bis die Masse trocken und gut gemischt ist. Auskühlen lassen, dann mit dem Kalbsbrät verarbeiten.

Die Masse auf die Speckscheiben aufstreichen. Das Fleischstück sorgfältig zusammenrollen und mit Küchenschnur umwickeln.

Den Braten auch außen mit Gewürzen einreiben.

Den Schnellkochtopf ohne Einsatz auf die Herdplatte stellen. Gut erhitzen, dann das Öl dazugeben und ebenfalls sehr heiß werden lassen.

Das Fleisch bei starker Hitze rundum anbraten. Die besteckte Zwiebel sowie Möhre und Sellerie dazugeben.

Mit Apfelwein ablöschen, etwas einkochen lassen. Dann die Bouillon dazugießen, den Schnellkochtopf schließen, 20 Minuten dämpfen (Normalstufe).

Den Schnellkochtopf abkühlen, bis kein Druck mehr vorhanden ist. Öffnen und das Fleisch herausheben.

Mit Folie bedeckt warmstellen. Die Flüssigkeit etwas einkochen lassen, dann durch ein Sieb gießen.

WIEDER in den Topf zurückgießen. Das Kartoffelmehl mit Wasser anrühren und einlaufen lassen. Die Sauce drei bis vier Minuten kochen, bis sie bindet. Eventuell nachwürzen.

DAS FLEISCH in zentimeterdicke Scheiben schneiden.

TIP:
Dazu Salzkartoffeln und Gemüse (je nach Saison) reichen.

## QUARKPUDDING

*ZUTATEN FÜR 4 PERSONEN:*

*1/4 l Milch · 1 Prise Salz · 70 g Grieß · 3 Eier, getrennt · 80 g Zucker · 50 g geriebene Mandeln · fein abgeriebene Schale von 1 Zitrone (nur Gelbes) · 50 g Rosinen · 200 g Sahnequark · 20 g Butter · Paniermehl*

MILCH und Salz in einer Stielkasserolle aufkochen, den Grieß einstreuen. Zu einem dicken, glatten Brei kochen.

EIGELB mit dem Zucker in einem Wasserbad schaumig rühren, bis die Masse hell wird und ihr Volumen sich verdoppelt. Anschließend kalt rühren.

MANDELN, Zitronenschale, Rosinen, Quark und den abgekühlten Grießbrei dazumischen.

EIWEISS zu steifem Schnee schlagen und locker unter die Masse ziehen.

DIE PUDDINGFORM mit der Butter ausstreichen und mit Paniermehl ausstreuen.

DIE QUARKMASSE einfüllen, glattstreichen und die Form mit Folie abdecken.

DEN SCHNELLKOCHTOPF bis zum Siebboden mit Wasser füllen und die Puddingform hineinstellen.

DEN SCHNELLKOCHTOPF schließen, auf der Schonstufe zehn Minuten kochen lassen.

DEN TOPF von der Herdplatte nehmen und stehen lassen, bis kein Dampfdruck mehr vorhanden ist. Öffnen, den Pudding dem Formenrand entlang mit einem Messer lösen und auf eine Platte stürzen. Warm oder abgekühlt mit Kompott oder Fruchtsauce servieren.

*FÜR FORTGESCHRITTENE*

## RINDERZUNGE MIT MADEIRASAUCE

*ZUTATEN FÜR 6 PERSONEN:*

*1 geräucherte Rinderzunge von ca. 1,2 kg*

*SAUCE*

*300 ccm Kalbsfond (evtl. aus dem Glas) · 100 ccm guter Rotwein · 1 Prise Muskat · Pfeffer aus der Mühle · 1/2 TL Paprikapulver, edelsüß · 1 EL Tomatenpüree · 1 TL Zitronensaft · evtl. etwas Mehlbutter zum Binden · 50 ccm Madeira · Cayennepfeffer*

DIE ZUNGE über Nacht in soviel kaltes Wasser einlegen, daß sie davon bedeckt ist.

DAS FLEISCH in den Schnellkochtopf (mit Siebboden) geben, bis knapp zu halber Höhe – die Zunge muß bedeckt sein – mit kaltem Wasser füllen.

DEN DECKEL aufsetzen, erhitzen, bis die Schonstufe erreicht ist. Die Temperatur regulieren und das Fleisch bei dieser Stufe 30 Minuten kochen lassen.

DEN TOPF abkühlen, öffnen und die Zunge herausheben.

HÄUTEN, dann mit Folie bedeckt warm stellen.

DEN KALBSFOND mit Rotwein etwas einkochen lassen.

GEWÜRZE, Tomatenpüree und Zitronensaft dazugeben. Weitere 10 Minuten leicht kochen lassen, evtl. mit etwas Mehlbutter binden.

MIT MADEIRA abschmekken, mit Cayennepfeffer nachwürzen.

DIE ZUNGE in 1/2 cm dicke Scheiben schneiden und mit der Sauce überziehen.

*Fürs Menü brauchen Sie:*
*Schnellkochtopf und/oder*
*Vapeur-Gerät und/oder*
*Topf mit Siebaufsatz und gut verschließbarem Deckel*
*diverse Messer*
*Fleischmesser*
*Schneidebrett*
*Sauciére*
*Saucenlöffel*
*Ziseliermesser*
*Teflonpfanne*
*Chromstahlpfanne*
*Sieb*
*Stielkasserolle*
*Metallschüssel zum Aufschlagen*
*Wasserbad*
*Schneebesen*
*Raffel*
*Puddingform*
*Folie*
*Küchenschnur*

*Ein Kleid aus Semmeln*

*Semmelmehl in eine mit Butter bestrichene Form füllen und verteilen*

*Restliches Semmelmehl ausschütten*

Hefeteig ist nicht leicht zuzubereiten. Das Problem liegt bei der Hefe, die Ansprüche stellt und es verschieden warm haben will. Bei etwa 30 Grad vermehren sich die Hefepilze in der zucker- und stärkehaltigen Masse des Teiges am besten. Dabei wird ein kleiner Teil von Zucker und Stärke in Alkohol und Kohlensäure verwandelt. Im Teig kommt es zur Gärung. Er geht auf. Wenn der Teig kalt steht, etwa bei 15 Grad, vermehren sich die Pilze langsamer. Was bei manchen Teigen sehr wichtig ist.

Frische Hefe (Preßhefe) sollte gelblich-grau, bröckelig und leicht feucht sein. Ist sie bräunlich, ausgetrocknet, leicht schmierig, wirkt sie nur kaum oder überhaupt nicht mehr. Wir sollten Hefe deshalb immer gleich verwenden. In Papier eingewickelt, hält sie sich im Kühlschrank höchstens zwei bis drei Tage. Preßhefe ist meist in Würfeln von etwa 40 oder 50 Gramm erhältlich. Was wir nicht brauchen, können wir auch tiefkühlen: Wir packen die Hefe in Alufolie ab, in Portionen zu 10 oder 20 Gramm. Auf diese Weise können wir sie gefroren mindestens drei Monate lang aufbewahren. Bevor wir sie dann verwenden, lassen wir die Hefe bei Zimmertemperatur auftauen.

Trockenhefe hält sich länger als Preßhefe. Sie wird industriell hergestellt und basiert auf einer Lösung aus Melasse und Wasser. Ein Gramm Trockenhefe entspricht ungefähr 2,5 Gramm Frischhefe.

NOCH FRAGEN?
WIE STELLT MAN HEFETEIG WARM?
Wir stellen die Schüssel mit dem Teig in warmes Wasser, in den schwach warmen Backofen oder auf die Heizung. Teige, die langsam aufgehen sollten, decken wir mit Alufolie oder einem feuchten Tuch ab.

WOMIT WIRD HEFEGEBÄCK BESTRICHEN?
Das kommt ganz drauf an. Hefekranz zum Beispiel glasieren wir mit einer Mischung aus Puderzucker und Wasser, eventuell Zitronensaft. Hefezopf bestreichen wir vor dem Backen mit Eigelb, Weihnachtsstollen besieben wir mit Puderzucker.

BEI WELCHEN TEMPERATUREN BACKEN WIR?
Teige, die beim Backen noch etwas aufgehen sollen, schieben wir in den mäßig warmen Ofen; Gebäck, das seine Form behalten soll, in die Hitze. Garprobe: An der Nadel, die wir in das Gebäck einstechen, darf nichts mehr hängen bleiben. Das Gebäck sollte auch gut braun sein und sich von der Form lösen.

## UND IMMER WIEDER GEHT DIE HEFE AUF

*Die Pilze der Hefe machen Teige luftig und locker – vorausgesetzt sie haben es so warm, wie sie es wollen*

## FOCACCIA (ITALIENISCHES HEFEBROT)

*ZUTATEN:*

*500 g Mehl (Type 405) · 15 g Salz und etwas zum Bestreuen · 30-40 g frische Hefe · 100 ccm kaltgepreßtes Olivenöl und etwas zum Einfetten und Bepinseln*

MEHL in eine Schüssel geben. Salz auf dem Mehlrand verteilen. Hefe in 300 ccm lauwarmem Wasser auflösen,

*Blick ins Innenleben eines Russenzopfes*

*Warum diesmal kein Menü? Gebäck aus Hefeteig läßt sich nur schlecht in ein mehrgängiges Menü einbauen. Ausnahmen sind vielleicht das italienische Hefebrot Focaccia mit Kräutern, Oliven oder Sardellen, geröstet oder in kleinen Stücken zum Aperitif gereicht, oder die Brioche, ein leichtes französisches Hefegebäck zu Terrinen. Oder rumgetränkter Savarin, ein Punschring, der nach einem leichteren Essen als Dessert fungieren kann. Ansonsten ist Hefegebäck sehr eigenständig. Brot ergibt, zusammen mit Käse, Nüssen, Trauben, Birnen und einem Glas Wein ein selbständiges Essen. Ähnlich die Pizza, die, mit Salat serviert, ebenfalls ein kleines Essen ist. Dampfnudeln, die in Vanillemilch aufgehen, sind ein zwar wenig bekanntes, doch vor allem von Kindern geliebtes Abendessen. Gugelhopf – es gibt ihn auch pikant mit Speckwürfeln und Käse – können wir zu einem Glas Wein servieren. Zu Kaffee oder Tee passen all die anderen Hefespezialitäten*

zum Mehl gießen und zusammen mit dem Olivenöl zu einem Teig kneten (er muß ziemlich feucht und klebrig sein).

Mit einem feuchten Tuch zugedeckt solange gehen lassen, bis der Teig sein Volumen verdoppelt hat.

Den Teig auf ein geöltes Blech stürzen und mit bemehlten Händen gleichmäßig flach drücken.

Mit Öl bepinseln, mit Salz bestreuen und mit einem Zahnstocher in Abständen von drei bis vier Zentimeter einstechen. Nochmals etwa 20 Minuten zugedeckt stehen lassen und anschließend im auf 250 Grad vorgeheizten Ofen etwa 30 Minuten goldbraun backen.

Tips:
Die Focaccia soll eine kräftige Kruste haben. Noch lauwarm servieren. Die Focaccia läßt sich gut mit Oliven, Sardellen, Kräutern, Käse oder Peperoni bereichern.

## GRISSINI (ITALIENISCHE HEFETEIG-STANGEN)

*ZUTATEN:*

*500 g Mehl (Type 405) · 15 g Salz · 30-40 g frische Hefe · 1/4 l Wasser · 50 ccm Olivenöl*

Aus den Zutaten einen Brotteig herstellen und mit einem feuchten Tuch zugedeckt bis aufs Doppelte aufgehen lassen.

Mit den Händen möglichst lange drei bis fünf Millimeter dicke Würste formen und aufs trockene Blech legen. Zugedeckt nochmals etwa 20 Minuten gehen lassen, anschließend bei 225 Grad 10 bis 15 Minuten goldbraun backen. Nicht zu dicht nebeneinander auf das Blech legen, damit sie nicht zusammenkleben. Wenn es doch passiert, kurz vor Ende der Backzeit mit einem Messer trennen.

Die Grissini sind lange haltbar, da sie auch trocken gut schmecken.

## LEICHTE BRIOCHE

*ZUTATEN FÜR EIN BRIOCHE-BROT VON 26 ZENTIMETER LÄNGE:*

*Kastenform von etwa 26 cm Länge · 250 g Mehl (Type 405) · 20 g frische Hefe · 1 TL Zucker, gestrichen voll · 2 Eier · 150 g flüssige Butter · 1 TL Salz, gestrichen voll · 1 Eigelb*

Die Form gut ausbuttern.

Den Backofen auf 50 Grad vorheizen.

Das Mehl in eine Schüssel sieben. In der Mehlmitte eine Vertiefung hineindrücken.

Die Hefe mit dem Zucker in einer kleinen Tasse flüssig rühren. In die Vertiefung einlaufen lassen.

Eier und 50 ccm Wasser in einer kleinen Schüssel verquirlen.

Die abgekühlte Butter dazugeben. Alles gut mischen und ebenfalls in die Mehlmitte einlaufen lassen.

Das Salz auf den Mehlrand streuen. Es darf nicht direkt mit der Hefe in Berührung kommen, da Salz die Hefepilze an ihrer Entwicklung hindert.

Den Teig sorgfältig kneten. In die vorbereitete Form füllen, glattstreichen und mit Eigelb bepinseln. Das Ei darf nicht am Formenrand kleben, sonst geht der Teig nicht auf.

Auf der zweiten Einschubleiste von unten bei 50 Grad im Backofen randhoch aufgehen lassen.

Backofen auf 180 Grad vorheizen, die Brioche etwa 20 Minuten backen. Backofen auf 225 Grad schalten und weitere zehn Minuten backen.

Die Brioche herausnehmen, auf ein Kuchengitter stürzen und abkühlen lassen.

## VOLLKORNBRÖTCHEN MIT SESAM

*ZUTATEN FÜR ETWA 10 STÜCK, JE NACH GRÖSSE:*

*20 g frische Hefe · 500 g Vollkornmehl (Weizen) · 10 g Salz · 1 Eigelb · 1/2 EL Sesam*

Die Hefe mit 50 ccm warmem Wasser anrühren.

Das Mehl in eine Schüssel geben und in die Mehlmitte eine Vertiefung hineindrücken. Das Salz auf dem Mehlrand verteilen.

Die flüssige Hefe in die Mehl-Mitte einlaufen lassen.

*Hebende Hefe*

*Brioche-Teig: So hoch darf er gehen*

Dann 300 ccm lauwarmes Wasser zugießen und alles zu einem Teig kneten. Den Teig bei Zimmertemperatur aufgehen lassen.

Kleine Brötchen formen, mit Eigelb bestreichen und mit Sesam bestreuen. Auf dem Backblech bei Zimmertemperatur nochmals gehen lassen.

Im Backofen anschließend bei 180 Grad etwa 25 Minuten backen.

Tip:
Es lohnt sich, den Teig in größerer Menge zuzubereiten und die restlichen Brötchen einzufrieren.

## HEFEZOPF

*ZUTATEN FÜR ETWA 850 GRAMM:*

*500 g Mehl (Type 405) · 1 TL Salz · 60 g Butter · 300 ccm Milch · 10 g Hefe · 1 TL Zucker · Aluminiumfolie · 1 Eigelb*

Das Mehl in eine Schüssel sieben, in der Mitte eine Vertiefung hineindrücken.

DAS SALZ auf den Mehlrand streuen.

DIE BUTTER schmelzen, mit der Milch mischen und in die Mehlmitte gießen.

HEFE und Zucker dickflüssig rühren und dazugießen. Von der Mitte her alle Zutaten verrühren, dann aus der Schüssel nehmen.

VON HAND tüchtig durchkneten (möglichst ohne Mehlzugabe), bis der Teig weich und geschmeidig ist.

*Trockenhefe und Preßhefe*

*Frische Hefe hat viele Vitamine, getrocknete ist fast ein Jahr haltbar*

*Verrührt man Hefe mit Zucker...*

*...wird das Gemisch flüssig*

ZOPF FORMEN und backen: Den Teig in die Schüssel zurücklegen, mit Folie bedecken und im geöffneten, leicht warmen Backofen (30 bis 35 Grad) ums Doppelte aufgehen lassen. Dauer: etwa eine Stunde.

VOM TEIG zwei Rollen formen und einen Zopf flechten. Auf einem leicht gebutterten Backblech wieder in den warmen Backofen schieben, mit Folie bedeckt nochmals aufgehen lassen. Dauer: 30 bis 40 Minuten.

JETZT den Zopf etwa zehn Minuten in den Kühlschrank stellen (er wird sonst beim Backen breit statt hoch).

MIT EIGELB bestreichen und in den auf 200 Grad vorgeheizten Backofen auf unterster Einschubleiste einschieben, etwa 35 Minuten backen. Der Zopf muß außen fest sein und hohl klingen, wenn man draufklopft.

TIPS:

Wer den Zopf aufbewahren will, sollte ihn sofort nach dem Erkalten einfrieren. Er ist gut zwei Monate haltbar. Bei Zimmertemperatur auftauen. Auch der Teig läßt sich einfrieren, dann aber braucht der Hefeteig die doppelte Zeit zum Aufgehen – nach dem Auftauen.

Aus dem gleichen Teig können Pizza und viele Arten von Brötchen zubereitet werden.

Nach dem Backen sollte Hefegebäck sofort vom Backblech oder aus der Form genommen werden. Sonst kann sich auf dem Boden Dampf bilden. Das Gebäck wird weich und verliert seine Kruste.

## GEFÜLLTES HEFEGEBÄCK

Hefegebäck kann gefüllt und auf verschiedene Arten geformt werden. Bekannt sind Rosenkuchen, der Russenzopf oder der Hefekranz. Man rollt den Teig aus und bestreicht das Teigstück mit einer Nußfüllung. Geformtes Hefegebäck läßt man vor dem Backen zweimal aufgehen: 1. den Teig, 2. das gefüllte und geformte Gebäck.

## SÜSSER HEFETEIG (GRUNDREZEPT)

*ZUTATEN FÜR 850 G:*

*20 g Hefe · 55 g Zucker · 500 g Mehl (Type 405) · 1 TL Salz, gestrichen voll · 60 g Butter · 1/4 l Vollmilch · 1 Ei*

DIE HEFE mit einem Teelöffel Zucker flüssig rühren.

DAS MEHL in eine Schüssel sieben und in der Mitte eine Vertiefung hineindrücken. Salz auf den Mehlrand streuen.

DIE BUTTER erhitzen und mit der Milch mischen.

DAS EI verquirlen, mit der Milch-Butter-Mischung, dem restlichen Zucker und der flüssigen Hefe in die Mehlvertiefung geben.

DEN TEIG von der Mitte aus mischen und zusammenarbeiten. Solange kneten, bis er zusammenhält und sich von der Hand löst.

JE NACH Rezept weiterverarbeiten bzw. das erste Mal aufgehen lassen.

## NUSSFÜLLUNG FÜR HEFEGEBÄCK

*ZUTATEN FÜR 1 HEFEKRANZ, ROSENKUCHEN, KIPFEL, SCHNECKEN USW.:*

*250 g Haselnüsse, Mandeln oder Walnüsse (auch gemischte Nuß-Sorten), nicht zu fein gehackt · 80 g Zucker · 1 Msp. Zimt · evtl. 50 g Rosinen, in Wasser eingeweicht · abgeriebene Schale von 1 Zitrone (nur Gelbes) · 1 Eiweiß, leicht geschlagen · 100 bis 150 ccm Apfelsaft (Süßmost)*

Die Nüsse mit allen anderen Zutaten mischen. Die eingelegten Rosinen abschütten und zuletzt darunterziehen. So viel Saft dazugeben, daß eine streichfähige Masse entsteht.

## ZUCKERGLASUR

*ZUTATEN:*

*6-7 EL Puderzucker · 1-2 EL Zitronensaft*

*Den Zucker mit dem Zitronensaft anrühren, bis er dickflüssig wird.*

## ROSENKUCHEN

*ZUTATEN:*

*Grundrezept süßer Hefeteig · Nußfüllung*

Den Teig zu einem Rechteck ausrollen.

Das Teigrechteck mit Füllung bestreichen.

Von der langen Seite her aufrollen und mit einem scharfen Messer 10 bis 12 Stücke schneiden.

Die Stücke mit der Schnittfläche nach oben in eine gebutterte Springform (Durchmesser 22-24 cm) stellen.

Den Teig aufgehen lassen, bis die Rosetten aneinanderstoßen.

Bei 200 Grad 30 Minuten backen.

Mit Zuckerglasur überpinseln und abkühlen lassen.

## RUSSENZOPF

*ZUTATEN:*

*Grundrezept süßer Hefeteig · Nußfüllung*

Eine 30 bis 35 Zentimeter lange Kuchenform buttern.

Den Hefeteig rechteckig in entsprechender Länge ausrollen. Den Teig mit Füllung bestreichen. Von einer Seite her einrollen und die Rolle längs halbieren.

Die beiden halben Rollen mit der Schnittfläche nach oben ineinanderschlingen und in die Form legen. Den Teig um das Doppelte aufgehen lassen.

Auf unterster Einschubleiste in den auf 200 Grad vorgeheizten Backofen schieben, etwa 40 Minuten goldbraun backen.

Nach Belieben mit Zuckerglasur überpinseln.

## HEFEKRANZ

*ZUTATEN:*

*Grundrezept süßer Hefeteig · Nußfüllung*

Den Hefeteig rechteckig ausrollen und mit Füllung bestreichen.

Daraus drei Streifen schneiden und jeden einzeln einrollen.

Die drei Rollen zu einem Zopf flechten.

In die Mitte einer großen gebutterten Springform eine ofenfeste Tasse oder eine mit Aluminiumfolie umwickelte Dose stellen.

Den Zopf als Kranz darum herumlegen. Die Enden sorgfältig ineinanderflechten.

Den Teig in etwa 45 Minuten ums Doppelte aufgehen lassen.

Bei 200 Grad 35 bis 40 Minuten goldbraun backen.

Mit Glasur bestreichen.

## SAVARIN MIT RUM

*ZUTATEN FÜR 6 PERSONEN:*

*HEFETEIG*

*125 g Mehl und etwas zum Bearbeiten · 50 ccm Milch · 30 g Butter, flüssig, und etwas für die Form · 1 Ei · 10 g Hefe · 30 g Zucker · 1 EL Sauerrahm oder Joghurt · 1 TL Vanillezucker · 1 Prise Salz · 1 kleine Savarin-Ringform, Durchmesser 20-24 cm*

*RUMSAUCE ZUM TRÄNKEN*

*100 g Zucker · 200 ccm Weißwein · Saft einer halben Zitrone · 100 ccm weißer Rum*

*GARNITUR*

*200 ccm Schlagsahne, steif geschlagen · frische Beeren oder Kompott von Aprikosen, Pflaumen, Birnen usw.*

Das Mehl in eine Schüssel sieben und in der Mitte eine Vertiefung hineindrücken.

Milch, flüssige Butter, Zucker und Ei mischen und in die Vertiefung gießen.

Die Hefe mit einem Teelöffel Zucker flüssig rühren und dazugeben, ebenso den Sauerrahm und Vanillezucker.

Den Teig mit einem Holzlöffel von der Mitte her zu einem Teig verarbeiten. Das Salz zufügen.

Die Masse in eine gut gebutterte und leicht bemehlte Ringform füllen und an einem warmen Ort etwa 30 Minuten um das Doppelte aufgehen lassen.

Den Backofen auf 200 Grad vorheizen und den Savarin in etwa 30 Minuten goldgelb backen.

Für die Rumsauce Zucker, Weißwein, 200 ccm Wasser und Zitronensaft zusammen aufkochen. Etwas abkühlen lassen und dann den Rum dazugeben.

Den Savarin nach dem Backen mit einem scharfen Messer vom Formrand lösen und stürzen. Etwas abkühlen lassen und wieder in die Backform zurücklegen.

Mit der warmen Rumsauce übergießen, stehen lassen bis der Savarin die Flüssigkeit weitgehend aufgesaugt hat. Auf eine runde Platte stürzen, mit Schlagsahne und Früchten garnieren.

## DAMPFNUDELN MIT APRIKOSENSAUCE

*ZUTATEN FÜR 4 PERSONEN ALS ABENDESSEN:*

*500 g Mehl · 1 EL Salz · 60 g Butter · 200 ccm Milch · 75 g Zucker · 2 Eier · 40 g Hefe*

*SEPARAT BEREITSTELLEN*

*20 g Butter · 300 ccm Milch · 3 EL Zucker · 1 Vanilleschote · 500 g Aprikosenkompott · 1 EL Puderzucker zum Besieben*

Das Mehl in eine Schüssel geben und in der Mitte eine Vertiefung hineindrücken, das Salz auf den Mehlrand streuen.

Die Butter schmelzen, die Milch dazugeben und beides mischen. Mit 70 g Zucker und den verquirlten Eiern in die Mehlmitte geben.

Die Hefe mit dem restlichen Zucker flüssig rühren und ebenfalls in die Schüssel gießen. Alle Zutaten mischen und kneten, aus der Schüssel nehmen und von Hand zu einem weichen Teig kneten. Er soll beim Anschneiden innen Luftblasen haben.

Den Teig wieder in die Schüssel legen, mit Folie abdecken und in den leicht warmen Backofen stellen, in etwa einer Stunde ums Doppelte aufgehen lassen. Vorsicht: Die Schüssel darf dabei nur handwarm werden. (Den Ofen auf etwa 50 Grad einstellen und leicht geöffnet halten.)

Butter, Milch und Zucker in einen Topf geben, leicht erwärmen. Die Vanilleschote der Länge nach aufschneiden und das Mark in die Milch schaben.

Den aufgegangenen Hefeteig in zehn gleich große Stücke teilen.

Von Hand auf dem Tisch zu Kugeln formen und in den Topf legen.

Den Deckel auflegen und die Teigkugeln bei Zimmertemperatur etwa eineinhalb bis zwei Stunden aufgehen lassen, bis sie leicht gegangen sind und zusammenstoßen.

Den Topf auf die Herdplatte stellen. Mit der Milch-Vanillemischung begießen, bei mittlerer Hitze etwa 50 Minuten zugedeckt garen. Hitze eventuell reduzieren. Den Kochtopf von der Herdplatte ziehen, zehn Minuten stehen und dabei abkühlen lassen.

Das Aprikosenkompott mit der Flüssigkeit pürieren.

Die Dampfnudeln aus dem Kochtopf heben, mit dem Puderzucker besieben und noch warm anrichten.

Die kalte Aprikosensauce darübergießen.

*FÜR FORTGESCHRITTENE*

# ELSÄSSER GUGELHOPF

*ZUTATEN FÜR GUGELHOPF-FORM VON 22 CM DURCHMESSER:*

*Butter für die Gugelhopfform · 50 g Sultaninen · 50 g Rosinen · 250 g Mehl · 50 g Butter · 150 ccm Milch · 75 g Zucker · 1 TL Vanillezucker · 2 Eier · je 1 Msp. Zimt und Muskat · 1/1 TL Salz · 20 g Hefe · 50 g Mandeln, geschält und gehackt · nach Belieben 2 EL Zitronatwürfel*

Die Form ausbuttern.

Sultaninen und Rosinen in etwas warmem Wasser aufquellen lassen.

Das Mehl in eine Schüssel sieben, in die Mitte eine Vertiefung hineindrücken.

Die Butter schmelzen, die Milch dazugießen. 70 Gramm Zucker, Vanillezucker und verquirlte Eier in die Mehlmitte geben. Zimt, Muskat und Salz auf den Mehlrand streuen.

Die Hefe mit dem restlichen Zucker flüssig rühren und zufügen. Alle Zutaten zu einem glatten Teig verkneten.

Die abgetropften Sultaninen, Rosinen, die Mandeln und Zitronatwürfel daruntermischen.

Den Teig in die Gugelhopfform füllen.

Mit Folie bedeckt an einem warmen Ort bis zwei Zentimeter unter dem Formrand gehen lassen.

Den Backofen auf 200 Grad vorheizen.

Den Gugelhopf auf der untersten Einschubleiste in den Backofen schieben, etwa 40 Minuten backen. Wenn nötig mit etwas Pergamentpapier abdecken.

*Fürs Menü brauchen Sie:*
*Teigschüssel*
*Pinsel*
*Backbleche*
*Springform*
*Kastenform*
*Gugelhopfform*
*Rollholz*
*Spachtel*
*Savarin-Form*

# AUF DIE SCHNELLE WELLE

*Sie steht schon in vielen Küchen, wird aber oft nur zum Auftauen oder Aufwärmen genutzt. Eigentlich schade, wenn man bedenkt, was die Mikrowelle alles leisten kann*

Diesmal wird's bei uns etwas technisch. Auch wenn die Grande Cuisine bis heute lieber auf gutes Handwerkszeug, Kreativität und Fingerfertigkeit schwört und deshalb vorzugsweise ohne Mikrowelle auskommt, möchte ich den Umgang mit der schnellen Welle nicht ausklammern. So ein Gerät gehört ja fast schon zur Grundausstattung vieler Küchen. Schade drum, wenn es nur als gelegentliche Aufwärm- oder Auftaumöglichkeit verstaubt. Die Mikrowelle bietet auch in der feinen Küche ungeahnte neue Möglichkeiten. Sie müssen sich nur auf die etwas ungewohnte Technik und die präzisen Zeitvorgaben einlassen. Wer allerdings glaubt, mit einer einfachen Mikrowelle einen Turbo-Herd für alle Fälle erworben zu haben, erlebt Enttäuschungen.

Bräunen, knuspriges Braten und Grillen sind nur schwer möglich. Beim schnellen Dünsten und Dämpfen jedoch zeigt das Gerät seine Qualitäten: Denn die elektromagnetischen Wellen erhitzen Lebensmittel blitzschnell, ohne den Umweg über Herdplatte, Topf und Flüssigkeiten oder Fett. Nährstoffverluste und Energieverbrauch bleiben so auf ein Minimum beschränkt. Wirklich fix geht die Sache aber nur bei kleinen Mengen. Die Faustregel: Halbe Portionen – halbe Zeit, doppelte Portionen – doppelte Zeit.

Die Zutaten sollten Sie immer möglichst klein und gleichmäßig zerkleinern, sonst sind am Ende die dicken Stücke halbroh und die flachen bereits zerkocht.

Kombinationsgeräte funktionieren im Prinzip genauso wie einfache Mikrowellenherde, sind aber vielseitiger: Sie haben zusätzlich einen Backofen mit Ober- und Unterhitze, Umluft und einen Grill. Hier wirken die Wellen als Beschleuniger zu den gewohnten Garmethoden. Beispiel: Sie benutzen den Grill für ein Hähnchen. Mit zusätzlicher Mikrowelle ist es etwa in der halben Zeit fertig. So ähnlich geht's auch beim Kuchenbacken und vielen anderen Gerichten.

Bei meinen Rezepten bin ich von einer einfachen Solo-Mikrowelle mit 600 bis 700 Watt Leistung ausgegangen. Jeweils die kürzere der angegebenen Garzeiten gilt für 700, die längere für 600 Watt. Sollte ihre Mikrowelle es nur auf 500 Watt bringen, müssen Sie jeweils noch einige Minuten zugeben. Bei höheren Wattzahlen verkürzen sich die Garzeiten natürlich.

Ein Solo-Mikrowellengerät ist ideal:

· zum Auftauen und Erwärmen
· als Ersatz fürs Wasserbad
· zum Pochieren von Fisch
· zum Garen von Obst und Gemüse
· für zerkleinertes Fleisch, z. B. Hackfleisch oder Ragoût
· für Aufläufe
· zum Trocknen von kleinen Mengen Pilze, Gemüse und Obst.

Nicht viel schneller als im Herd, aber bequemer: Kartoffeln, Reis, Spiegelei, Rührei.

*Schön abgefüllt:*
*Apfel mit Preiselbeeren*

*Weshalb dieses Menü? Die Vorzüge der Mikrowelle können Sie bei kleinen Mengen (für zwei Personen) besser ausnutzen. Außerdem habe ich Gerichte für Sie ausgewählt, die mit der Welle mindestens ebenso gut gelingen wie mit konventionellen Methoden, wenn nicht sogar besser. Auf jeden Fall aber viel schneller*

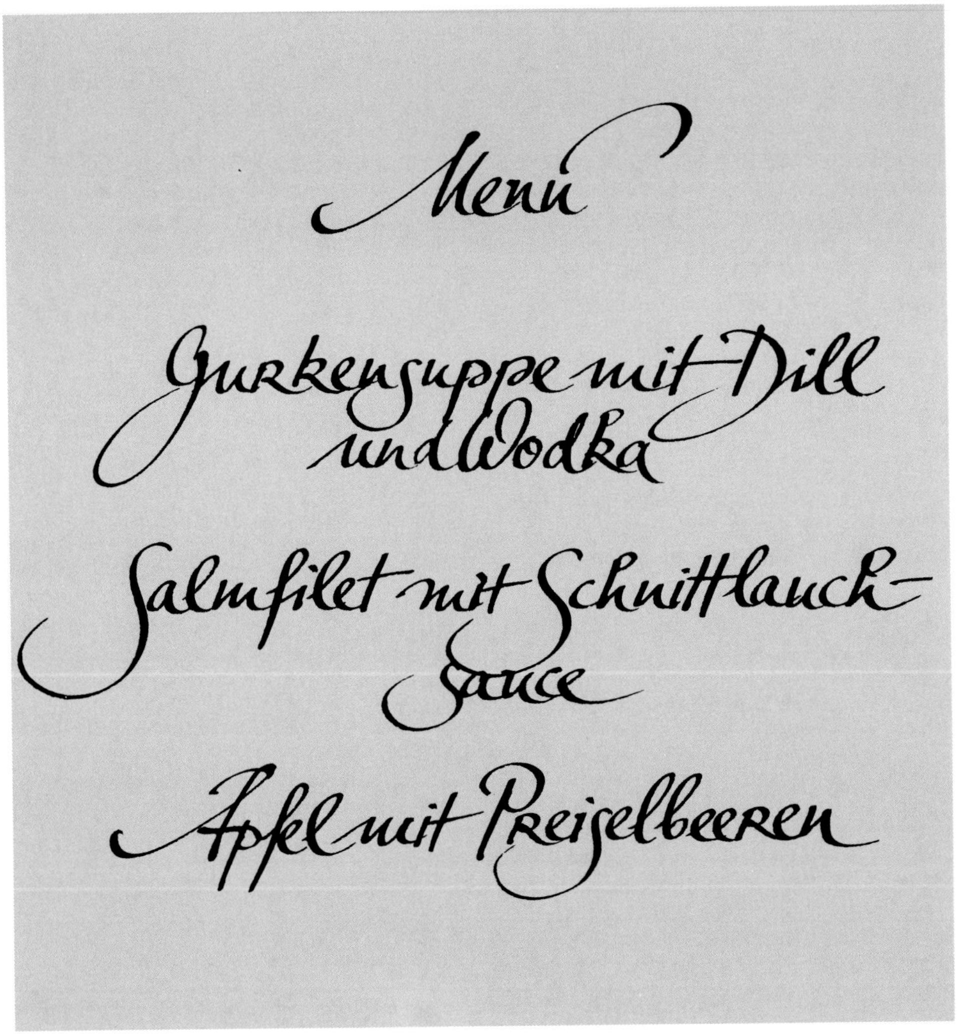


Besser gar nicht erst probieren:
- Eier in der Schale kochen (sie explodieren!)
- große Fleischstücke garen
- ganze Kohlköpfe oder unzerkleinerte Wurzelgemüse dünsten
- Hülsenfrüchte und Getreide ausquellen lassen
- Eintöpfe für drei und mehr Personen kochen
- Brühen, Saucen und Fonds reduzieren
- Gerichte, die ständig geschlagen oder gerührt werden müssen
- und natürlich die typischen Pfannen-, Grill- und Fritiergerichte.

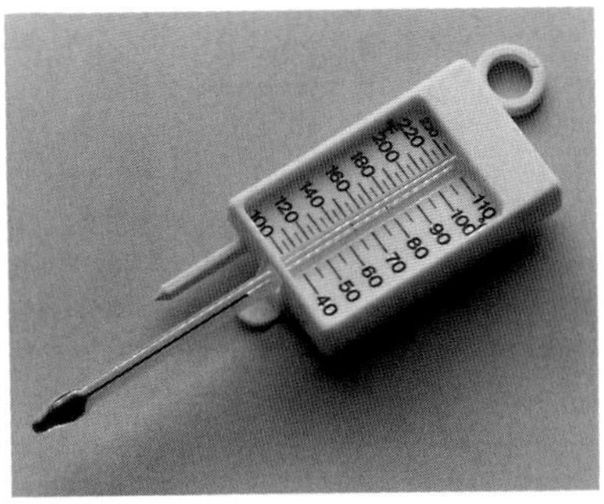

*Gerichte garen in der Mikrowelle blitzschnell. Mit einem Thermometer läßt sich die Hitze im Innern der Speisen gut kontrollieren*

Kochtopf ade

Die meisten Gerichte können gleich auf dem Teller oder in der Servierschüssel gegart werden. Das ist sicher einer der größten Vorzüge der Mikrowelle. Töpfespülen entfällt. Nehmen Sie, was Sie im Geschirrschrank finden: Glas, Porzellan, Keramik oder Steingut. Zur Not tut's auch ein Pappteller oder eine Papiertüte. Nur Metallisches gehört nicht in die Mikrowelle. Edelstahlgeschirr, das teure Service mit Goldrand, Bleikristall – wie der Name schon sagt – und Emailsachen machen Ärger. Da fliegen die Funken und am Ende geht das Gerät kaputt. Falls Sie nicht sicher sind, testen sie folgendermaßen: Stellen Sie das leere Gefäß für 20 Sekunden bei voller Leistung in die Mikrowelle. Wenn es nachher noch kalt ist, können Sie es verwenden. Besonders angepriesen werden übrigens Kunststoffgeschirre. Die sind zwar im Prinzip geeignet, riechen aber oft beim Erhitzen, sind recht teuer, und falls man sie nicht auf den Tisch stellen möchte, machen sie zusätzliche Spülarbeit.

In der Mikrowelle ist der Deckel besonders wichtig. Sonst trocknen die Sachen blitzschnell aus, werden zäh und unansehnlich. Wenn keine passende Abdeckung vorhanden ist, nehmen Sie am besten Klarsichtfolie. Ein paar kleine Löcher müssen rein, sonst hebt der entstehende Dampf die Folie hoch. Es gibt übrigens bereits perforierte Folien speziell für die Mikrowelle.

Kochen mit der Mikrowelle, das verlangt minutiöse Planung und kalkulierte Vorbereitung. Für Einsteiger ist es fast noch wichtiger als für den ausgefuchsten Profi. Bevor es ans Kochen geht, alle Zutaten bereitstellen, und zwar geputzt, gehackt, abgemessen und zugeschnitten. Wie es das Rezept eben verlangt. Und die entsprechenden Gerätschaften sind auch zur Stelle. Das schließt so manchen Fehler aus und führt später beim Kochen, wenn die Gäste vielleicht schon am Tisch sitzen, nicht zur großen Hektik.

DIE VORBEREITUNGEN:
Reis entweder wie gewohnt auf dem Herd kochen oder in der Mikrowelle. Falls nötig in der Mikrowelle rechtzeitig wieder erwärmen.

Vor dem Aperitif: Gurkensuppe bis zum vierten Arbeitsschritt vorbereiten, den Lachs besser nur bis zum dritten Schritt.

Nach dem Drink die Suppe fertigstellen. Das dauert nur etwa drei Minuten.

Nach der Suppe den Fisch und den Reis erhitzen. Sie benötigen nicht mehr als 5 Minuten.

Das Apfel-Dessert können Sie zwar vorher komplett vorbereiten und dann vor dem Servieren 1-2 Minuten bei 180 Watt leicht erwärmen. Aber wenn die Äpfel geschält sind und alle Zutaten parat stehen, gelingt es Ihnen auch à la minute – in einer Eßpause von gut fünf Minuten.

## GURKENSUPPE MIT DILL UND WODKA

*ZUTATEN FÜR 2 PERSONEN:*

*1 Schalotte · 10 g Butter · 2 Minigurken · 200 ccm Hühnerbrühe · Salz · Pfeffer aus der Mühle · Muskat · 1 Schuß Wodka · 2 EL Schlagsahne, geschlagen · 1 Zweig Dill*

SCHALOTTE schälen und sehr fein würfeln. Mit der Butter in eine Schüssel geben. Bei hoher Leistung (600/ 700 Watt) eine Minute offen garen. Umrühren und nochmals eine Minute garen.

GURKEN schälen und in feine Scheiben schneiden. Etwas Gurke für die Garnitur zurücklassen. Die restlichen Scheiben auf den Schalotten-Würfeln ausbreiten. Zugedeckt 1 Minute bei hoher Leistung garen.

BRÜHE zugießen. Zugedeckt 4-5 Minuten bei hoher Leistung kochen. Mit dem Pürierstab oder im Mixer pürieren. Mit Salz, Pfeffer und Muskat würzen.

IN ZWEI Tassen füllen und eine Minute bei hoher Leistung erhitzen.

JE 1–2 TL Wodka zugießen und je 1 EL Sahne mit einer Gabel leicht unterziehen.

MIT DILLÄSTCHEN und Gurkenscheiben garnieren.

TIP:
Minigurken, 10 bis 15 cm lange Varianten der üblichen Salatgurke, sind ideal für diese Suppe. Sie duften schon beim Anschneiden intensiv, haben also mehr Aroma und einen geringeren Wassergehalt als Schlangengurken.

## SALMFILET IN SCHNITTLAUCHSAUCE

*ZUTATEN FÜR 2 PERSONEN:*

*1 TL Mehl, gestrichen voll · 1 TL weiche Butter · 100 ccm Schlagsahne · 1/4 l Fischfond · 2 EL Noilly Prat (trockener Vermouth) · Salz · Pfeffer aus der Mühle · 2 Stücke Salmfilet à 150 g · 1/2 Zitrone · 1/2 Bund Schnittlauch*

Mehl mit Butter verkneten. Sahne, Fischfond und Noilly Prat in einer Schüssel mischen. Zugedeckt 2-3 Minuten bei hoher Leistung (600/700 Watt) kochen.

Mehlbutter mit einem Schneebesen unterschlagen. 1/2 Minute bei hoher Leistung zugedeckt kochen. Mit Salz und Pfeffer würzen.

Salmfilets salzen und mit Zitronensaft beträufeln. In eine flache Schale legen. Mit der Sauce übergießen und zugedeckt 2-3 Minuten bei etwa 500 Watt garen. 1-2 Minuten zum Nachgaren im Gerät stehen lassen.

Den Salm aus der Schale heben und auf vorgewärmten Tellern anrichten. Schnittlauchröllchen unter die Sauce mischen und mit Salz nachwürzen. Den Fisch mit der Sauce überziehen und sofort servieren.

Tip:
Fisch gelingt in der Mikrowelle wirklich wunderbar, oft besser als auf dem Herd. Falls Sie ein Filet vom Schwanzstück gekauft haben sollten, das am einen Ende sehr dünn ausgefallen ist, schlagen Sie es am besten nach innen ein. So gart es gleichmäßiger. Ein zweiter Trick, der auch beim Fleisch gut funktioniert: Dünne Abschnitte, besonders solche, die direkt am Knochen liegen, in den ersten ein, zwei Minuten mit Alufolie abdecken. So können die Wellen nicht eindringen (aber bitte nur kleine Partien mit Alufolie abdecken, sonst gibt es Probleme). Beilage: Blattsalate, mit Vinaigrette angemacht.

## BASMATI-REIS MIT PINIENKERNEN

*ZUTATEN FÜR 2 PERSONEN:*

*1 EL Pinienkerne, gestrichen voll · 10 g Butter · 75 g Basmati-Reis · Salz*

Pinienkerne mit Butter auf eine Untertasse geben. Bei hoher Leistung (600/700 Watt) offen 1-1 1/2 Minuten hellgelb anrösten.

Reis mit 150 ccm Wasser und einer Prise Salz in eine flache Schüssel geben. Zugedeckt 2-3 Minuten bei hoher Leistung aufkochen. Auf niedriger Stufe (180 Watt) 15 Minuten nachquellen lassen. Mit einer Gabel auflockern und die Pinienkerne untermischen.

Tip:
Zeit sparen Sie nicht beim Reiskochen in der Mikrowelle. Deshalb eventuell die Herdplatte benutzen, um das Gerät für die übrigen Gerichte freizuhalten. In diesem Fall den Basmati mit Wasser und Salz aufkochen und bei ganz milder Hitze 15 Minuten zugedeckt ausquellen lassen. Die Pinienkerne in der Pfanne anrösten. Aufwärmen können Sie den vorgekochten Reis in der Mikrowelle aber vorzüglich: Auf einer Servierplatte flach ausbreiten und zugedeckt 2 Minuten bei niedriger Leistung (180-260 Watt) erwärmen.

Basmati
Er gehört zu den kostbarsten Reissorten der Welt und wächst in Indien am Fuße des Himalaja. Die langen, schlanken Körner haben einen ganz speziellen Duft – und eine zartere Beschaffenheit als andere Langkorn-Reissorten. Daher auch die kurze Garzeit von 15 Minuten. Seine Vorzüge kommen am besten zur Geltung, wenn er pur, nur mit einer Prise Salz gekocht wird.

## ÄPFEL MIT PREISELBEEREN

*ZUTATEN FÜR 2 PORTIONEN:*

*1 EL Mandelblättchen · 2 mittelgroße Äpfel (Boskop, Glockenäpfel oder Cox) · 1 EL flüssiger Honig · 1 EL Preiselbeerkompott · 1 EL Kirschwasser · 1 gestrichener TL Speisestärke · 100 ccm Milch · 1 El Vanillezucker · 100 ccm Schlagsahne · 2 EL stichfeste saure Sahne · 1 TL gehackte Pistazienkerne*

Mandeln auf einem Teller ausbreiten und offen 2 Minuten bei hoher Leistung hellgelb rösten.

Äpfel schälen. Mit einem Ausstecher das Kerngehäuse entfernen, dabei darauf achten, daß eine große, gleichmäßige Öffnung entsteht.

*Spezialgeschirr ist für die Mikrowelle nicht unbedingt erforderlich. Nur aus Metall darf's nicht sein. Jedes Porzellan ist geeignet, allerdings nicht mit Gold- oder Silberdekor. Auch Glas tut seinen Dienst, ausgenommen Bleikristall. Der Topf in der Mitte kommt ohne Aufsatz in den Herd, die gelochte Folie schützt vorm Austrocknen*

Die Äpfel ringsherum mit Honig bestreichen und jeweils auf einen Dessertteller stellen. Bei hoher Leistung (600/700 Watt) 3-5 Minuten zugedeckt garen.

Die Preiselbeeren mit Kirschwasser verrühren und die Äpfel damit füllen. Eventuell die Äpfel kurz vor dem Anrichten 2 Minuten bei 500 Watt erwärmen.

Für die Sauce Stärke mit Milch und Vanillezucker verrühren. Bei hoher Leistung zugedeckt 1 Minute kochen. Kräftig durchrühren, wieder 1 Minute kochen und leicht abkühlen lassen.

Geschlagene Sahne und saure Sahne mit einem Schneebesen unterheben und die Sauce um die Äpfel herum auf die Dessertteller gießen. Mit Mandelblättchen und Pistazien garnieren.

*FÜR FORTGESCHRITTENE*

## PETERSILIEN-MOUSSELINE MIT NUSS-VINAIGRETTE

*ZUTATEN FÜR 4 PERSONEN:*

*150 g Petersilienblätter (etwa 10 Bund) · 200 g Crème double · 1 Ei · Salz · Pfeffer aus der Mühle · Muskatnuß, frisch gerieben · Butter für die Förmchen · 1 EL Sherryessig · 2 EL Sonnenblumenöl · 1 EL Haselnußöl · 1 EL Schnittlauchröllchen · 1 Tomate*

Petersilie waschen und tropfnaß auf einen Teller legen. Zugedeckt bei hoher Leistung (600/700 Watt) 2 Minuten blanchieren. Kurz abkühlen lassen und mit den Händen gut ausdrücken.

Crème double mit der Petersilie im Mixer fein pürieren. Ei untermixen. Mit Salz, Pfeffer und Muskat würzen.

Kleine hohe Gratinförmchen mit Butter ausstreichen und die Petersilienmischung einfüllen. Glattstreichen und zugedeckt bei mittlerer Leistung (300/360 Watt) 5-6 Minuten garen. 1 Minute stehen lassen.

Inzwischen für die Vinaigrette den Essig mit einer kräftigen Prise Salz und Pfeffer verrühren, bis das Salz sich gelöst hat. Beide Ölsorten unterschlagen, Schnittlauch dazugeben. Tomate entkernen und würfeln.

Die Petersilienmousseline auf Teller stürzen und mit Tomatenwürfeln garnieren. Mit der Vinaigrette servieren.

*Fürs Menü brauchen Sie:*
*1 Mikrowellengerät mit 600 bis 700 Watt Leistung*
*1 Pinsel*
*diverse Messer*
*diverse Schüsseln aus Glas oder Porzellan*
*1 Mixer*
*1 Schneebesen*
*1 Apfel-Ausstecher*

Grillpartys können nerven. Spätestens nach einem halben Dutzend solcher Feste winke ich ab. Weil mir die Einfallslosigkeit der Gastgeber auf den Wecker geht, die meist nichts anderes zu bieten haben als ihre ewigen Würste. Dabei gibt es genug Grillspezialitäten, die phantastisch schmecken, wenn man sie richtig zubereitet. Ich denke nicht nur an Fleischstücke, auch Fisch, Meeresfrüchte, Geflügel, Gemüse und Früchte haben ihren Platz auf dem Grill.

Jedes Jahr, pünktlich zum Saisonauftakt, wird davor gewarnt, gegrilltes Fleisch zu essen. Ich meine, mit Recht. Viele selbsternannten »Grillexperten« verstehen nämlich ihr Handwerk nicht, setzen ihr Grillgut lodernden Flammen aus. Dabei werden Benzpyrene frei, gefährliche Kohlenwasserstoffe, die Krebs auslösen können. Ebenfalls ungesund ist Grillen, wenn die Glut noch raucht oder Fett ins Feuer tropft. Meiden sollten wir auch gepökelte Fleisch- und Wurstwaren, deren Nitrit (mit dem sie haltbar gemacht wurden) sich in die gefährlichen Nitrosamine verwandelt.

Beherzigen wir diese Grundregeln, ist das Spiel mit dem Feuer erlaubt.

Holz oder Holzkohle bauen wir zunächst mit Paste oder Tabletten zu einer kleinen Pyramide auf und entzünden sie. Nach zehn, 15 Minuten Brennmaterial nachlegen. Ab und zu mit dem Blasebalg Sauerstoff zuführen. Sobald sich die Glut mit Asche überzieht, ist unser Feuer zum Grillen bereit. Jetzt erst die größeren Fleischstücke am Rand des Rostes plazieren, näher zur Glut legen wir die kleineren.

Wenn wir Holz statt Holzkohle verwenden, dann muß es trocken sein. Holz von Eiche, Ahorn, Nußbaum, von Apfel- und Birnbaum sind wie geschaffen für unser Feuer. Rebholz und Haselnuß bringen viel Aroma.

Wichtig: Während des Grillens nie in das Fleisch einstechen, sonst läuft Saft aus. Gewendet wird das Fleisch, wenn sich auf der Oberfläche kleine Tröpfchen bilden.

*Gut auf Glut: Fenchel*

Ein Trick:
Wir garen zu drei Viertel auf dem Grill vor, geben das Fleisch dann für eine Stunde in den 80 Grad warmen Backofen und legen es kurz vor dem Servieren wieder auf den Grill. So läßt sich das Fleisch vorbereiten und die Gäste müssen nicht lange warten. Außerdem wird die Kruste auf diese Weise herrlich kroß.

# VOLL ZÜNDENDER IDEEN

*Einfach langweilig, diese Grillfeste, wo nur die Wurst regiert. Da verzichten wir gerne darauf – und bieten mehr*

## GEGRILLTE SEEZUNGE MIT ZITRONENBUTTER AUF SPINAT

*ZUTATEN FÜR 4 PERSONEN:*

*50 g Butter · Salz und Pfeffer aus der Mühle · 1/2 EL Mehl · Saft und feinabgeriebene Schale einer halben Zitrone (nur Gelbes) · etwas Cayenne-Pfeffer · 2 Seezungen à 600 bis 800 g · etwas Zitronensaft · 20 g flüssige Butter*

*SPINAT*
*200 g Blattspinat · 1 Schalotte, gewürfelt · etwas Butter · Salz*

Die Butter schaumig rühren, würzen und mit Mehl mischen.

Zitronensaft und -schale sowie den Cayennepfeffer dazugeben.

Eine Rolle formen, die Butter in Alufolie gewickelt kühl stellen.

Seezungen häuten, ausnehmen und seitlich sauber zuschneiden.

Mit flüssiger Butter bepinseln.

Auf den heißen Grill legen und beidseitig minutenschnell grillen, filieren.

Die Zitronenbutter aus der Folie nehmen, in Scheiben schneiden, auf den Seezungenfilets anrichten und sofort servieren.

Den Blattspinat waschen, wenn nötig entstielen.

Etwas Butter mit einer gewürfelten Schalotte erhitzen.

Die rohen Spinatblätter darin andünsten. Mit Salz würzen.

Gut mischen und als Unterlage auf heißen Tellern verteilen und die Seezunge darauf anrichten.

*Weshalb dieses Menü? Hier wird Vorspeise, Hauptgang und Dessert gegrillt. Ein Essen für draußen im Garten oder auf dem Balkon. Sollten plötzlich dunkle Wolken aufziehen, können wir es auch im Backofen unter dem Grill zubereiten. Bei der Seezunge müssen wir aufpassen. Lieber etwas kürzer als zu lange grillen. Wer sichergehen will, gibt sie auf eine eingefettete Alufolie. Das Hähnchen verlangt langsames, nicht allzu heißes Grillen, sonst verbrennt die Haut*

## GEGRILLTES ROSMARIN-HÄHNCHEN

*ZUTATEN FÜR 4-6 PERSONEN:*

*Je nach Appetit 1 oder 2 frische Hähnchen · Salz · schwarzer Pfeffer aus der Mühle · Paprikapulver · 2 Bund Rosmarin*

Hähnchen mit einer Mischung von Salz, schwarzem Pfeffer und Paprikapulver außen und innen würzen.

Mit je einem Rosmarinzweig füllen, unter die Haut Rosmarinnadeln schieben.

Auf einen Spieß stecken, bei mäßiger Hitze etwa 40 Minuten grillen.

Bei 80 Grad 30 Minuten ruhen lassen.

Tip:
Wer keinen Drehspieß hat, schneidet das Hähnchen mit einer Geflügelschere über dem Rücken auf und legt das flachgedrückte Hähnchen mit der Hautseite nach oben unter den Backofen-Grill. Über offenem Feuer mehrmals wenden.

## BAKED POTATOES

*ZUTATEN FÜR 4 PERSONEN:*

*8 gleichmäßige, mittelgroße Kartoffeln · Salz und Pfeffer · 50 g Butter · 100 g Kräuterbutter*

Die Kartoffeln sauber bürsten und gut abspülen.

Die Schale mit einer Gabel oder einer Messerspitze mehrmals einstechen, damit die Kartoffeln während des Backens nicht platzen.

Die Kartoffeln einzeln in gebutterte Alufolie einwickeln.

Auf den Grill legen und in mittlerer Hitze 40 bis 50 Minuten backen. Mit einem Nadelstich prüfen, ob das Innere weich ist.

Vor dem Servieren kreuzweise einschneiden und das Kartoffelinnere mit zwei Fingern von unten her nach oben drücken (die Finger mit einer Serviette vor der Hitze schützen).

Die Kartoffeln mit Salz und Pfeffer würzen und mit einem Stück Kräuterbutter belegen, die durch die Hitze sofort schmilzt und ins Kartoffelinnere eintritt.

Die restliche Kräuterbutter, Salz und Pfeffer serviert man extra dazu.

## GEGRILLTER FENCHEL

*ZUTATEN FÜR 4 PERSONEN:*

*4 Fenchelknollen · Salz · 50 g Butter*

Die Fenchel zuschneiden, Stiele und grüne Blättchen entfernen und halbieren.

In wenig Salzwasser zehn Minuten blanchieren.

Abtropfen lassen, mit flüssiger Butter bepinseln und auf dem Grill beidseitig grillen.

## FRÜCHTE MIXED-GRILL MIT KIRSCHSAUCE

*ZUTATEN FÜR 4 PERSONEN:*

*2 Scheiben Ananas · 1 Banane · 1 Birne, der Länge nach halbiert und in Scheiben geschnitten · 1 Orange mit Schale, ebenfalls in einen halben Zentimeter dicke Scheiben geschnitten · eventuell auch Pfirsiche, Aprikosen, Äpfel etc. · 20 g flüssige Butter · 2 EL Himbeeren oder Himbeergelee · 2-4 EL feiner Zucker · 50 g Mandelsplitter*

Alle Früchte zuschneiden.

Mit flüssiger Butter bepinseln und auf den heißen Grillrost legen.

Beidseitig grillen, so daß ein schönes Muster entsteht.

Zuletzt die Oberfläche mit zerdrückten Himbeeren oder Himbeergelee bestreichen.

Zucker und Mandelsplitter darauf streuen.

Unter dem (Backofen-)Grill eventuell nochmals minutenschnell bräunen.

## KIRSCHSAUCE

*ZUTATEN:*

*2 Vanilleschoten · 400 ccm Milch · 10 g Kartoffelmehl · 2 Eigelb · 30 g Zucker · Kirschwasser*

Die Vanilleschoten aufschneiden. Das Mark auskratzen und zusammen mit der Milch in ein Töpfchen geben.

Das Kartoffelmehl mit einem Eßlöffel kaltem Wasser anrühren und mit dem Eigelb sowie dem Zucker unter die Milch mischen.

Unter ständigem Rühren bei milder Hitze zum Kochen bringen.

Erkalten lassen und dabei öfter umrühren.

Mit Kirschwasser abschmecken und eiskalt zum Früchte Mixed-Grill servieren.

## GRILLGUT – GUT ZU GRILLEN

Rindfleisch. Ganz besonders eignen sich gut abgehangene Stücke. Wer wenig Erfahrung mit dem Grillen hat, sollte mit preisgünstigeren Fleischstücken (Huftsteak, Hochrippe) üben und sich erst dann an Entrecôte oder Filet wagen. Wenn wir kleinere Fleischstücke grillen, muß der Rost sehr heiß sein, sonst werden sie trocken.

Kalbfleisch. Selbst in der Folie besteht die Gefahr, daß Kalbfleisch trocken wird. Wenn wir es zum Schutz mit Speck umwickeln, geht der feine Eigengeschmack verloren, das Fleisch bleibt aber saftig. Gut schmecken Kalb-

*So wird das Hähnchen flach*

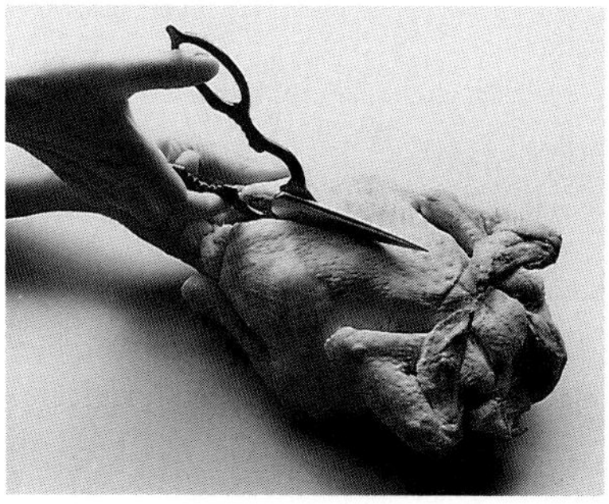

*Mit einer Schere das Hähnchen in der Mitte aufschneiden...*

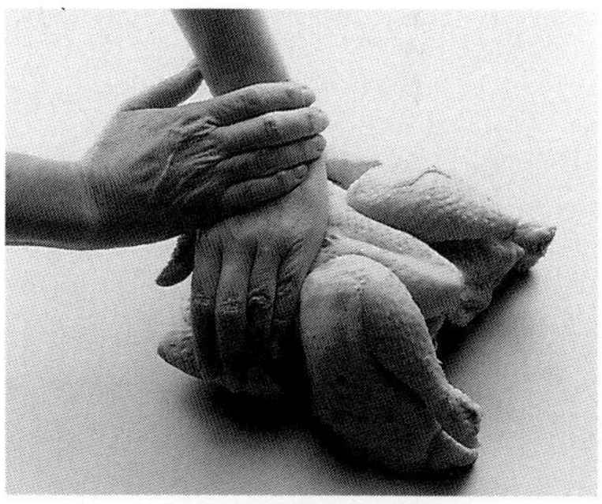

*... auseinanderklappen und flachdrücken*

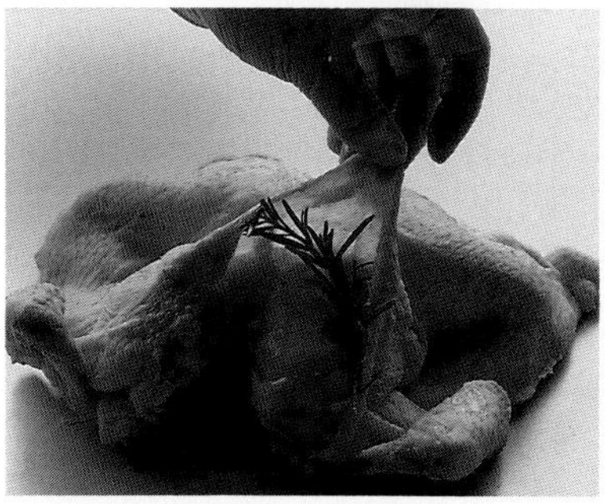

*Unter die Haut Rosmarinnadeln schieben*

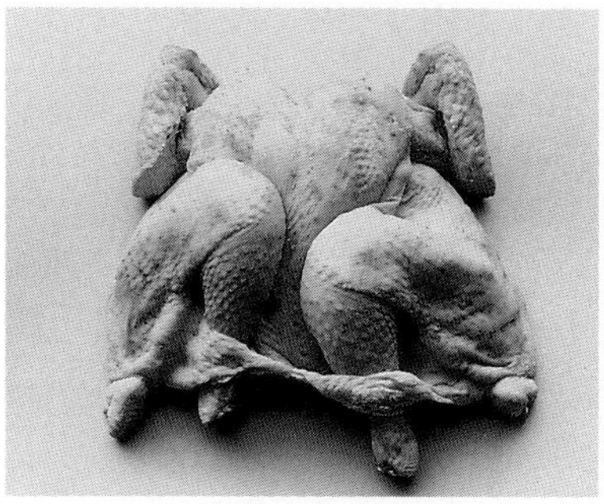

*Hähnchenhaut zwischen Brust und Oberschenkel einschneiden, die Schenkel durchstechen, damit sie beim Grillen nicht abspreizen*

steaks, vom Rücken geschnitten und so kurz gegrillt, daß das Fleisch nicht durchgebraten ist. Danach bei 80 Grad im Backofen ruhen lassen.

Schweinefleisch. Wenn Schweinefleisch schön durchwachsen ist, braucht man keine Marinade und kein Öl. Außer Schweinebraten, Schweinehals (Nacken) sind auch Filetstücke, Koteletts und Haxen gut zum Grillen. Steaks und Koteletts sollten etwa zwei Zentimeter dick sein. Schweinefleisch hat eine etwas längere Garzeit als andere Fleischsorten. Vergessen Sie nicht, es während des Grillens im Backofen mit dem eigenen, aufgefangenen Fett zu übergießen. Als besonderes Prunkstück gilt das Spanferkel. In guter Qualität und Größe wiegt es zwischen fünf und sieben Kilo, die Grillzeit dauert je nach Hitze und Größe drei bis vier Stunden.

Lamm. Zarter als Rindfleisch und doch nicht ganz so zart wie Kalbfleisch ist Lamm zum Grillen bestens geeignet. Ideal sind Kotelett, Schulterstück für den Rost, Keule, Hals (Nacken), Rücken für den Spieß. Zitronenbutter paßt gut dazu. Wärmen Sie die Teller vor und servieren Sie das Fleischstück möglichst heiß, denn das Fett ist kalt nur schwer verdaulich.

Geflügel. Alle Arten von Geflügel lassen sich auf dem Grill garen, ausgenommen Suppenhuhn. Bei Perlhuhn, Täubchen, Wachtel überpinseln wir die Haut mit etwas Fett. Hähnchen nicht mit Öl bepinseln, da sie unter der Haut genügend Fett haben. Geflügel wird vor dem Grillen innen und außen gewürzt.

Fisch. Salzwasserfische sind problemlos, Süßwasserfische – vor allem Filets – verlangen schonendes Vorgehen, da sie meist zerfallen. Am besten in Alu-Folie oder gut mit Olivenöl oder Butter eingepinselt im Stück garen.

Gemüse/Kartoffeln. Beliebteste Beilage zu Gegrilltem sind Baked Potatoes: Kartoffeln, die in Folie eingepackt sind und auf dem Rost oder in der Glut garen. Weiter eignen sich feste Gemüsesorten wie Sellerie, Peperoni, Auberginen, Maiskolben, Fenchel oder Zwiebeln. Sellerie oder Fenchel müssen wir erst blanchieren.

Obst. Ausgezeichnet lassen sich Äpfel grillen, aber auch Bananen, Birnen, Ananas, Pfirsiche. Was stark saftet legen wir auf den mit Folie überzogenen Rost.

Marinaden. Bei der Marinade handelt es sich um eine Flüssigkeit, in die wir Nahrungsmittel einlegen, damit sie zarter werden und Geschmack annehmen. Davon profitieren vor allem Fleisch und Fisch, manchmal auch Gemüse. Was nicht in die Marinade gehört, ist Salz. Es entzieht dem Grillgut in der Marinade den Saft.

Kleinere Fleischstücke marinieren wir vier bis fünf Stunden, große brauchen 12 bis 48 Stunden. Was wir nur kurz marinieren, sollten wir bei Zimmertemperatur durchziehen lassen; wenn wir das Fleisch länger einlegen, stellen wir es in den Kühlschrank.

Vor dem Grillen müssen wir das marinierte Fleisch sorgfältig abtupfen, damit Kräuter und Gewürze nicht verbrennen.

## GRILL-MARINADEN FÜR RIND- ODER KALBFLEISCH

*ZUTATEN FÜR 1 KG FLEISCH:*

*200 ccm guter Rotwein (Rindfleisch) oder Weißwein (Kalbfleisch) · Pfeffer aus der Mühle · 50 ccm Öl · wenig fein abgeriebene Zitronenschale (nur Gelbes) · 1 TL Paprikapulver · 1 EL französischer Senf · 1 Blättchen frisch gehackter Estragon*

ALLE ZUTATEN zusammen gut verrühren und das Fleisch damit einpinseln. Den Rest der Marinade darübergießen. Mit Folie abdecken und nachziehen lassen.

## MARINADE FÜR SCHWEINEFLEISCH

*ZUTATEN FÜR 1 KG FLEISCH:*

*1 TL Honig · 1 EL Zitronensaft · 200-300 ccm Öl · Pfeffer aus der Mühle · 1 EL Worcestershiresauce · Saft einer halben Orange · 1 geriebene Zwiebel · Blätter von 1 Zweig Thymian*

ALLE ZUTATEN verrühren. Größere Stücke, etwa Schweinehals, mit halbierten Knoblauchzehen spicken. Mit einem spitzen Messer tief einschneiden und die Zehen so weit ins Fleisch drücken, daß sie beim Grillen nicht heraustreten.

## MARINADE FÜR LAMMFLEISCH

*ZUTATEN FÜR 1 KG FLEISCH:*

*2 gepreßte Knoblauchzehen · 2 EL Worcestershiresauce · 5 Tropfen Tabasco oder 1 fein gehackte Chili-Schote · 200 ccm Olivenöl · 1 TL Paprikapulver · 1 EL Senf · 1 fein geriebene Zwiebel · 1 Zweig Thymian · 4 EL Tomatenketchup*

Alle Zutaten gut verrühren. Die Marinade eignet sich für Lammkoteletts ebensogut wie für Lammbrust und Schulter. Für die Lammkeule das Fleisch vor dem Einlegen mit Cognac einreiben.

## MARINADE FÜR GEFLÜGEL

*ZUTATEN FÜR 1 KG FLEISCH:*

*100 ccm Öl · Pfeffer · 1 TL Paprikapulver · 1 zerdrückte Knoblauchzehe · Saft einer halben Zitrone · je 1 kleiner Zweig Rosmarin und Majoran, frisch gehackt · 1 EL Senf · 1 EL Worcestershiresauce · 1 EL Whisky*

Unzerteiltes Geflügel innen und außen mit der Marinade einreiben, damit übergießen und ziehen lassen. Vor dem Grillen mit Küchenpapier trocknen und mit flüssiger Butter einpinseln.

## BUTTERMISCHUNGEN

Die Zubereitung ist bei allen Mischungen gleich: Die Butter (wir lassen sie vorher bei Zimmertemperatur weich werden) schlagen wir schaumig, bis sie hell wird. Dann geben wir die Zutaten dazu und vermengen sie mit der Butter. Ein Stück Aluminiumfolie auslegen, die Buttermasse in die Mitte geben, die Folie locker darüberschlagen, sorgfältig andrücken und zur Rolle formen. Kühl stellen. Vor dem Servieren in Scheiben schneiden.

*OLIVENBUTTER*

*100 g gesalzene Butter · etwa 10 fein gehackte grüne oder schwarze Oliven · Pfeffer aus der Mühle · 10 Tropfen Tabasco*

*Paßt zu Fleisch und Fisch.*

*SENFBUTTER*

*100 g gesalzene Butter · 3 EL französischer Senf (Moutarde de Meaux) · Pfeffer aus der Mühle · 5 Tropfen Tabasco · 1 TL Cognac*

*Paßt zu Fleisch, Fisch und Gemüse.*

*EINFACHE KRÄUTERBUTTER*

*100 g Butter · 1 Bund Petersilie, fein gehackt · 1 Bund Schnittlauch, in feine Röllchen geschnitten · 1 Handvoll fein gehackter, frischer Kerbel · schwarzer Pfeffer aus der Mühle*

*Paßt zu Fleisch, Fisch und Gemüse.*

*ESTRAGON- ODER DILLBUTTER*

*100 g gesalzene Butter · 2-3 EL frischer Estragon oder Dill, fein gehackt · schwarzer Pfeffer aus der Mühle*

*Paßt zu Kalbfleisch, hellem Geflügel, Fisch, Gemüse.*

*FÜR FORTGESCHRITTENE*

## GEGRILLTER SCHWEINENACKEN MIT KRÄUTERN

*ZUTATEN FÜR 4-6 PERSONEN:*

*10 Salbeiblätter · 1 EL Rosmarinnadeln · 2 EL Basilikum, grob gehackt · 3 Lorbeerblätter · 4 Knoblauchzehen, gepreßt · 1 EL Salz, gestrichen voll · viel Pfeffer · 1-1,5 kg Schweinenacken · etwas Olivenöl · 1 EL Senf*

Die Gewürze hacken und mit Salz und Pfeffer mischen.

Zahlreiche feine, tiefe Einschnitte ins Fleisch machen. Die Gewürzmischung hineinstreichen.

Das Fleischstück mit Olivenöl bepinseln und den Senf gut einreiben.

An den Grillspieß stecken und etwa eineinhalb Stunden bei mäßiger Hitze grillen.

Tip:

Sollte der Braten nicht sofort gegessen werden, so kann man ihn bedenkenlos ein bis zwei Stunden bei 80 Grad im Backofen stehen lassen oder später aufschneiden und kalt essen.

*Was Sie zum Grillen brauchen:*
*1 Grill*
*Holzkohle oder Holz*
*Zündhölzer und Zündstoff wie Pasten oder Tabletten (weniger gefährlich als Spiritus)*
*Grillhandschuh mit langem Arm*
*Grillbesteck: Schaufel, Gabel, Zange*
*Blasebalg*
*ein großes Tranchierbrett mit Auffangrille*
*Messer für große Fleischstücke*

*Was Sie neben den Grill-Utensilien sonst noch brauchen:*
*1 Schneebesen*
*Aluminiumfolie*
*diverse Messer*
*1 Pinsel*
*1 Bürste*
*1 mittelgroßer Kochtopf*
*1 Knoblauchpresse*
*1 Zitronenreibe*
*1 Zitronenpresse*
*Fischmesser*
*Tranchiermesser und Gabel fürs Hähnchen*

Preisfrage: Er steht an einem kleinen Tisch, ißt frischen Hummer mit Baguette und trinkt dazu ein Glas Chablis. Um wen handelt es sich? Richtig. Um den typischen Schicki-Micki.

Hab' ich aber auch schon gemacht, obwohl ich weder schicki noch micki bin. Und warum? Weil es einfach wunderbar schmeckt, gerade zur Saison im frühen Sommer, so als Happen zwischendurch.

Zu Hause versuchen wir den Hummer oder die Languste noch besser zuzubereiten. Und es wird gelingen, da bin ich ganz sicher.

Absolute Frische ist dafür erste Bedingung. Also kaufen wir unsere Meeresfrüchte beim Händler lebend. Und schon stehen wir vor dem ersten Problem: Wir müssen die Languste oder den Hummer kopfüber in einen kochendheißen Sud geben, wir müssen das Tier töten. Das klingt zwar grausam, andererseits haben wir keine Skrupel, in eine lebende Auster zu beißen, oder wir essen einen Hering, der einen halbstündigen Todeskampf auf dem Fischkutter hinter sich hat.

Wenn wir es nicht schaffen, und es schaffen die wenigsten, dann holen wir unser Tier eben vorgekocht vom Fischhändler.

Halbierten Hummer, warm serviert, können wir mit Butter oder auch mit pikanter Sauce servieren, kalt mit Mayonnaise (Hummermayonnaise). Klassisch ist »Hummer Thermidor«: ebenfalls in der Schale serviert, aber gratiniert. Dazu kommen viele moderne Zubereitungsarten: im Dampf gegart, als Salat. In Champagner- oder Sauternes-Sauce, als Suppe.

Für die Languste gelten die gleichen Zubereitungsarten wie für den Hummer. Wir nehmen sie, wenn wir ein Buffet machen. Während ein Hummer nur für zwei Personen reicht, können wir die Languste in sechs bis acht Portionen aufteilen.

# HUMMER IST DER BESTE KOCH

*Meeresfrüchte sind nicht gerade billig, heikel in der Zubereitung, aber köstlich, wenn sie gelingen. Auf was warten wir noch?*

Scampi lassen sich grillen oder im Ausbackteig fritieren. Saucen aus Pfefferminze, Qumquats, Koriander passen vorzüglich dazu.

Kulinarisch etwas in Verruf gekommen ist der Krabben-Cocktail, weil dazu oft industriell hergestellte Saucen verwendet werden. Besser schmecken die Krabben als Salat in einer Vinaigrette aus Olivenöl, Basilikum und Estragon.

Noch etwas zum Thema Frische: Lebende Muscheln sind fest geschlossen. Offene Muscheln sind tot und dürfen nicht verwendet werden. Jakobsmuscheln – auch sie sind immer geschlossen – legen wir auf ein Blech, das wir in den sehr heißen Ofen schieben. Sie öffnen sich nach etwa fünf Minuten. Mit einem Messer lösen wir das weiße Fleisch aus. Die zweitbeste Lösung: Wir kaufen bereits ausgelöste Jakobsmuscheln beim Händler.

## HUNDERT SORTEN, HUNDERT NAMEN

Hummer steht in kulinarischer Hinsicht an der Spitze aller Krustentiere, was sowohl den Geschmack als auch den Preis betrifft. Die Zeit, in der sein Fleisch am besten schmeckt, ist auf wenige Monate beschränkt. Für den europäischen Hummer sind das Mai

*Nicht Fisch, nicht Fleisch: Meeresfrüchte*

*Weshalb dieses Menü? Ich habe die Meeresfrüchte in Vorspeise und Hauptgericht eingebaut, weil wir dabei bislang gelernte Kochprozesse bestens wiederholen können. Normalerweise sollte man sich aber für nur einen Meeresfrüchte-Gang entscheiden. Oder man drückt mal ein Auge zu und genießt*

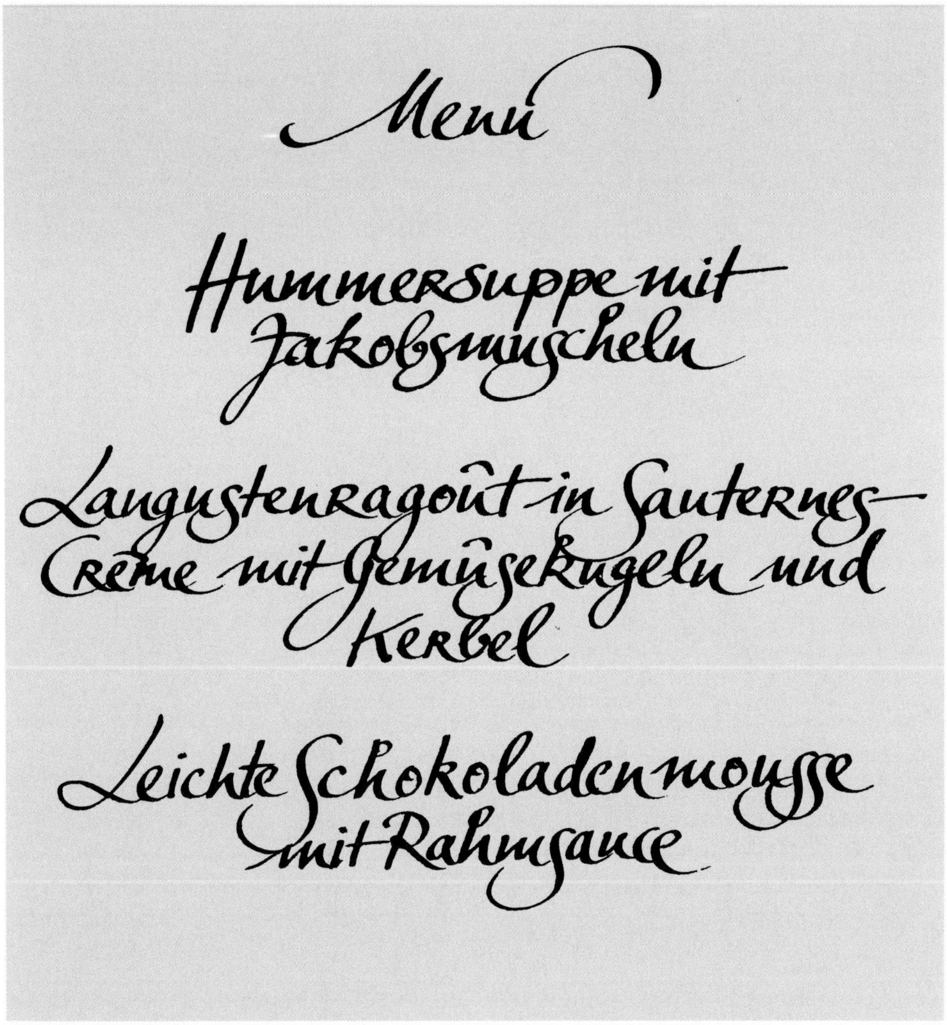


und Juni, für den etwas kräftigeren amerikanischen Juni bis September.

Je größer und älter der Hummer wird, um so fasriger ist das Fleisch. 500, 600 Gramm schwer sollte er sein. Nicht mehr. Sein weißes Fleisch sitzt im Hinterleib, in den Scheren und in den Beinpaaren. Wie bereits erwähnt kaufen Kenner den Hummer lebendfrisch und geben ihn mit dem Kopf voran in einen Kümmel-Gemüsesud. Manche Köche streicheln den Hummer an Bauch- und Kopfteil, bis er einschläft, was an den Scheren zu erkennen ist, die er dann hängen läßt. Die Chinesen betäuben Hummer auch mit Reiswein.

*So wird die Languste geknackt*

*Die Languste zwischen Brustpanzer und Schwanz mit einer Drehbewegung teilen*

Langusten mit ihrem festen Fleisch werden wie Hummer zubereitet. Statt der Scheren haben sie gewaltige Fühler, die auch Antennen genannt werden. Langusten können bis zu zwei Kilo schwer werden. Ideal ist ein Gewicht von 1,2 bis 1,5 Kilo. Im Unterschied zum Hummer werden diese Krustentiere beim Kochen braun-rot.

Scampi (Kaisergranat, Lobstrette, Langustine, Prawn) haben wie Hummer Scheren und werden beim Kochen rot. Sie leben – im östlichen Atlantik und Mittelmeer – in Tiefen bis zu 400 Meter. Am besten sind sie in der Schale. Die größten sind auch die teuersten. Um zweite Qualität handelt es sich bei Scampischwänzen, die ohne Schale angeboten werden.

Hummerkrabben (Riesengarnelen, Gambas) haben Fühler und eine weiche Schale. Roh ist ihr Fleisch durchsichtig und gallertartig. Im Unterschied zum Scampo läuft ihr Körper spitz aus.

Garnelen (Krevetten, Shrimps, Krabben) gibt es in vielen verschiedenen Sorten. Angeboten werden meist die größeren Tiefseegarnelen und die kleineren Nordseekrabben. Da ihr Eiweiß rasch verdirbt, sind Garnelen nur kurze Zeit haltbar, kommen deshalb oft tiefgekühlt oder bereits abgekocht in den Handel.

Krebse werden kulinarisch in zwei Arten unterteilt: in Flußkrebse und in Taschenkrebse. Außer ihrem Namen haben sie kaum etwas gemeinsam. Der Taschenkrebs gehört zu den wohlschmeckendsten Schalentieren des Meeres. Sein brauner, ovaler Panzer wird bis zu 20 Zentimeter breit und kann 500 bis 600 Gramm wiegen.

Charakteristisch sind die Scheren mit ihrem aromatischen Fleisch, das, im Unterschied zum dunklen Fleisch im Panzer, hell ist. Beim Kochen nimmt der Taschenkrebs eine hellrote Farbe an.

Flußkrebse leben in Süßwasser und schmecken ähnlich wie Hummer und Langusten. Sie sind sehr rar geworden.

## HUMMERSUPPE MIT JAKOBSMUSCHELN

*ZUTATEN FÜR 4 PERSONEN:*

*1 Fenchelknolle · 1 Stange vom Staudensellerie · 1 Möhre · Salz · 600 ccm Fischfond (siehe Grundrezept) · 200 ccm trockener Weißwein · 1 Msp. Safranpulver · 1 Prise Safranfäden · 1 EL Pernod oder Noilly Prat · 2 große, frische Jakobsmuscheln, ausgelöst · 1 kleiner Hummer, ca. 500 g, gekocht (vom Fischhändler auslösen und in Stücke schneiden lassen) · 1 Zweig Dill · 1 Tomate, gehäutet, entkernt und gewürfelt*

Die Gemüse in feine Streifen schneiden, Möhre mit Ziseliermesser abziehen, dann in dünne Scheiben schneiden.

Über Salzwasser sortengetrennt knapp weich kochen und leicht nachsalzen.

Den Fischfond mit dem Weißwein um ein Drittel einkochen lassen.

Den Safran, die Safranfäden sowie den Pernod dazugeben.

Die Jakobsmuscheln leicht mit Salz würzen, halbieren und mit den Hummerstückchen sowie rohen Gemüsen in sehr heiße Suppentassen oder Teller verteilen.

Mit dem kochend heißen Fond auffüllen.

Mit Dill garnieren, ein paar Tomatenwürfelchen einstreuen und sofort servieren.

## LANGUSTENRAGOÛT IN SAUTERNES-CRÈME MIT GEMÜSEKUGELN UND KERBEL

*ZUTATEN FÜR 4-6 PERSONEN:*

*1 Gemüsebouquet (Lauch, Möhre, Staudensellerie) · 1 Prise Kümmel · 1 lebende Languste, etwa 1,5 kg · 6 kleine Kartoffeln und je 100 g olivenförmig zugeschnittene Kohlrabi und Rübchen, evtl. auch frische Spargelspitzen · 20 g Butterschmalz · 3 Schalotten · etwas Cognac · 1/4 l Sauternes-Wein · 300 ccm Schlagsahne · Meersalz und Pfeffer · je 1/2 TL Kerbel und Estragon, frisch gehackt · 20 g Butter*

Vier Liter Wasser in einem entsprechend großen Topf mit dem Gemüsebouquet und Kümmel aufkochen, 30 Minuten ziehen lassen.

Die Languste mit dem Kopf voran in den kochenden Sud geben, herausnehmen, sobald sich die Farbe ändert.

Kartoffeln und Gemüse putzen und in Form schneiden und getrennt über heißem Dampf knapp garen.

Die Languste zwischen Brustpanzer und Schwanz teilen, den Schwanz aus der Schale lösen und quer in vier bis sechs Stücke teilen. Beiseite stellen.

Den Kopfteil öffnen, die Innereien auslösen, durch ein Sieb streichen und beiseite stellen.

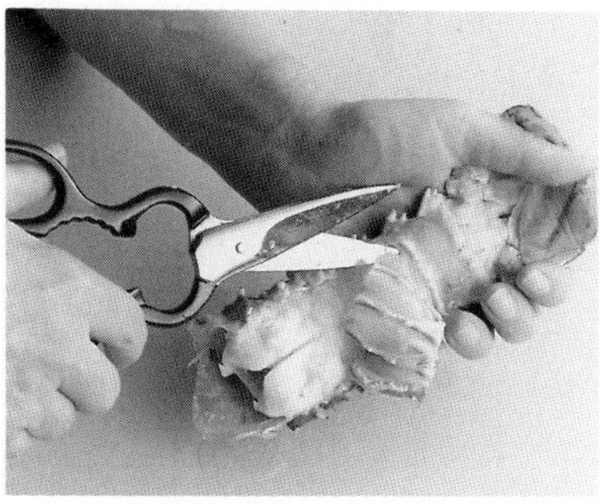

*Die Unterseite des Schwanzes aufschneiden und das Fleisch auslösen*

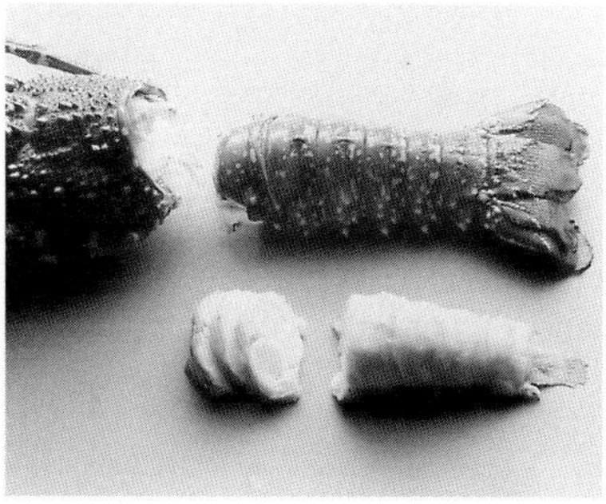

*Das Fleisch in vier bis acht Stücke schneiden*

Was wir fürs Menü brauchen:
diverse Messer
Ziseliermesser
Bürste zum Putzen der Muscheln
1 Küchenschere
1 großen Kochtopf
1 Bratpfanne
1 Sieb
1 Mixer
Wasserbad
diverse Schüsseln
1 Tourniermesser
Salzmühle
Gratinform (oder Portionsförmchen)
1 Schneebesen

Das Butterschmalz in einer entsprechend großen Pfanne erhitzen. Die Langustenschalen grob zerkleinern, hineingeben und mit den feingeschnittenen Schalotten kräftig anrösten.

Mit Cognac flambieren und den Sauternes-Wein zufügen. Die ganze Flüssigkeit einkochen lassen, dann einen viertel Liter Wasser dazugeben. 30 Minuten kochen lassen, dann die Sahne zufügen. Mit Kerbel und Estragon würzen. Alles einkochen lassen auf 200 ccm Flüssigkeit. Durch ein Sieb gießen und mit Meersalz und Pfeffer würzen.

Die Langustenstücke über Dampf ganz kurz erhitzen.

Kartoffeln und Gemüse in der Butter schwenken, eventuell nachwürzen.

Die eingekochte Sauce mit den durchgestrichenen Innereien mischen, nach Geschmack nachwürzen und nochmals vor den Siedepunkt bringen. Durchmixen und eventuell nochmals passieren.

Das heisse Gemüse und das Langustenfleisch mit der Sauce überziehen. Sie soll relativ dünnflüssig sein. Das Gericht wird am besten in Suppentellern angerichtet.

## LEICHTE SCHOKOLADEN-MOUSSE MIT RAHMSAUCE

*ZUTATEN FÜR 8-10 PERSONEN:*

*150 g bittere Schokolade · 2 TL Instant-Kaffee, angerührt mit 100 ccm kochendem Wasser · 3 Blatt Gelatine, in kaltes Wasser eingelegt · 1 EL Rum · 1 EL Orangenlikör · 2 Eiweiß · 30 g Zucker · 150 ccm Schlagsahne, steif geschlagen*

Die Schokolade zerbröckeln und in ein feuerfestes Schüsselchen geben. Drei Eßlöffel Wasser zufügen. Ins heiße Wasserbad stellen und unter Rühren schmelzen.

Den Kaffee der heißen, flüssigen Schokolade beigeben.

Die eingelegte Gelatine aus dem Wasser nehmen, tropfnaß bei milder Hitze in einem Pfännchen unter Rühren auflösen.

Die Gelatine mit dem Rum und dem Orangenlikör zur Schokoladenmasse geben.

Das Eiweiss steif schlagen, den Zucker darunterziehen und weiterrühren, bis der Eischnee glänzt und fest ist. Von Hand geschlagen wird Eiweiß (in kleinen Mengen) besonders luftig und locker.

Den Eischnee locker unter die Schokoladenmasse ziehen und das Ganze so lange kühl stellen, bis die Mousse am Schüsselrand zu gelieren beginnt.

Die Sahne locker darunter mischen. In eine Schale füllen, glattstreichen und bis zum Servieren mindestens drei Stunden (länger ist besser) kühl stellen.

Tip:
Die Mousse schmeckt besser, wenn man sie in größeren Mengen zubereitet. Reste lassen sich im Kühlschrank problemlos ein paar Tage aufbewahren.

## RAHMSAUCE

*ZUTATEN:*

*1 Vanilleschote · 1 EL Kartoffelmehl, gestrichen voll · 300 ccm Milch · 2 EL Zucker · 100 ccm Schlagsahne, halbsteif geschlagen · 2 EL saure Sahne*

Vanilleschote längs aufschneiden, das Mark mit einem Messerchen ausschaben.

Das Kartoffelmehl mit etwas kalter Milch anrühren. Die restliche Milch, den Zucker und das Vanillemark dazugeben.

Unter ständigem Umrühren langsam aufkochen. Ganz auskühlen lassen.

Schlagsahne und saure Sahne darunterziehen.

Die Sauce sehr kalt zur Schokoladenmousse servieren.

FÜR FORTGESCHRITTENE

# SCAMPI MIT QUMQUATS

ZUTATEN FÜR 4 PERSONEN:

*8 große Scampi in der Schale · 200 ccm Meeresfrüchte-Fond (siehe Rezept) · 10 g Butter · Salz und Pfeffer · 2 EL Cognac zum Flambieren · 8 Qumquats (kleine Bitterorangen) · 200 g Crème double · 100 ccm leichter Zuckersirup (50 g Zucker in 100 ccm Wasser aufgekocht) · 2 EL Schlagsahne, geschlagen · 1 TL Orangenlikör*

Die Scampi aus den Schalen lösen und die Innereien entfernen.

Die Schalen abspülen und für den Fond verwenden.

Die Butter erhitzen, die Scampi mit Salz und etwas Pfeffer würzen und in der Butter sekundenschnell andünsten. Mit dem bereitgestellten Cognac flambieren.

Die Scampi im Backofen bei 70 Grad ruhen lassen.

Den zurückbleibenden Jus zum stark reduzierten Scampi-Fond geben.

Sechs Qumquats zum Fond geben und weichkochen, dann mit dem Schneidstab pürieren und durch ein Sieb geben.

100 ccm Qumquat-Fond mit der Crème double mischen und zu einem Drittel einkochen.

Die restlichen Qumquats in Scheiben schneiden, in den kochenden Zuckersirup legen und darin abkühlen lassen.

Die Scampi anrichten, die Sauce mit der Schlagsahne und Orangenlikör verfeinern und die Scampi damit überziehen.

Mit den Qumquat-Scheiben garnieren.

# MEERESFRÜCHTE-FOND

ZUTATEN FÜR 1/2 LITER:

*100 g Champignons · 2 Möhren · 1 Stück Lauch · 1/4 Sellerie · 8 Petersilienstiele · 2 Schalotten mit Schale · 1 EL Olivenöl · ca. 2 kg Meeresfrüchte-Schalen (Hummer, Scampi, Langusten usw.) · 100 ccm Cognac · 2 Tomaten, geviertelt · 1 Zweig Thymian · 4 schwarze Pfefferkörner, zerdrückt · 1 kleines Lorbeerblatt · 1 Gewürznelke*

Den Backofen auf 220 Grad vorheizen.

Alle Gemüse gut waschen und ungeschält fein schneiden.

Das Olivenöl in einem großen Topf erhitzen, die Meeresfrüchte-Schalen darin kräftig anrösten. Mit einem Stößel zerstampfen und den Cognac darübergießen. Flambieren, dann alle vorbereiteten Gemüse samt Tomaten, Kräutern und Gewürzen dazugeben.

Mit vier Liter Wasser auffüllen, bis alles bedeckt ist.

Auf der untersten Einschubleiste in den Ofen schieben und etwa zwei Stunden einkochen lassen. Wenn nötig, etwas Wasser dazugeben.

Den Fond durch ein Sieb gießen und gut ausdrücken.

Tip:
Meeresfrüchte-Fond kann gut eingefroren werden. Er wird sehr kräftig. Vorsicht, Hummerschalen können viel Meersalz enthalten.

*Wie die Möhre zur Rose wird*

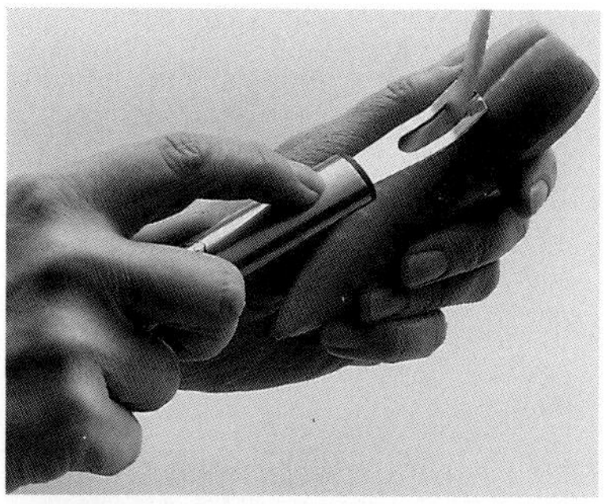

*Geschälte Möhre mit einem Ziseliermesser einkerben...*

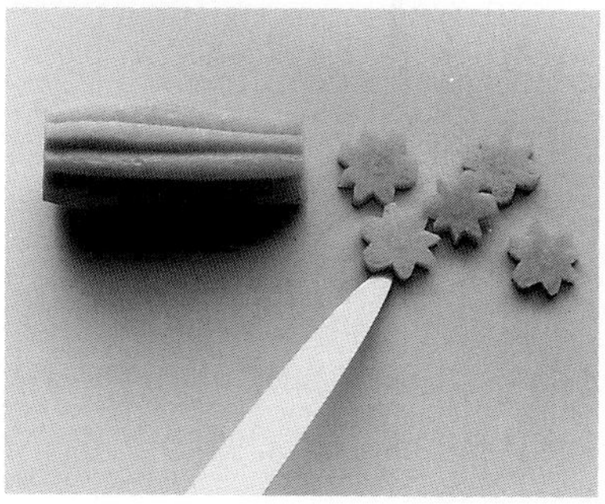

*...und dann in Scheiben schneiden*

# FISCH ZU TISCH

*Die Zubereitung von Fischen ist ein Kapitel für sich. Deshalb gehen wir das Thema nochmals gesondert an*

Man schätzt, daß etwa 20.000 verschiedene Fischarten in den Gewässern der Erde leben. Wir unterscheiden sie grob in Süß- und Salzwasserfische. In Seen und Flüssen gefangener Fisch ist meist feiner, aus dem Salzwasser stammender kräftiger im Geschmack. Gemeinsam ist allen, daß sie schnell verderblich sind (siehe auch die Kapitel »Pochieren«). Außer frischen Fischen gibt es gebeizten (wie Graved Lachs), geräucherten (wie Stockfisch, Klippfisch) und – das ist wohl die häufigste Konservierungsart – tiefgekühlt.

## DIE BEKANNTESTEN SÜSSWASSERFISCHE

Aal stammt aus dem Atlantik, schwimmt dann ins Süßwasser und kehrt ausgewachsen ins Meer zurück. Im Fleisch fett, wird er meist mariniert, in Aspik eingelegt, für Aalsuppe verwendet oder als Aal »grün« mit vielen Kräutern serviert.

Äsche ist den Felchen ähnlich, hat einen leichten Geruch nach Thymian. Ihr Fleisch eignet sich zum Braten, Dämpfen, Pochieren und Grillen. Verwandt ist die Äsche mit dem ebenfalls sehr gut schmeckenden Saibling.

Barbe gehört der großen Familie der Weißfische an, hat wohlschmekkendes Fleisch, jedoch viele Gräten. Sie wird meist fritiert.

Barsch wird in der Schweiz Egli genannt. Er hat festes, schmackhaftes Fleisch und wird meist gebacken. Filets größerer Fische können wir auf Müllerinart braten, dämpfen oder dünsten.

Felchen aus der großen Familie der Lachse haben die verschiedensten regionalen Namen und sind an der kleinen Fettflosse am Schwanzende zu erkennen. Ihr etwas trockeneres Fleisch wird oft à la meunière (Müllerinart) gebraten. Kleine Felchen werden auch in der Friteuse gegart.

Forellen kommen außerhalb der Zuchtbecken nur in kühlen und klaren Gewässern vor. Regenbogenforellen sind meist als Zuchtforellen im Handel, werden blau gekocht, doch auch gebraten, pochiert, sautiert oder gegrillt. Bachforellen haben das wohl delikateste Fleisch aller Forellen. Blau kochen oder auf Müllerinart braten. Seeforelle wird über einen Meter lang. Man ißt sie ebenfalls blau gekocht, pochiert, auf Müllerinart gebraten oder gegrillt.

Hecht schmeckt am besten im zweiten Jahr, wenn er bis zu drei Kilo wiegt. Ältere Hechte sind grobfaserig und von Gräten durchzogen. Kleinere Hechte können wir braten, sonst werden sie gedünstet oder gedämpft. Eine besondere Spezialität sind Hechtklößchen.

Karpfen stammt meist aus Zuchten. Sein weiches, leicht verdauliches Fleisch schmeckt am besten im Winter. Sehr fein sind mittelgroße Spiegelkarpfen, die blau gekocht werden.

Lachsforelle ist eine Kreuzung zwischen Forelle und Lachs, wird aber nicht so groß wie der Lachs und hat rötliches, fein schmeckendes Fleisch.

Salm oder Lachs stammt oft aus Zuchtbecken. Freilebende Exemplare werden hauptsächlich in schottischen und irischen Gewässern gefischt. Zum Laichen schwimmt er im Frühling stromaufwärts in die Quellgebiete der Flüsse. Salm/Lachs wird im Sud pochiert oder gegrillt.

Zander gehört in die Familie der räuberischen Barsche, ist saftig und wohlschmeckend. Er läßt sich sehr vielseitig zubereiten.

## DIE BELIEBTESTEN SALZWASSERFISCHE

Butt aus der großen Familie der Plattfische überrascht mit einem sehr wohlschmeckenden, weißen Fleisch und verlangt sorgfältiges Pochieren oder Braten, da er leicht zerfällt.

Flunder und Heilbutt haben ähnliches Fleisch. Es muß besonders vorsichtig pochiert werden, wenn es saftig bleiben soll.

*Frisch aus dem Rauch: Forellen*

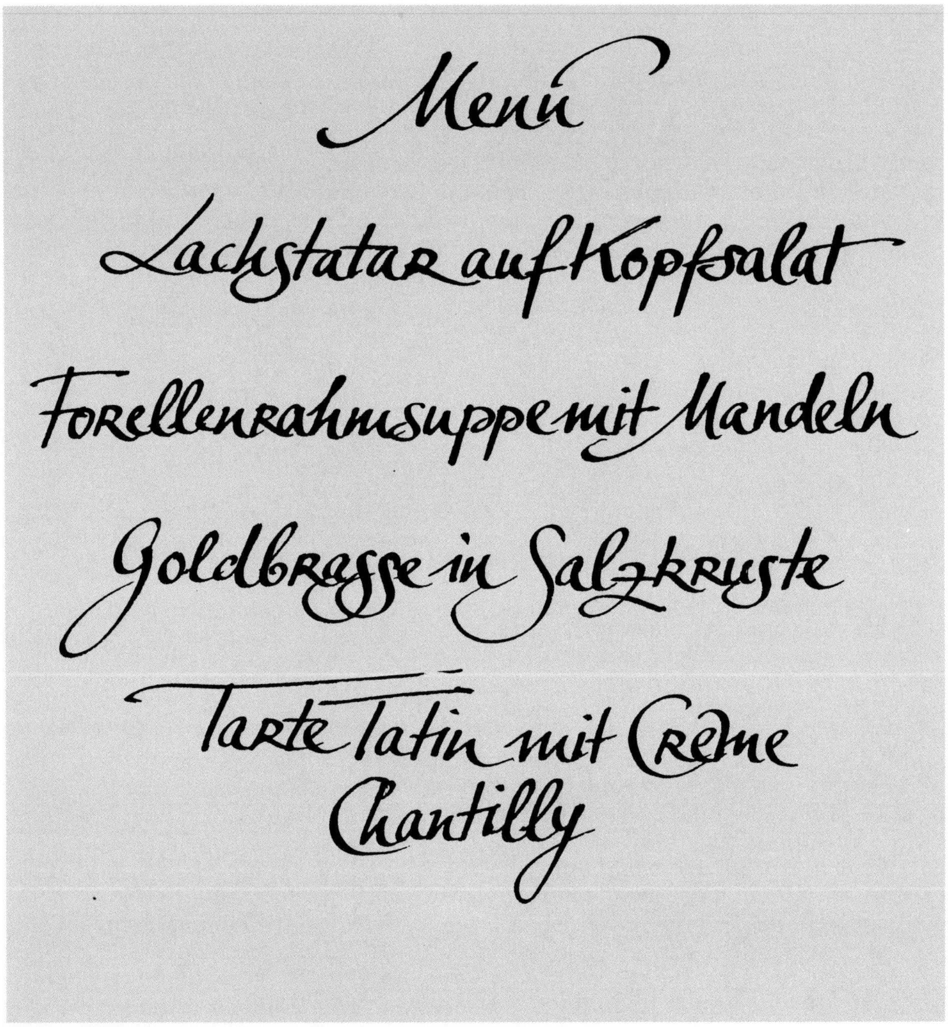


*Weshalb dieses Menü? Das Lachstatar läßt sich leicht und schnell zubereiten. Dazu eignet sich ganz frischer geräucherter Lachs oder Graved Lachs. Die Fischsuppe bereiten wir mit Forellen-Fond zu. Die Goldbrasse gehört in die Familie der Doraden. Es gibt sie in Gold, Rosè und Grau. Weitaus am besten schmeckt die »Dorade royal« mit der goldenen Zeichnung am Kopf. Warum wir sie in Salz garen? Das Meersalz wird, da grobkörnig, sehr rasch heiß und der Fisch bleibt saftig. Nach dem leichten Fischessen gönnen wir uns eine Tarte Tatin, einen wunderbaren, doch verhältnismäßig schwierig zuzubereitenden Apfelkuchen*

Hering ist einer der populärsten Salzwasserfische. Er hat einen hohen Gehalt an Eiweiß und Fett. Sehr wohlschmeckend sind Matjesheringe, junge Heringe, die noch nicht gelaicht haben und in Salz eingelegt werden. Viele Heringe werden zu Konserven verarbeitet, zum Beispiel Bismarckheringe (ohne Kopf und Gräten mariniert), Rollmops (zusammengerollte saure Heringfilets) oder Bücklinge (gesalzene und geräucherte Heringe). Frischer Hering eignet sich vorwiegend zum Braten und Grillen.

Kabeljau gehört zur Familie der Dorschfische und ist der Todfeind aller Schwarmfische. Frisch wird er meist pochiert. Getrocknet kennen wir ihn als Stockfisch, gesalzen als Klippfisch.

Rotbarbe ist im Mittelmeer beheimatet und besitzt ein delikates, weißes Fleisch, das sich zum Braten und Grillen anbietet.

Sardelle ist ein kleiner, etwa 15 Zentimeter langer Fisch aus der Familie der Heringe. Daraus hergestellt werden Filets, Ringe, Paste, Butter.

Sardine sieht dem Hering ähnlich, ist jedoch kleiner und kommt hauptsächlich als Ölsardine in den Handel.

Schellfisch, ein Abkömmling aus der Familie der Dorschfische, besitzt Fleisch von einem ausgesprochen feinen Geschmack. Er läßt sich dünsten, braten und backen. In England kennt man ihn als »haddock«.

Scholle hat einen angenehmen, kräftigen Geschmack und wird im Ganzen gebraten oder als Filet vor allem pochiert, gegrillt oder gebraten.

Seezunge ist von delikatem Fleisch, ganz oder filiert im Handel.

Sie läßt sich auf die verschiedensten Arten zubereiten.

Steinbutt gehört neben der Seezunge zu den begehrtesten Salzwasserfischen. Kleine Fische heißen Baby-Steinbutt oder französisch »Turbotin«. Steinbutt mit seinem weißen, festen Fleisch wird hauptsächlich gedünstet, aber auch pochiert und gegrillt.

## LACHSTATAR AUF KOPFSALAT

*ZUTATEN FÜR 4 PERSONEN:*

*200–250 g frisches Lachsfilet · Meersalz und Pfeffer · 1 Spur Zitronensaft · 1 EL Olivenöl · verschiedene Kopfsalatblätter · etwas Vinaigrette zum Bepinseln · 1 Zweig Estragon*

Den rohen Lachs mit einem scharfen Messer von Hand hacken und mit Meersalz und Pfeffer würzen.

Mit Zitronensaft und Olivenöl mischen.

Den Salat waschen, gut abtropfen lassen, mit Salatsauce bepinseln und auf Teller verteilen.

Den Lachs als Tatar darauf anrichten.

Mit abgezupften Estragonblättern garnieren.

## ESTRAGONRAHM

*ZUTATEN:*

*100 g Crème double · 1 TL Zitronensaft · Salz und Pfeffer aus der Mühle · Estragonblätter, feingehackt, nach Geschmack*

Crème double mit allen Zutaten verrühren und mindestens eine Stunde kühl stellen.

Mit heissen Mocca-Löffeln kleine Klößchen abstechen, das Lachstatar damit garnieren.

## FORELLENRAHMSUPPE MIT MANDELN

*ZUTATEN FÜR 4 PERSONEN:*

*1 frisch geräucherte Forelle · ca. 1 kg frische Forellengräten · 1 Lauch · 1 Stange vom Staudensellerie · 1 Zweig Dill · 1 EL Butter · 1 Zwiebel, gewürfelt · 1 Knoblauchzehe, gepreßt · 300 ccm trockener Weißwein · 50 ccm Noilly Prat (trockener Vermouth) · 200 ccm Schlagsahne · 2 Eigelb · 2 EL Schlagsahne, geschlagen · 30 g Butter, gut gekühlt · Salz und Pfeffer aus der Mühle · etwas Zitronensaft (Menge je nach Weinsäure) · 1 EL Mandelblättchen, geröstet*

Die geräucherten Forellenfilets auslösen.

Gräte und die Forellengräten säubern und mit einer Küchenschere in kleine Stücke schneiden. Das Gelbe vom Lauch, den Staudensellerie und Dill fein schneiden.

Die Butter in einer großen Pfanne zerfließen lassen. Die Fischgräten sowie Zwiebel, Lauch, Staudensellerie, Dill und Knoblauch beigeben. Alles bei mäßiger Hitze sorgfältig andünsten. Mit Weißwein ablöschen, um zwei Drittel einkochen lassen, dann den Vermouth dazugeben. Ebenfalls fünf Minuten einkochen lassen, gut abschäumen. Alles mit Wasser auffüllen, bis Gräten und Gemüse knapp bedeckt sind. Alles bei milder Hitze 30 Minuten ziehen lassen.

Gemüse und Gräten mit einer Schaumkelle herausnehmen und die Flüssigkeit durch ein feines Tuch gießen, auf 300 ccm einkochen lassen.

Den Rahm dazugießen und wieder einkochen, bis eine sämige Flüssigkeit entsteht. Eventuell mit dem Schneidstab durchrühren.

Eigelb und den geschlagenen Rahm zusammen verrühren und die Suppe damit legieren. Nicht mehr kochen.

*Frei von Haut und Gräten*

*Die Haut am Rücken entlang einschneiden und abziehen*

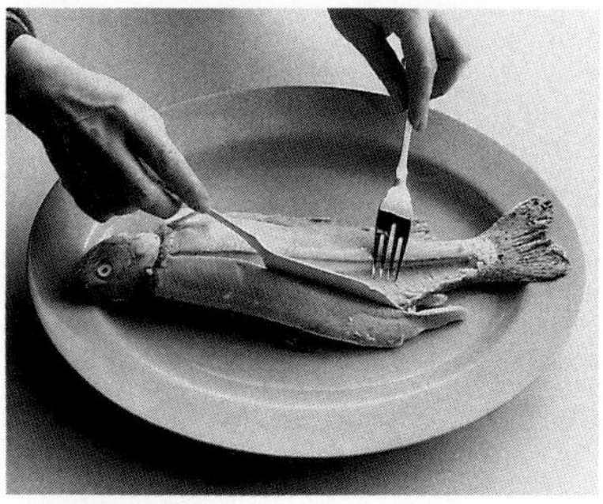

*An der Längsgräte einschneiden und Filets abheben*

*Rückengräte lösen und in Richtung Kopf zurücklegen*

Die Butter flockenweise darunter schwenken. Nach Geschmack mit Salz, Pfeffer und Zitronensaft würzen.

Die Forellenfilets in kleine Würfel schneiden, in vorgewärmte Tassen verteilen und die Suppe darüber gießen.

Mit gerösteten Mandelblättchen überstreut servieren.

## GOLDBRASSE IN SALZKRUSTE MIT DILLSAUCE

*ZUTATEN FÜR 4 PERSONEN:*

*4 kg grobkörniges Meersalz · 1 ganze Goldbrasse, etwa 1,2 bis 1,4 kg · 1 Limette*

*SAUCE*

*2 Eigelb · 1 TL Dijon-Senf · 1 TL Salz, gestrichen voll · 10 Umdrehungen schwarzer Pfeffer aus der Mühle · 200 ccm Sonnenblumenöl · 1/2 Becher Joghurt · 100 ccm Schlagsahne, geschlagen · 1 Zweig Dill, fein gehackt · abgeriebene Schale einer Zitrone (nur Gelbes)*

Den Boden eines Bräters oder eines Backblechs mit einer drei Zentimeter dicken Schicht Meersalz bedecken. Mit etwa zwei Eßlöffel Wasser anfeuchten.

Den gesäuberten Fisch darauflegen.

Die Limette in dünne Scheiben schneiden und die Fisch-Oberfläche damit bedecken.

Wieder Salz darauf geben, so daß der Fisch unter einer mindestens zwei Zentimeter dicken Salzdecke liegt. Die Oberfläche nochmals mit zwei bis drei Eßlöffel Wasser anfeuchten.

Für die Sauce Eigelb, Senf, Salz und Pfeffer verrühren.

Das Öl erst tropfenweise, dann in dünnem Strahl unter ständigem Rühren dazugeben, bis die Sauce bindet.

Mit Joghurt mischen und kühl stellen.

40 Minuten vor dem Essen den Ofen auf 250 Grad vorheizen.

Nach zehn Minuten den Fisch offen auf der untersten Einschubleiste in den Backofen schieben.

15 Minuten garen, die Salzkruste sollte heiß und hart sein.

Die Backofentür öffnen, die Temperatur auf 50 Grad zurückschalten und den Fisch bei offener Tür 15 Minuten ruhen lassen. Fisch in der Salzkruste servieren. Bei Tisch öffnen, die Haut vorsichtig ablösen. Fischfleisch von der Gräte heben. Mittelgräte abheben und die unteren Filets von der Haut lösen.

Die Sauce mit der Schlagsahne locker mischen, Dill und Zitronenschale darunterziehen und zum Fisch servieren.

Tip:
Das Meersalz aufbewahren. Es kann ein zweites Mal für Fisch gebraucht werden.

## TARTE TATIN MIT CRÈME CHANTILLY (GESTÜRZTER APFELKUCHEN)

*ZUTATEN FÜR 8-12 STÜCKE:*

*200 g Zucker · 100 g Butter · 1 kg Äpfel (Glockenäpfel oder Boskop)*

*FLÖCKCHEN*

*100 g Butter · 50 g Zucker · 1 EL Vanillezucker*

*TEIG*

*200 g Mehl · 150 g weiche Butter · 1 Ei · 1 Prise Salz · 50 g Zucker · 1 EL Mehl zum Ausrollen*

Den Zucker karamelisieren. Nicht rühren, wenn der Zucker zu schmelzen beginnt, sonst entstehen Klümpchen. Einmal aufschäumen lassen, bis der Karamel hellbraun ist.

Den Boden einer flachen, feuerfesten Glasform (Durchmesser 28 Zentimeter) mit dem karamelisierten Zucker ausgießen, gut verteilen und abkühlen lassen.

Den Zucker mit der Butter bestreichen.

Die Äpfel waschen, schälen, halbieren und das Kerngehäuse ausschneiden.

Die Apfelhälften so in dünne Scheiben schneiden, daß sie unten noch zusammenhalten. Mit der Wölbung nach unten auf die Butter-Zucker-Mischung legen. Eng zusammendrücken, so daß möglichst keine Zwischenräume entstehen.

Den Backofen auf 180 Grad vorheizen.

Butter, Zucker und Vanillezucker zusammen von Hand verkneten, in Flocken über die Äpfel gleichmäßig verteilen.

Die Form auf der untersten Einschubleiste in den heißen Backofen schieben und 60 Minuten backen. Der Zucker auf dem Boden der Form muß hellbraun bleiben. Die Äpfel müssen durch und durch karamelisieren.

Die Glasform herausnehmen und die Äpfel abkühlen lassen. Die Backofentemperatur auf 200 Grad schalten.

Das Mehl in eine Schüssel oder auf ein Teigbrett sieben. In der Mitte eine Vertiefung machen. Die weiche Butter mit einer Holzkelle cremig rühren. Mit Ei, Salz und Zucker in die Vertiefung geben und das Mehl mit dem Teigschaber von der Mitte aus mit den übrigen Zutaten nach und nach mischen. Je nach Eigröße eventuell einen Eßlöffel Wasser dazugeben. Den Teig zu einer Kugel formen, ohne ihn dabei zu kneten. Im Kühlschrank 30 Minuten ruhen lassen.

Den Teig sorgfältig und nicht zu dünn (mindestens einen Zentimeter größer als die Formenoberfläche) ausrollen.

Die Teigfläche mit Hilfe des Rollholzes aufrollen, über der Form mit den Äpfeln wieder abrollen. Den Teigrand den inneren Formrand entlang leicht andrücken.

Nochmals auf der zweituntersten Einschubleiste in den heißen Backofen schieben und 30 Minuten goldbraun backen.

Den Kuchen noch heiß auf eine Tortenplatte stürzen. Er schmeckt warm am besten, kann aber auch bei 80 Grad im Backofen wieder leicht erwärmt werden.

## CRÈME CHANTILLY

*ZUTATEN:*

*200 ccm Schlagsahne, steif geschlagen · 1 EL Vanillezucker · 2 Vanilleschoten, längs aufgeschnitten, Mark herausgeschabt*

Schlagsahne mit Zucker und Vanillemark mischen und zur Tarte Tatin servieren.

*FÜR FORTGESCHRITTENE*

## LOUP DE MER IM KRÄUTER-JUS

*ZUTATEN FÜR 4 PERSONEN:*

*50 g Knollensellerie · 50 g Möhre · 4 Stücke frischer Loup de mer à 150 g · Salz und Pfeffer aus der Mühle · 20 g Butter, zimmerwarm · 300 ccm Fischfond*

*SAUCE*

*200 ccm Fischfond · 100 ccm Sauternes-Wein · 30 g Butter, gut gekühlt · Salz · 1 Bund frischer Koriander, fein gehackt · 1 Bund frischer Kerbel, fein gehackt*

Die Gemüse putzen, waschen, dann in ganz kleine Würfel (Brunoise) schneiden.

Den Fisch mit Salz und Pfeffer würzen, mit Butter bestreichen, auf ein Sieb über den heißen Fischfond legen. Vier bis fünf Minuten garen lassen.

Den restlichen Fischfond mit dem Sauternes etwas einkochen. Die Butter darunter schwenken und die rohen Gemüsewürfel dazugeben. Kurz aufkochen, die Gemüse sollen knackig bleiben.

Mit Salz leicht würzen, dann Koriander und Kerbel darunterziehen.

Die Fischstücke anrichten und mit dem Jus und den Gemüsen überziehen.

*Was wir fürs Menü brauchen:*
*diverse Messer*
*1 Fischmesser*
*1 Kunststoffbrett*
*Zitronenpresse*
*Schneebesen*
*diverse Pfannen*
*Küchenschere*
*Korkenzieher*
*Schneidstab*
*Teflonpfanne*
*rechteckiges großes Bratgeschirr oder Backblech*
*runde feuerfeste Glasform*
*Sparschäler*
*Rollholz*
*Spachtel*
*Tortenplatte*
*1 Pinsel*

# REIN IN DIE KARTOFFELN

*Man kann sie drehen und wenden wie man will, Kartoffeln sind die Nummer eins – in der rustikalen und auch in der feinen Küche*

Der französische Armeeapotheker Antoine Parmentier mußte tricksen, als er seinen Landsleuten die Kartoffel schmackhaft machen wollte. Er ließ mitten in Paris Kartoffelfelder anlegen und sie tagsüber von Soldaten bewachen. Immer abends, wenn die Wächter abgezogen waren, begannen Neugierige die Felder nach den vermeintlich exklusiven Knollen abzusuchen, klauten und pflanzten sie in ihren Gärten an. Das war vor rund 200 Jahren. Seither werden Kartoffeln auch in Frankreich geschätzt.

Kein anderes Nahrungsmittel ist so vielseitig wie die Kartoffel. Sie kommt in Salat und Suppe, in Vorspeise, Haupt- und Zwischengericht, sogar für Desserts (Kartoffeltorte oder Marillenknödel) wird sie verwendet. Mit Kartoffeln läßt sich Brot backen und Schnaps destillieren. In der Heilkunde werden sie für Diäten eingesetzt. Kartoffeln sind leicht: 100 Gramm haben nur 80 Kalorien.

Da erstaunt es nicht, daß Kartoffelgerichte allerorts zu regionalen Spezialitäten aufstiegen. Sie haben ihren Platz in den Elsässer »Bäckeofe« genauso wie im Irish Stew, im Hamburger Labskaus, im österreichischen Knödel, in der spanischen Tortilla, in den Schweizer Rösti. Die Liste ließe sich beliebig fortsetzen.

Weltweit am populärsten sind Kartoffeln heute in Form von Pommes frites. Selbst Frittenbuden, die mit übelriechendem Öl arbeiten, verdienen noch gutes Geld damit.

In meinem Züricher Restaurant veredeln wir den Kartoffelsalat mit schwarzer Trüffel, die Kartoffelsuppe mit Steinpilzen. Als Vorspeise reichen wir mit Käse überbackene Gnocchi (italienische Klößchen aus Kartoffelteig) oder hauchdünne zarte Reibeküchlein mit Lachs. Als Beilage Baked Potatoes mit Sauercrème und Kaviar oder Kartoffelgratin, das sich zu vielen Fleischgerichten eignet.

Was Schweizer unter »Heimwehgericht« verstehen, gehört auch zu meinen Favoriten: die Rösti. Am besten finde ich sie mit Butter zubereitet. Die Kartoffeln werden 24 Stunden vorher in der Schale vorgekocht. Vor dem Zubereiten schäle ich sie und reibe sie auf der speziellen Röstiraffel in lange Streifen. In Butter und bei mäßiger Hitze backe ich die Kartoffeln, salze und forme die Streifen nach mehrmaligem Wenden und nach etwa 20 Minuten zu einer Art Kuchen. Gewendet werden die Rösti mit einer Palette oder mit einem Bratenwender. Wie auf der ersten, werden die Kartoffeln nun auch auf der zweiten Seite gebacken. Wichtig ist, daß dies langsam und nicht bei zu starker Hitze geschieht. Dazu Kalbsleber, wunderbar!

*Ein Schatz unter der Erde: die tolle Knolle*

## CREVETTEN MIT ANANAS UND SOJA

*ZUTATEN FÜR 4 PERSONEN:*

*300 g Crevetten · 1 frische Ananasscheibe, 1 cm dick, in feine Würfel geschnitten · 4 Gabeln frische Sojabohnensprossen, verlesen und gewaschen*

*SAUCE*

*2 EL Mayonnaise, hausgemacht (siehe »Sieden I«) · 1 EL Joghurt · 3 EL Schlagsahne · etwas Ketchup und Worcestershiresauce · 1 Prise Cayennepfeffer · 1 TL Zitronensaft · 2 EL Ananassaft*

*ZUM ANRICHTEN*

*4 Salatblätter · 1 Tomate, geviertelt · 4 Oliven zum Garnieren*

Die Crevetten kurz abspülen und mit Küchenpapier trocknen.

Mit Ananas und Bohnensprossen locker mischen.

*Weshalb dieses Menü? Das Hauptgericht besteht, ganz dem Thema entsprechend, aus Kartoffeln, in einer allerdings wenig bekannten Variante. Die Zubereitung der pikanten Pastete ist relativ aufwendig, was übrigens auch für viele andere preiswerte Gerichte gilt. Was man an Geld spart, muß man an Zeit wieder investieren. Crevetten, in Salzlake eingelegt, sind das ganze Jahr über erhältlich. Wir kombinieren sie mit Ananas. Dafür halten wir uns dann beim Dessert mit der Süße zurück*

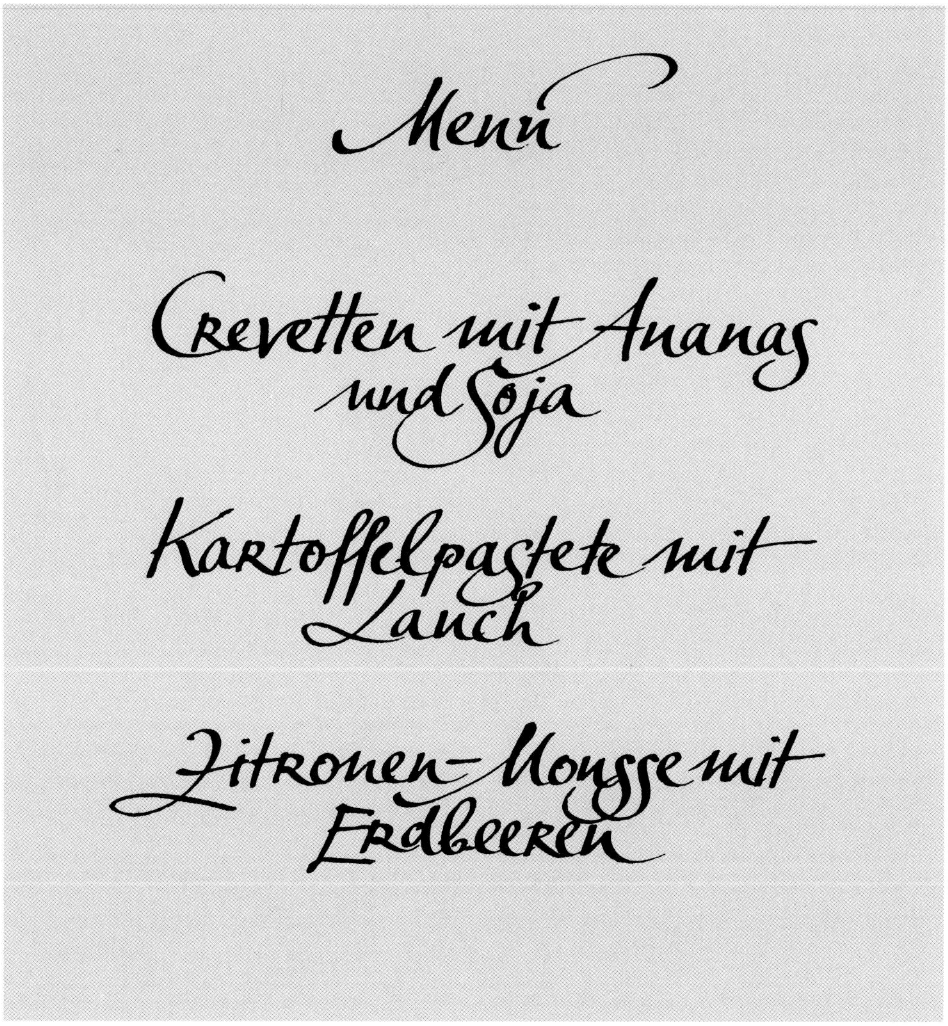


Für die Sauce alle Zutaten zusammen verrühren. Über die Crevetten verteilen, mischen und auf den Salatblättern anrichten.

Mit Tomatenvierteln und Oliven garnieren.

Frisch gebackenen Toast dazu servieren.

## KARTOFFELPASTETE MIT LAUCH

*ZUTATEN FÜR 8-12 PERSONEN:*

*20 g Butter für das Backblech · 600 g Butterblätterteig · Mehl zum Ausrollen · 2 kg Lauch, sehr fein geschnitten · 1 Zwiebel, fein gehackt · 20 g Butter · 200 ccm Weißwein · 1/2 l Schlagsahne · Salz · 1 Prise Muskat · schwarzer Pfeffer aus der Mühle*

*FÜLLUNG*

*1 kg Kartoffeln, roh in hauchdünne Scheiben geschnitten · 200 ccm Schlagsahne · Salz · Pfeffer · Muskat · 1 kleine Knoblauchzehe, gepreßt · 50 g Greyerzerkäse, frisch gerieben · 2 Eigelb · 1 Prise Salz · 2 EL Öl*

Das Backblech mit Butter ausstreichen.

Die Hälfte des Teiges ausrollen. Das Backblech damit belegen und den Teig über den Rand fallen lassen. Kühl stellen.

Den Lauch putzen, waschen und fein schneiden.

Die Zwiebel in Butter andünsten. Den Lauch dazugeben und zusammen andünsten.

Mit Weisswein ablöschen und einkochen lassen. Schlagsahne zufügen und das Gemüse mindestens 50 Minuten lang bei mäßiger Hitze leicht kochen lassen. Mit Salz, Muskat und Pfeffer würzen.

Den Backofen bei 200 Grad vorheizen.

Die Kartoffeln mit Schlagsahne, Salz, Pfeffer, Muskat und Knoblauch mischen.

Die Hälfte auf dem Teigboden verteilen, den Lauch daraufgeben und die restlichen Kartoffeln darüber ausbreiten.

Mit Käse bestreuen, Teig vom Rand darauf legen.

Restlichen Teig dünn ausrollen, als Deckel auf die Pastete legen und andrücken. Mit einem kleinen Teigausstecher (etwa 1 Zentimeter Durchmesser) mehrere Löcher einstechen.

Das Eigelb mit Salz und Öl verrühren und den Teigdeckel damit bestreichen.

Das Backblech auf der untersten Einschubleiste in den Backofen schieben und die Pastete 45 Minuten lang backen.

Tip:
Es geht auch feiner und teurer. Siehe Rezept »Kartoffeltorte« auf der übernächsten Seite.

## ZITRONEN-MOUSSE MIT ERDBEEREN

*ZUTATEN FÜR 4-6 PERSONEN:*

*2 Eigelb · 100 g Puderzucker · 250 g Sahnequark · 100 ccm Milch · 2 TL Vanillezucker · Saft von 3 Zitronen · 4 Blatt Gelatine, in kaltem Wasser eingeweicht · 150 ccm Schlagsahne, geschlagen · 2 Eiweiß, zu Schnee geschlagen · 12 Erdbeeren, halbiert · 1 EL Zucker · Kirschwasser*

Eigelb und Puderzucker schaumig rühren.

Quark, Milch, Vanillezucker und Zitronensaft unter die Eimasse ziehen.

Gelatine tropfnaß bei milder Hitze unter Rühren auflösen, mit der Crème gut verrühren.

Kühl stellen, bis die Masse zu gelieren beginnt.

Zum Schluss die Schlagsahne und den Eischnee sorgfältig unterziehen.

In Gläser füllen und nochmals in den Kühlschrank stellen.

Erdbeeren mit Zucker und Kirschwasser marinieren und darüber verteilen.

Tip:
Die Mousse läßt sich mit 1-2 Limetten und 100 g Zucker so variieren:

Die Limetten mit dem Messer schälen, dann in Schnitze teilen.

Zucker und 100 ccm Wasser aufkochen und etwas abkühlen lassen.

Die Limetten-Schnitze in Sirup etwa 40 Minuten ziehen lassen.

Vor dem Servieren das Dessert damit garnieren oder die Limetten-Schnitze als Kompott dazu servieren.

## WELCHE KARTOFFEL WOFÜR?

Festkochende Kartoffeln (z. B. Hansa, Nicola, Sieglinde, Selma) eignen sich gut für Kartoffelsalat, für Pell-, Salz- und Bratkartoffeln. Die Kartoffel ist feucht, feinkörnig, nicht mehlig und besitzt einen niedrigen Stärkegehalt.

Vorwiegend festkochende Kartoffeln (z. B. Clivia, Christa, Gloria, Grata, Linda, Hela) können wir für alle Zwecke verwenden. Sie haben ein leicht mehliges Fleisch und einen mäßigen Stärkegehalt. Ziemlich feinkörnig, platzen sie beim Kochen manchmal auf.

*Kartoffelpastete*

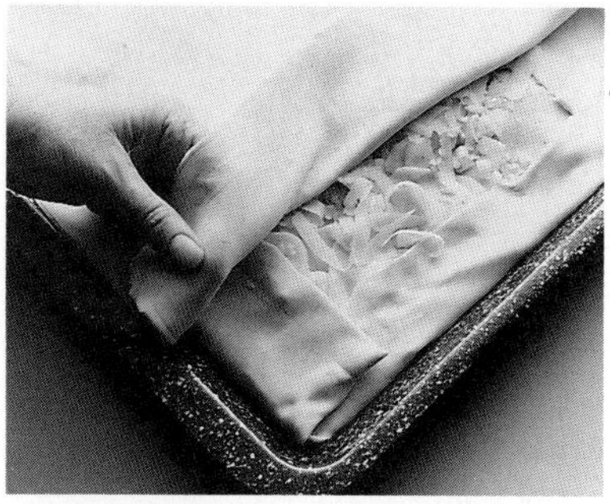

*Die Teigunterlage am Rand über die Gemüsefüllung klappen und mit einem Teigdeckel abdecken*

Mehlig kochende Kartoffeln (z. B. Bintje, Datura, Irmgard, Maritta) bieten sich an für Suppen, Eintöpfe, Reibekuchen, Püree, Knödel und Klöße. Sie sind von ziemlich trockenem, grobkörnigem Fleisch mit mittlerem bis hohem Stärkegehalt und platzen beim Kochen oft stark auf.

Frühkartoffeln, je nach Witterung Ende Mai oder Anfang Juni bei uns geerntet, sind die teuersten Kartoffeln und zu sofortigem Gebrauch bestimmt. Sie enthalten nur wenig

Stärke und eignen sich deshalb nicht für Gerichte wie Kartoffelteig, Knödel, Kartoffelgemüse oder Püree. Am besten ißt man sie als Pellkartoffel.

*So rösten Rösti richtig*

*Kartoffeln am Vortag zehn Minuten kochen und auf der Rösti-Raffel reiben*

*Kartoffelstreifen bei geringer Hitze in Butter braten, würzen und zusammenschieben*

*Nach etwa 20 Minuten wenden und die andere Seite rösten*

*Rösti auf vorgewärmten Tellern anrichten*

Süßkartoffeln oder Batate sind in den USA und in der Karibik weitaus gefragter als hierzulande. Die spindel- bis kugelförmigen Wurzelverdickungen gedeihen in tropischen und subtropischen Regionen, schmecken mehlig-süß und gelten dort als wohl wichtigster Stärkelieferant.

WIE KOMMT ES, DASS...

... geschälte Kartoffeln sich rasch verfärben?
Die darin enthaltene Stärke verbindet sich mit dem Sauerstoff der Luft und oxydiert. Deshalb sollten wir die Kartoffeln erst kurz vor ihrer Verwendung schälen und waschen. Auch dürfen wir sie nicht zu lange im Wasser liegenlassen, weil sie sonst viel an Vitaminen verlieren.

... Kartoffeln nach Möglichkeit in der Schale gekocht werden sollten?
Die Schale verhindert, daß Vitamine beim Kochen austreten; vor allem das wasserlösliche Vitamin C kann sich so bis zu einem Drittel reduzieren.

... Kartoffeln manchmal grün werden?
Wenn sie direktem Licht ausgesetzt sind, bildet sich Solanin, das sie grün und ungenießbar macht. Deshalb: immer kühl und dunkel lagern. Bei höheren Temperaturen wird die Keimbildung und der rasche Abbau der Vitamine gefördert, die Knollen schrumpfen.

*FÜR FORTGESCHRITTENE*

# REIBEKÜCHLEIN MIT LACHS UND KAVIAR

*ZUTATEN FÜR 4 PERSONEN:*
*200 g geräucherter Lachs, in hauchdünnen Scheiben · 4 rohe Kartoffeln, geschält · Salz und Pfeffer · 30 g Butter*

*KRÄUTERRAHM*
*2 EL Crème double · Salz und Pfeffer · 1 EL Zitronensaft · 1 Msp. Dijon-Senf · je 1/2 Bund Kerbel und Estragon, ganz fein gehackt · 1 EL Schnittlauch, fein geschnitten*

*NACH BELIEBEN*
*40 g frischer Osietra-Kaviar · 1 Bund Schnittlauch*

CRÈME DOUBLE mit Salz, Pfeffer, Zitronensaft, Senf sowie Kerbel und Estragon mischen.

KÜHL STELLEN, der Kräuterrahm soll dabei fest werden.

DEN SCHNITTLAUCH im letzten Moment darunterziehen.

VOM LACHS vier Rosetten formen und mit Folie bedeckt bereitstellen. (Vorsicht, sie trocknen rasch aus!)

DIE KARTOFFELN auf Küchenpapier trocknen und auf der Bircherraffel fein reiben. Gut ausdrücken.

MIT SALZ und Pfeffer würzen.

DIE BUTTER in einer großen Teflonpfanne zerfließen lassen, eßlöffelgroße Kartoffelhäufchen in die heiße Butter geben und mit einem Löffel möglichst dünn ausstreichen, bei mittlerer Hitze beidseitig knusprig backen. Auf Küchenpapier legen und entfetten. Einen Moment in dem auf 50 Grad vorgeheizten Backofen warm halten.

DEN KRÄUTERRAHM auf warme Teller verteilen. Die knusprigen Kartoffelküchlein daraufsetzen. Mit je einer Lachsrosette belegen.

NACH BELIEBEN:
Den Kaviar in die Lachsrosetten füllen. Rundum mit feinem Schnittlauch garnieren und sofort servieren. Die Küchlein müssen warm und knusprig bleiben.

## FEIN IN FORM GEBRACHT

Pommes de terre rissolées: kleine Kartoffelwürfel, die erst blanchiert und dann gebraten werden.

Pommes de terre Parmentier: etwas größere Würfel;

Pommes allumettes: zündholzgroße Stäbchen;

Pommes de terre pailles: sehr feine Stäbchen, Strohkartoffeln;

Pommes parisiennes: Kugeln, die erst blanchiert und dann gebraten werden.

Pommes noisettes: haselnußgroße Kugeln erst blanchieren und dann braten.

Pommes château: Schloßkartoffeln, zugeschnitten, etwas kleiner als die Pommes de terre nature (Salzkartoffeln).

Pommes de terre à la boulangère und à la savoyarde geschnitten: Die Bäckerinnen-Kartoffeln werden mit Zwiebeln gebraten, die Kartoffeln Savoyer-Art in Bouillon gegart und mit Käse und Butter bestreut gratiniert.

Pommes duchesse: Herzoginkartoffeln, mit dem Spritzbeutel gespritzte Häufchen aus einer mit Butter und Eigelb angereicherten Kartoffelmasse, die gebacken oder fritiert werden.

Pommes croquettes: Kroketten aus Duchesse-Masse;

Pommes mousselines: Kartoffelpüree, mit Schlagsahne angereichert. (Französische Benennungen nach Larousse Gastronomique, Ausgabe 1984).

FÜR FORTGESCHRITTENE

## KARTOFFELTORTE MIT PETERSILIE UND MADEIRA-JUS

*ZUTATEN FÜR EINE FLACHE KUCHENFORM VON ETWA 26 CM DURCHMESSER:*

*400 g Butterblätterteig · Mehl zum Ausrollen · Butter für die Form · 1 kg rohe Kartoffeln · 1 großes Bund Petersilie · Salz · schwarzer Pfeffer aus der Mühle · 1 Prise Muskat, frisch gemahlen · 1/2 l Schlagsahne · 100 ccm Trüffel-Jus (aus der Dose) · 30 g Périgord-Trüffel in Scheiben · 100 g Parmesan, frisch gerieben · 1 großes Bund Petersilie, fein gehackt · 2 Eigelb · 1/2 TL Öl · 1 Prise Salz*

*MADEIRA-JUS*

*300 ccm kräftig reduzierte Gemüsebrühe · 100 ccm Madeira · 50 g Butter · Salz · Pfeffer aus der Mühle · 4 Tropfen Tabasco*

Die Hälfte des kalten Blätterteiges 2 Millimeter dünn und etwa 5 Zentimeter größer als der Durchmesser der Form ausrollen.

Die Kuchenform ausbuttern und mit dem Teigboden auslegen. Einen Teigrand hochziehen und den Rand überlappen lassen. Den Boden mit einer Gabel mehrmals einstechen.

Die Kartoffeln schälen, waschen und in hauchdünne Scheiben schneiden. Mit einem Küchentuch oder Küchenkrepp trocknen.

Die Petersilie fein hacken. Mit Salz, Pfeffer und einer Prise Muskat mischen.

Sahne mit Salz leicht würzen, mit dem Trüffel-Jus mischen und die gewürzten Kartoffeln darin 10 Minuten leise kochen lassen.

Den Backofen auf 250 Grad vorheizen.

Den Teigboden mit der Kartoffelmasse und den Trüffelscheiben füllen. Mit Parmesan und Petersilie überstreuen, Teigrand auf die Füllung klappen. Den restlichen Blätterteig ausrollen. Eigelb, Öl und Salz verrühren. Den Teigrand damit bestreichen. Den Teigdeckel auflegen, den Teigrest wegschneiden. Die ganze Oberfläche mit Eigelb bepinseln. Wieder 30 Minuten kühl stellen.

Auf der untersten Einschubleiste in den Backofen schieben und bei 250 Grad 15 Minuten backen. Temperatur auf 90 Grad zurückschalten und weitere 30 Minuten backen.

Die Kartoffeltorte warm aufschneiden.

Den Gemüsefond mit dem Madeira um ein Drittel einkochen lassen. Mit der Butter aufschwenken und mit Salz, Pfeffer und ein paar Tropfen Tabasco nachwürzen, heiß zur Kartoffeltorte reichen.

*Was wir fürs Menü brauchen:*
*Küchenpapier*
*1 Backblech*
*1 Rollholz*
*diverse Messer*
*1 Knoblauchpresse*
*verschiedene Töpfe*
*1 Käsereibe*
*1 Zitronenpresse*
*1 Salatschüssel*
*1 Schneebesen*
*1 Pinsel*
*Wasserbad*

# HARMONIE IN ESS-DUR

*Schön, wir können jetzt kochen. Aber wehe, wir stellen unser Menü falsch zusammen. Dann kann auch das schönste Essen nicht überzeugen*

Nach 29 Kapiteln kennen wir sämtliche Garprozesse und Grundzubereitungsarten. Wir haben einiges über die Produkte erfahren, die wir am Herd zubereiten, und sind mit den verschiedensten Tricks und Kniffen vertraut. Jedesmal hatten wir Gelegenheit, ein vollständiges Menü zu kochen, das nicht x-beliebig, sondern nach bestimmten Regeln zusammengestellt war. Diesem Thema möchte ich das letzte Kapitel widmen. Denn das schönste Gericht kann nicht voll zur Geltung kommen, wenn es zu den anderen wie die Faust aufs Auge paßt.

Bei den Menüzusammenstellungen ist man heute nicht mehr so stur wie früher. Bestimmte Geschmacksrichtungen dürfen sich wiederholen, vor allem in vegetarischen Menüs mit ihrem geringeren Spielraum. Manchmal werden auch Menüs bewußt thematisch zusammengestellt, etwa wenn es Spargel gibt oder wenn Wildsaison ist. Das aber sollten Ausnahmen sein.

Die wichtigste Rolle bei der Zusammenstellung eines Essens spielt die Saison. Bevor wir uns ein Menü ausdenken, sollten wir uns fragen: Was ist in dieser Jahreszeit an natürlich gereiften Produkten auf dem Markt? »Natürlich gereift« heißt, daß beim Reifeprozeß nicht künstlich nachgeholfen wurde.

Wenn möglich, sollte sich die Konsistenz im Menü nicht wiederholen. Wenn wir beispielsweise zweimal Gemüse servieren, können wir mit Rohkost beginnen und es zum Hauptgang gegart oder püriert servieren.

Von großer Bedeutung ist die optische Harmonie. Ich hasse Farbtupfer wie den obligatorischen Tomatenschnitz oder die rote Cocktailkirsche. Garnituren sollten mit der Speise harmonieren, schlicht und ohne Basteleien sein. Oft gesündigt wird meiner Erfahrung nach mit Kräutern. Neulich bekam ich Lamm mit Kerbel dekoriert vorgesetzt; Thymian oder Rosmarin hätten besser gepaßt. Wer unsicher ist, sollte sich auf der jeweiligen Zutatenliste informieren und das entsprechende Kraut wählen.

*Tischlein deck dich – aber wie?*

Immer mehr Leute gehen dazu über, statt auf Platten gleich auf Tellern zu servieren. Das hat den Vorteil, daß wir die Gerichte attraktiv präsentieren können. Der Nachteil dabei: Wir müssen öfter in die Küche gehen.

Nicht zuletzt sollten wir daran denken, daß wir unseren Gästen Zeit nach den jeweiligen Gängen lassen, sie nicht wie im Schnellimbiß abfüttern.

## MENÜSÜNDEN

Fünf ganz verschiedene Menüs, und doch haben sie eines gemeinsam. Sie sind schlecht zusammengestellt.

*MENÜ 1*
*Pilzsalat*
*Geflügelvelouté*
*Blätterteigpastete mit Bries und Pilzen auf weißer Sauce*
*Crèmeschnitten*

*MENÜ 2*
*Kartoffelsalat mit Kräutern*
*Consommé à l 'Estragon*
*Rinderschmorbraten mit Kartoffelpüree*
*Schokoladenmousse*

*MENÜ 3*
*Spargelsuppe*
*Kasseler mit Sauerkraut und Salzkartoffeln*
*Kirschkuchen*

*MENÜ 4*
*Bündner Gerstensuppe*
*Seezungenfilets mit Salzkartoffeln auf Champagnersauce*
*Schmoräpfel in Vanillesauce*

*MENÜ 5*
*Fisch im Sud mit Sellerie- und Karottenbrunoise*
*Gemüsequiche*
*Rindfleischragoût mit Kartoffel- und Gemüsewürfeln*
*Orangenbavarois*

Im Menü 1 haben wir zweimal Pilze. In der Vorspeise (Pilzsalat) und in der Füllung des Hauptgerichtes Pastete. Die Sauce, mit der wir die Pastete servieren, ist von ähnlicher Beschaffenheit wie die Velouté. Blätterteig kommt zweimal vor: bei der Pastete und bei den Crèmeschnitten zum Dessert. Alles in allem wirkt dieses Menü farblich blaß. Besser wären Feldsalat Mimosa als

*Weshalb dieses Menü? Wir lernen eine Terrine zubereiten, sie aus der Form stürzen und vor dem Gast aufschneiden. Die Radieschensuppe ist originell und kaum bekannt, Kaninchenrücken ein nicht alltägliches, feines Hauptgericht. Die Zuckerschoten sind, wie das Kaninchenfleisch, leicht süßlich. Rhabarbergratin bereiten wir aus den ersten der grünroten Stengel zu: Rhabarber schmeckt so am besten, später wird er grobfasriger, trockener. Es ist ein Menü, das ins Frühjahr paßt*

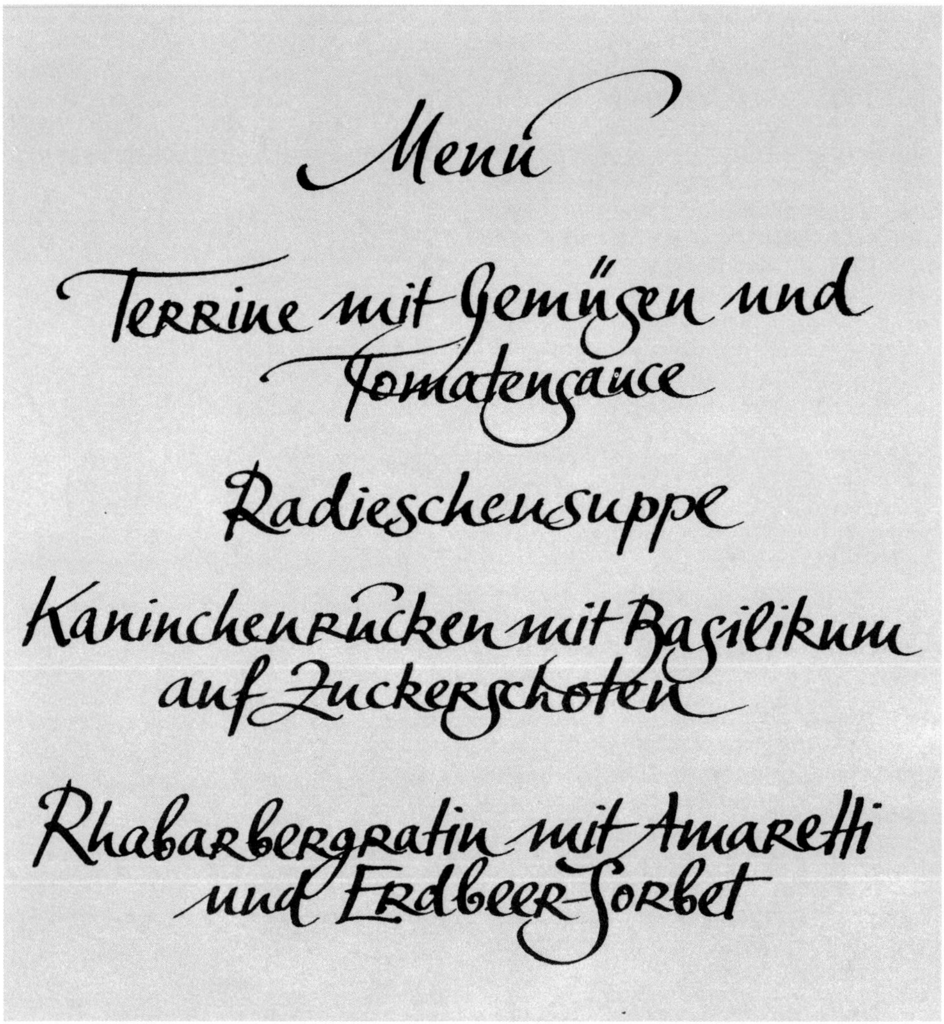
Menu

Terrine mit Gemüsen und Tomatensauce

Radieschensuppe

Kaninchenrücken mit Basilikum auf Zuckerschoten

Rhabarbergratin mit Amaretti und Erdbeer-Sorbet

Vorspeise, dann eine Consommé und zum Dessert Vanilleköpfchen mit Früchten.

IM MENÜ 2 sind das Kartoffelpüree und die Schokoladenmousse von ähnlicher Konsistenz. Ferner folgt auf ein relativ schweres Hauptgericht ein schweres Dessert. Schließlich hat das Menü, da es an Gemüse fehlt, zu wenig Ballaststoffe. Besser wären Kohlsalat mit Speckwürfeln als Vorspeise und Orangensalat mit Datteln und Nüssen zum Dessert. Es ergibt sich so ein winterliches, rustikales Mahl mit Ballaststoffen.

IM MENÜ 3 stimmt es jahreszeitlich nicht. Spargel gibt es im Frühling, Kirschen im Sommer, Kasseler mit Sauerkraut ist ein Wintergericht. Besser wären Kaninchenbraten mit Zuckerschoten und Polenta als Hauptgericht und Erdbeertorte zur Nachspeise.

IM MENÜ 4 sind die Gegensätze allzu kraß. Nach der rustikalen Gerstensuppe würde ich eine Platte mit Bündnerfleisch, Aufschnitt und Braten servieren. Wem an der Seezunge auf Champagnersauce liegt, kann eine Tomatenmousse vorausgehen lassen und zum Dessert mit Früchten gefüllte Crêpes servieren.

IM MENÜ 5 sind die Gemüsesorten der ersten drei Gerichte in Würfel verschiedener Größe geschnitten. Auf die Sellerie-Karotten-Brunoise folgt die Gemüsequiche, dann Gemüse als Beilage. Besser wären in Streifen geschnittene Fische im Sud, eine Quiche Lorraine mit Rahm-Eierguß; Fleisch, Kartoffeln und Gemüse für das Ragoût dürften ihre Form behalten.

*Gemüseterrine*

*Gemüse in beliebiger Reihenfolge in die Terrine geben und mit Champignonpüree abdecken*

# TERRINE MIT GEMÜSEN UND TOMATENSAUCE

*ZUTATEN FÜR 10-12 PORTIONEN:*

*1 Kastenform (28 cm) · 150 g Möhren oder frische Erbsen · 150 g feine Böhnchen · 200 g Brokkoliröschen · 1/2 Liter Gemüsebrühe · Salz · 2 große französische Artischocken · 1 Zitronenscheibe · 150 g Zucchini (möglichst kleine) · 20 g Butter · Salz, Pfeffer · 6 Blatt weiße Gelatine · 300 ccm trockener Weißwein · Salz · 1,25 kg Champignons · 150 g Crème double*

DIE TERRINENFORM im Gefriergerät vorkühlen.

ALLE GEMÜSE sortengerecht vorbereiten: Die Möhren in kleinste Würfel schneiden oder die Erbsen auslösen. Die Bohnen putzen, in zentimeterlange Stücke schneiden. Brokkoli in kleinste Röschen schneiden.

DIE DREI Gemüse getrennt über dem Dampf der Gemüsebouillon gut weichdämpfen. Leicht würzen.

DIE ARTISCHOCKENSTIELE ausbrechen. Die Artischockenblätter in halber Höhe quer abschneiden.

ZWEI LITER Wasser mit zwei Eßlöffel Salz und Zitrone aufkochen, Artischocken mit dem Stielansatz nach unten hineingeben. 40 Minuten weichkochen.

DIE BLÄTTER lösen, das »Heu« entfernen, die Böden säubern und in kleine Würfel schneiden.

DIE ZUCCHINI mit Schale ebenfalls zu kleinen Würfeln schneiden.

DIE BUTTER erhitzen, die Zucchiniwürfel andünsten und mit Salz und Pfeffer würzen. Fünf Minuten bei mäßiger Hitze ohne Flüssigkeit zugedeckt weichdünsten, eventuell abtropfen lassen.

ALLE GEMÜSE sortengetrennt bereitstellen.

GELATINEBLÄTTER einzeln in einem Gefäß mit kaltem Wasser einweichen.

1,5 LITER WASSER, WEIN und Salz aufkochen. Die Hälfte der Champignons hineingeben, zum Kochen bringen. Sofort mit einer Schaumkelle herausnehmen und über einem Sieb abtropfen lassen. Mit der zweiten Hälfte ebenso verfahren.

GELATINEBLÄTTER abtropfen lassen, in einen kleinen Topf geben, unter Rühren bei milder Hitze auflösen.

GEKOCHTE PILZE mit Crème double, flüssiger Gelatine und etwas Champignonsud, etwa eine Tasse voll, in zwei Schüben im Mixer fein pürieren. Mit Salz und Pfeffer sehr kräftig würzen.

DEN BODEN der vorgekühlten Form mit der Pilzmasse ausstreichen und im Kühlschrank – nicht im Tiefkühlfach – fest werden lassen.

DAS GEMÜSE in beliebiger Reihenfolge lagenweise einfüllen. Jede Lage wiederum mit Champignonpüree abdecken und im Kühlschrank fest werden lassen.

ZULETZT MIT Champignonpüree abschließen und die Form mit Folie bedeckt mindestens zwölf Stunden kühl stellen.

VOR DEM SERVIEREN die Form kurz in heißes Wasser tauchen, den Rand mit einem Messer lösen und auf eine Platte stürzen.

*Nach Art der Artischocke*

*Den Stiel über einer Tischkante abbrechen*

*Artischocken auf halber Höhe abschneiden*

# TOMATENSAUCE

*ZUTATEN:*

*1 Möhre · 1 kleiner Lauch, nur Gelbes · 1 kleines Stück Sellerie · 1 Zwiebel, gehackt · 1 Knoblauchzehe, gepreßt · 1,5 kg reife Tomaten · 1 kleines Lorbeerblatt · 1 Nelke · 1 Prise Zucker · 1 Bund frisches Basilikum · Salz und Pfeffer · 1 Schuß Wodka*

DIE GEMÜSE putzen, waschen und fein würfeln.

ZUSAMMEN mit Zwiebel, Knoblauch, Tomaten, Gewürzen und einem halben Bund Basilikum in einer Pfanne (ohne Fett) eine Stunde köcheln lassen.

MIT SALZ und Pfeffer würzen. Durch ein feines Sieb streichen und kühl stellen.

VOR DEM Anrichten drei Blatt Basilikum in sehr feine Streifchen schneiden und unter die Tomatensauce ziehen. Mit einer Spur Wodka abschmecken.

*Blätter von gekochten Artischocken ablösen, Heu herauszupfen. Übrig bleibt der Boden (rechts)*

## RADIESCHENSUPPE MIT TAPIOKA

*ZUTATEN FÜR 4 PERSONEN:*

*3 große Bund Radieschen mit Kraut · 3/4 l Hühnerbrühe, entfettet · 1 Lauch, gewaschen und in feine Ringe geschnitten · 2 1/2 EL Tapioka (Bindemittel), fein gemahlen · 2 EL Butter · 1 Prise Muskat · Salz und Pfeffer aus der Mühle · 4 EL Crème double*

Die Radieschenblätter ablösen und Knollen und Blätter gründlich waschen.

Die Blätter klein und die Knollen in Scheiben schneiden; 24 Radieschenscheiben zum Garnieren zurückhalten, die anderen mit den Blättern in der Hühnerbrühe fünf Minuten lang kochen.

Den Lauch dazugeben und fünf Minuten mitkochen. Nicht länger garen, sonst geht der Geschmack verloren. Alles im Mixer fein pürieren und durch ein Sieb streichen.

Das Püree rasch aufkochen und das Tapiokamehl einstreuen, unter ständigem Rühren sechs Minuten bei milder Hitze weiterkochen lassen.

Die Butter einrühren, mit Muskat, Salz und Pfeffer nachwürzen und in Suppenteller verteilen.

Die Crème double dazugeben, mit einer Gabel durch die Suppe ziehen, mit den Radieschenscheiben garnieren.

## KANINCHENRÜCKEN MIT BASILIKUM AUF ZUCKERSCHOTEN

*ZUTATEN FÜR 4 PERSONEN:*

*1 EL Butterschmalz · 2 Kaninchenfilets, von Sehnen und Häuten befreit · 200 g kleine, zarte Zuckerschoten · Salz · 1 Schalotte, fein gewürfelt · 40 g Butter · Salz und Pfeffer aus der Mühle · 4 Blatt Basilikum · 2 EL Kaninchenfond oder Kalbsfond (evtl. aus dem Glas) · 1 EL Madeira*

Zehn Gramm Butter erhitzen, die Kaninchenfilets mit Salz und Pfeffer würzen und in Butter rundum à point braten. Im Ofen bei 80 Grad etwa 40 Minuten ruhen lassen.

Die Zuckerschoten in wenig kochendem Salzwasser knapp garen. Abschütten und kalt abspülen.

Zehn Gramm Butter zerfließen lassen. Die Schalottenwürfel andünsten, die Zuckerschoten darin kurz erhitzen. Mit Salz und Pfeffer würzen.

Vom Basilikum grobe Blattrippen entfernen, Blätter in sehr feine Streifen schneiden.

Den Fond mit Madeira kurz aufkochen und mit der restlichen Butter aufschwenken, die Hälfte des Basilikums darunterziehen. Nach Geschmack nachwürzen.

Das Fleisch in dünne Scheiben schneiden. Die Zuckerschoten dazu anrichten.

Mit der heißen Sauce überziehen und mit dem Rest des feingeschnittenen Basilikums überstreuen.

Beilage: Pariser Kartoffeln
Rohe Kartoffeln schälen und mit dem runden Kartoffelausstecher Kugeln ausstechen. In Butterschmalz langsam anbraten, bis sie goldbraun und weich sind. Mit Salz überstreuen.

## RHABARBERGRATIN MIT AMARETTI UND ERDBEERSORBET

*ZUTATEN FÜR 8 PORTIONEN:*

*8 Amaretti (kleine italienische Makronen vom Konditor oder selbst zubereiten)*

*AMARETTI*

*5 Eiweiß · 350 g Puderzucker · 210 g geschälte Mandeln, gemahlen · 30 g Bittermandeln, gerieben · Butter und Mehl fürs Backblech*

Den Backofen auf 250 Grad vorheizen.

Eiweiss schaumig schlagen, Puderzucker dazugeben und mit den Mandeln mischen.

Die Masse auf dem gebutterten und gemehlten Backblech häufchenweise verteilen.

Bei 220 Grad 15 Minuten backen.

*RHABARBERGRATIN*
*1,5 kg junger Rhabarber · 300 g Zucker · 1 Vanilleschote, Mark ausgeschabt · Saft von einer Zitrone · 1 EL Maraschino · 1 Ei · 1 Eigelb · 100 ccm trockener Weißwein · 100 ccm Schlagsahne, geschlagen*

DEN RHABARBER schälen, in fünf Zentimeter lange Stücke schneiden. Ein Liter Wasser, Zucker und Vanillemark aufkochen, die Rhabarberstücke hineinlegen und bei mittlerer Hitze etwa fünf Minuten ziehen lassen. Die Stücke sollen weich sein, aber nicht zerfallen.

RHABARBER herausnehmen, abtropfen und den Sud mit Zitronensaft weitere 30 Minuten auf 100 ccm einkochen lassen, bis ein Sirup entsteht.

MIT MARASCHINO abschmecken.

EI, EIGELB, Weißwein und drei Eßlöffel vom Sirup zusammen in einer Schüssel über heißem Wasserbad schaumig rühren.

HERAUSNEHMEN, kaltrühren, die Schlagsahne locker darunterziehen.

DEN BACKOFEN auf 220 Grad Oberhitze einschalten. Acht Amaretti zerbröckelt in feuerfeste flache Gratinförmchen verteilen.

DIE RHABARBERSTÜCKE darauflegen, mit der luftigen Crème überziehen und die Förmchen in der Mitte des Backofens einschieben. Fünf Minuten goldbraun überbacken.

*ERDBEERSORBET*
*500 g Erdbeeren · 2 EL Vanillezucker · ca. 150 g Zucker (je nach Reifegrad und Geschmack der Erdbeeren mehr oder weniger) · 5 EL Zitronensaft · 2 Eiweiß, steif geschlagen*

EIN PAAR schöne Erdbeeren zum Garnieren zurückbehalten. Die übrigen waschen, das Grün abnehmen und fein pürieren.

VANILLEZUCKER, Zucker und Zitronensaft einmal aufkochen, damit der Zucker sich löst. Abkühlen lassen, dann das Erdbeerpüree dazugeben.

DAS STEIF geschlagene Eiweiß darunterziehen und in eine Eisschale füllen. Etwa drei Stunden im Gefriergerät fest werden lassen. Zwischendurch herausnehmen und mit dem Schneidstab glattrühren, damit sich keine Eiskristalle bilden und das Sorbet eine cremig-feste Konsistenz bekommt.

ANRICHTEN:
30 GRAMM Mandelblättchen ohne Butter in der Pfanne goldbraun rösten. Das Sorbet und das Gratin damit garnieren und servieren.

## NOCH EIN WORT ZUM WEIN

Weine sind eine Wissenschaft für sich. Ich will hier nur ganz kurz darauf eingehen.

Abgekommen ist man von der starren Regel, daß zu weißem Fleisch Weißwein, zu rotem Fleisch Rotwein getrunken werden muß. Nicht nur die Farbe des Weines ist wichtig, sondern auch, wie er mit dem Essen harmoniert. In der Grande Cuisine hält man sich deshalb gern an Escoffier, der zum Kochen den Wein verwendete, den er nachher zum Essen servierte.

Zu wenig wird auf die Temperatur des Weines geachtet. Rotweine werden meist zu warm, Weißweine dagegen zu kalt (direkt aus dem Kühlschrank) serviert.

IDEALE TEMPERATUREN
FÜR ROTWEIN:
· junge, leichte Rotweine 13 Grad
· gehaltvolle Rotweine 14-16 Grad
· sehr gehaltvolle Rotweine bis 16 Grad

FÜR WEISSWEIN:
· junge, leichte Weißweine 8-10 Grad, volle reife Weißweine dagegen 9-11 Grad
· Schaumweine 5-7 Grad
· Roséweine 4-7 Grad.

*Was wir fürs Menü brauchen:*
*1 runde Terrinenform (Durchmesser 24 cm) oder eine ovale/rechteckige oder eine entsprechende Keramik- oder Glasschüssel (Durchmesser 18-20 cm)*
*diverse Messer*
*Schneidebrett/er*
*diverse Kochtöpfe,*
*evtl. Vapeurgerät*
*Korkenzieher*
*Folie*
*Mixer oder Schneidstab*
*Sieb*
*Muskatreibe*
*Bratpfanne*
*Kartoffelschäler*
*runder Kartoffelausstecher*
*Zitronenpresse*
*Schneebesen*
*Gratinförmchen flach (Portionen)*
*Teflonpfanne*